개념 잡는 수학툰

❼ 분수와 소수에서 음악의 원리까지

정완상 지음 | 김민 그림

중학교에서도 통하는 초등수학

개념 잡는
수학툰

❼ 분수와 소수에서 음악의 원리까지

전)전국수학
교사모임
이동흔 회장
추천 도서

성림주니어북

개념 잡는 수학툰 이렇게 구성되었어요!

판타지 만화로 재미까지 잡는 〈수학툰〉

저자만의 톡톡 튀는 아이디어가 가장 잘 살아있는 꼭지인 수학툰!
어려울 수 있는 수학, 이렇게 재미있게 시작할 수 있습니다.

초·중·고 수학 교과서와 함께 봐요!

초·중·고 수학 교과서는 서로 그 흐름이 연결됩니다. 이 책은 초·중·고 수학 교과서의 흐름을 한 눈에 살펴볼 수 있도록 구성했습니다.

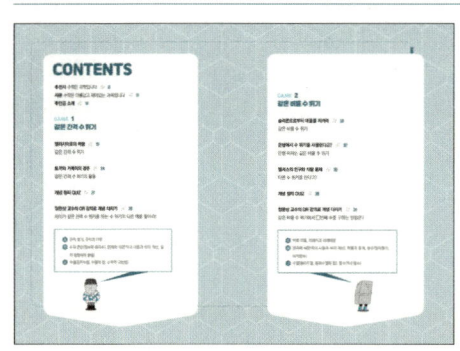

잘 이해했는지 다시 한 번 정리하는 〈개념 정리 QUIZ〉

본문에 나오는 내용을 잘 이해했는지 〈개념 정리 QUIZ〉를 직접 풀어 보고, 부록에 실린 정답 페이지에서 풀이 과정까지 자세히 살펴볼 수 있습니다.

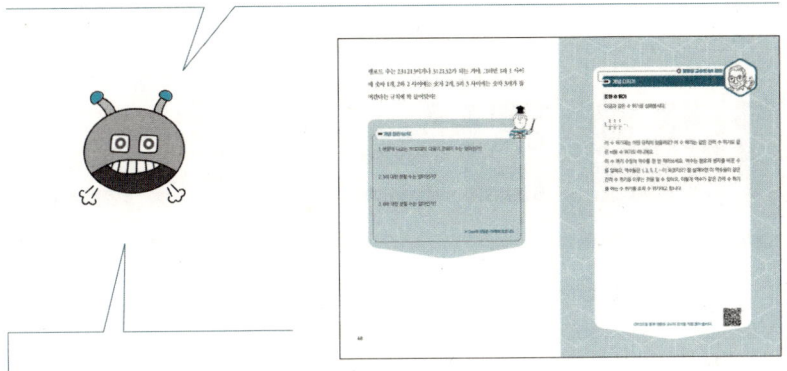

저자 직강 동영상 강좌 연계 〈정완상 교수의 QR 강의 개념 다지기〉

저자가 이 책의 독자들만을 위해 직접 강의한 동영상을 QR코드를 탑재해 연결되도록 구성했습니다. 재미 잡는 수학툰, 풍부한 삽화로 이해를 돕는 본문, 다시 한 번 정리하는 개념 정리 QUIZ에 이어 저자 직강 동영상 강좌를 QR코드로 만나 보세요.

초·중·고 수학 교과서 속 용어가 어려울 땐 이 책에서 연계 용어로 찾아보세요!

이 책에서는 초·중·고 수학 교과서 속 어려운 용어들을 독자들이 이해하기 쉬운 용어로 풀어 썼습니다. 교과서와 자연스럽게 연계가 되도록 용어 정리와 찾아보기 페이지를 함께 두었습니다. 수학 교과서로 공부를 하다가 이해가 잘 안 될 때, 이 책을 읽다가 교과서 속 용어가 궁금할 때는 〈수학 교과서 속 용어 정리 & 찾아보기〉에서 쉽게 찾아보세요.

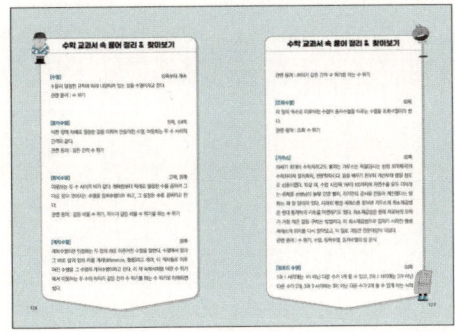

개념 잡는 수학툰

7 분수와 소수에서 음악의 원리까지

초·중·고 수학 교과서와 함께 읽어요

초등학교 수학	3학년 분수와 소수 4학년 분수의 덧셈과 뺄셈 4학년 소수의 덧셈과 뺄셈 5학년 자연수의 혼합 계산 5학년 약수와 배수 5학년 약분과 통분 5학년 분수의 덧셈과 뺄셈 5학년 분수의 곱셈 5학년 소수의 곱셈 6학년 분수의 나눗셈 6학년 소수의 나눗셈
중학교 수학	1학년 정수와 유리수 2학년 유리수와 순환 소수
고등학교 수학	수학(상) 다항식

CONTENTS

추천사 1 수학과 삶이 이어지는 경험이 되기를 /// 14
추천사 2 이 책은 새로운 수학 공부 방식을 선물해 줍니다 /// 16
추천사 3 문장제 문제에 약한 친구들도 빠져드는 수학툰 /// 20
서문 수학은 아름답고 재미있는 과목입니다 /// 23
프롤로그 /// 26

GAME 1
프랙시아 왕국에서 분수의 덧셈, 뺄셈을!

프랙시아 왕국의 분수 /// 33
분수의 크기는 어떻게 비교할까?

분수의 종류들 /// 35
진분수와 가분수 그리고 대분수

분모가 다른 두 수를 계산하려면? /// 37
분수의 덧셈과 뺄셈

개념 정리 QUIZ /// 41
정완상 교수의 QR 강의 **개념 다지기** /// 42
아메스의 진분수 발견

> 초 분수와 소수, 분수의 덧셈과 뺄셈, 약분과 통분, 자연수의 혼합 계산
> 중 정수와 유리수
> 고 다항식

GAME 2
분수의 곱셈, 나눗셈

솔로몬 왕의 지혜로운 분수셈 /// 48
분수의 곱셈과 나눗셈

반지 도둑을 찾아라 /// 55
분수 계산의 응용

개념 정리 QUIZ /// 57
정완상 교수의 QR 강의 **개념 다지기** /// 58
연분수

> 초 분수와 소수, 분수의 곱셈, 분수의 나눗셈, 자연수의 혼합 계산
> 중 정수와 유리수
> 고 다항식

GAME 3
소수 그리고 소수의 덧셈과 뺄셈

세금 때문에 발견된 소수   ///   **65**
분수를 소수로 만드는 방법

소수의 덧셈과 뺄셈   ///   **71**
소수를 더하고 빼는 방법

개념 정리 QUIZ   ///   **74**
정완상 교수의 QR 강의 **개념 다지기**   ///   **75**
조건을 만족하는 수 찾기

- 초 분수와 소수, 소수의 덧셈과 뺄셈, 자연수의 혼합 계산
- 중 정수와 유리수, 유리수와 순환 소수
- 고 다항식

GAME 4
소수의 곱셈과 나눗셈

금 대문을 훔쳐 간 도둑을 잡아라! /// 81
소수의 곱셈

소수를 나누는 방법 두 가지 /// 84
소수의 나눗셈

개념 정리 QUIZ /// 87
정완상 교수의 QR 강의 **개념 다지기** /// 88
순환하는 소수

- 초 분수와 소수, 소수의 곱셈, 소수의 나눗셈, 자연수의 혼합 계산
- 중 정수와 유리수, 유리수와 순환 소수
- 고 다항식

GAME 5
생활 속의 분수

분수를 무한하게 많이 더해서 1을 만들 수 있을까? /// 93
분수의 합에 대한 논쟁

4중 유리 창문에 숨은 비밀 /// 97
소음 차단의 비밀을 분수로 풀어라!

개념 정리 QUIZ /// 99
정완상 교수의 QR 강의 **개념 다지기** /// 100
분수의 응용 문제

- 초 분수와 소수, 분수의 곱셈, 비와 비율, 자연수의 혼합 계산
- 중 정수와 유리수
- 고 다항식

GAME 6
음악과 분수 사이의 관계는?

줄의 길이의 비가 음의 높낮이를 만든다고? /// 106
음악과 분수 사이의 관계

개념 정리 QUIZ /// 110
정완상 교수의 QR 강의 **개념 다지기** /// 111
순환 마디의 성질

- 초 분수와 소수, 분수의 곱셈, 비와 비율, 자연수의 혼합 계산
- 중 정수와 유리수, 유리수와 순환 소수
- 고 다항식

부록 /// **114**
수학자에게서 온 편지 – 스테빈
[논문] 분수를 유한 소수로 나타내기 위한 조건에 대한 연구
개념 정리 QUIZ 정답 /// **125**
용어 정리 & 찾아보기 /// **131**

| 추천사 1 |

수학과 삶이 이어지는 경험이 되기를

세상은 무엇으로 만들어져 있을까요? 고대 철학자들은 세상을 구성하는 물질에 관심이 많았습니다. 탈레스는 모든 것이 물에서 시작된다고 보았고, 아리스토텔레스는 세상이 물, 불, 흙, 공기로 구성된다고 보았습니다. 오늘날 사람들의 눈에는 고대 철학자들의 생각이 터무니없어 보일 수도 있을 것입니다. 그렇다고 고대 철학자들의 이런 생각이 헛된 것일까요? 비록 정확하지 않았더라도 세상의 본질을 밝히고자 했던 그들의 노력, 탐구 의식은 높이 평가해야 할 것입니다.

저는 학생들이 고대 철학자와 같은 마음으로 수학을 보면 좋겠습니다. 일상생활에서 마주하는 현상들을 수학적으로 탐구한다면 어떨까요? 학생들이 생활하는 교실 안에서도 많은 수학적 원리를 발견하게 될 것입니다. 행과 열로 이루어진 학급 자리 배치에서 '행렬'을 발견할 수 있고, 자리를 바꾸는 날 새로운 짝꿍을 만나는 데에도 '확률'을 생각하게 될 것입니다. 학급 모둠원을 구성하는 데에서 '나눗셈'을 떠올릴 수 있고, 학급 친구들을 특성에 따라 분류하면서 '집합'의 개념도 이해할 수 있을 것입니다. 이처럼 학생들이 수학을 세상을 보는 '눈'으로 생각한다면, 수학은 단순한 문제 풀이의 도구가 아니라 삶의 재미있는 법칙을 찾아내는 유용한 학문으로 인식될 수 있을 것입니다.

이 책은 세상을 수학적으로 볼 수 있는 '눈'을 키워 줄 책입니다. 학년마다 단편적으로 학습했던 수학적 지식을 '주제'별로 통합하여 연결함으로써, 수학적 개념이 학생들의 삶과 이어지게 하였습니다. 학생들은 책 속의 이야기와 상황에 몰입하면서 수학적 개념과 원리를 재미있게 경험할 것입니다. 이 책은 수학을 어려워하는 학생에게는 수학에 대한 기분 좋은 경험이 되어 줄 것이고, 수학을 좋아하는 학생에게는 수학의 가치를 발견하는 기회가 되어 줄 것입니다. 이 책을 통해 많은 학생들이 수학과 삶을 잇는 경험을 쌓고, 수학을 사랑하는 마음을 키워 가기를 기대해 봅니다.

이운영, 조치원대동초등학교 교사

| 추천사 2 |

이 책은 새로운 수학 공부 방식을
선물해 줍니다

수학을 한다는 것은 눈에 보이는 것에서 눈에 보이지 않는 가치를 찾아, 유의미한 연결성을 찾아가는 놀이를 하는 것과 같습니다. 과거에는 자연에서 그것을 찾았고, 현대 사회로 넘어오면서 인간이 만든 사물과 추상에서 그 가치를 찾았지만, 오늘날엔 인간이 만든 추상물 사이의 관계성을 통해 유의미한 가치를 찾곤 합니다. 우리는 컴퓨터 언어로 컴퓨터를 통제하고 컴퓨터 언어로 세상의 모든 정보 자료를 해석합니다. 인간의 산물로 인간의 산물을 통제하는 도구로 수학이 활용되고 있습니다. 우리는 이 과정을 코딩이라 명하지만, 사실 수학적 알고리즘을 찾아가는 형식 놀이에 불과합니다. 결국, 우리가 수학을 가르친다는 것은 우리 사회가 합의한 형식 언어, 기호 언어, 그림 언어로 세상의 사물과 사물을 연결하는 유의미한 관계 놀이를 구성할 방법을 찾게 할 힘을 가르치는 것에 있습니다.

이 시리즈는 첫 권부터 마지막 권이 완결되는 순간까지 온갖 관계의 놀이를 즐기고 있습니다. 이 놀이는 복잡한 형식 언어를 다루는 방식이 아니라, 수학 활동을 힘들어하는 사람들도 행할 수 있는 매우 단순한 사고의 형식을 활용해 복잡한 형식을 관찰하는 힘을 찾는 것에 있습니다. 그런 면에서 개념 잡는 수학툰 시리즈는 몇 가지의 장점을 갖고 있습니다.

학년별로 쪼개진 초·중·고 수학의 주제를 연결한 개념서이다

어린 시절에 배운 수학적 가치는 어렵지 않게 다가갈 수 있기에, 그 개념을 잘 가지고 놀 수 있다면, 더 높은 수준의 개념도 쉽게 가지고 놀 힘을 얻게 됩니다. 따라서 초등학교 저학년의 수학 이론을 활용해 고학년의 수학 이론을 관찰할 수 있다면, 쉬운 개념을 복잡한 개념을 이해할 수 있음을 의미합니다. 이 책은 그런 면에서 매우 흥미로운 책입니다.

문제와 수, 식을 다루는 다른 책들과 다르게, 이 책은 그림을 다룬다

현대 사회는 인간의 오감 중 시각이 가장 발달한 사회입니다. 거의 대부분의 사람들은 TV와 휴대 전화 속 영상물의 홍수 속에 살아갑니다. 문자 언어를 이해하는데 걸리는 시간보다 그림 언어를 이해하는데 걸리는 시간이 더 짧을 뿐만 아니라, 그런 형식의 이해가 더 잘되도록 진화해 가는 시대에 살고 있습니다. 이 책은 만화와 그림을 통해 복잡한 추상체를 이해가 쉬운 그림 언어로 바꿔 학습자에게 다가갑니다. 이 작은 변화가 학습자로 하여금 수학을 가볍게 다룰 용기를 주곤 합니다.

이 책은 수학을 일상생활 속에서 찾을 수 있는,
일상의 학문으로 바라보게 한다

인류와 충분히 가까이 있었던 수학이 점점 멀게 느껴지는 것 같습니다. 하지만 이 책은 생활 속 요소요소에 녹아 있는 수학의 개념들을 발견해 아이들에게 그림 형식으로 전수하며 수학을 딱딱하고 어려운 그 무엇으로 느끼지 않고 친밀한 대상으로 여길 수 있도록 현실감 있게 학습 소재를 연결해 줍니다. 이 작은 현실적 연결감이 수학을 일상의 삶에서 찾을 수 있는 일상의 학문으로 바라보게 합니다.

저자만의 관점으로 수학 개념을 설명해 주는
전혀 새로운 형식의 수학 개념서이다

모든 사람은 자기 나름의 관점과 시선이 있습니다. 이 시선이 세상을 바라보는 자신만의 가치를 만들곤 합니다. 학창 시절 수학을 좋아하긴 했지만 수학적 원리나 개념들을 거의 암기로 외웠기에 잘 이해하지 못했던 것들이 있어 늘 질문을 하고 살았던 저자의 삶이 고스란히 배어 있는 책입니다. 이 책을 보면, 수학이 이토록 흥미로운 과목이었음을 알게 되고 학교에서 배우는 수학 교과서도 다른 눈으로 바라볼 힘을 얻게 됩니다.

이 책을 통해 독자들이 다음과 같은 가치들을 발견해 보길 소망해 봅니다.

자연에서 수학을 찾을 수 있음을 안다.
인간이 만든 구체물에서 수학을 찾을 수 있음을 안다.
인간이 만든 추상물에서 수학이 있음을 안다.
서로 다른 대상을 연결하는 과정에 수학이 있음을 안다.
인간이 만든 눈에 보이지 않는 대상에서도 수학이 있음을 안다.

수학이 지루하고 어려운 과목이라는 편견을 깬 '개념 잡는 수학툰'을 아이들에게 추천합니다. 아이들은 이 시리즈의 책들을 읽으며, 수학의 재미에 푹 빠져 헤엄치는 자신을 발견하게 될 것입니다. '수학적으로 생각하는 힘'을 길러주는 것이 중요하다고 생각한다면, 바로 이 시리즈의 책들을 추천합니다.

이동흔, 전) 전국수학교사모임 회장

| 추천사 3 |

문장제 문제에 약한 친구들도 빠져드는 수학툰

수학 문장제 문제를 어려워하는 친구들이 생각보다 많습니다. 과거의 초등수학은 정해진 답을 맞히는 것이 목적이었다면, 이제는 알고 있는 지식을 새롭게 창조해 낼 줄 아는 능력을 중요시하는 추세입니다. 서술형 문제인 문장제 문제는 실생활과 관련된 수학적 상황을 인지하고 해결해 나가는 과정을 통해 문제 해결력을 키우기에 꽤 효과적입니다. 하지만 문자보다 영상이나 그림 등에 익숙한 요즘의 친구들은 읽고 이해해야 할 것이 많은 수학 문장제, 즉 서술형 문제를 스스로 읽는 것부터 어려워합니다.

 이 책은 이런 친구들도 직접 정완상 교수님의 수업을 듣는 듯한 착각이 들 정도로 몰입할 수 있게 하는 여러 가지 요소들이 잘 갖추어져 있습니다. 또 저자는 친구들이 궁금해할 만한 상황을 정확히 알고 있고 이를 명쾌하게 해결해 줍니다. 이 책을 읽는 동안 수학을 잘하는 친구들은 수학에 더 재미를 붙일 수 있을 것이고, 스스로를 수포자라고 생각했던 친구들은 자기도 모르게 수학 실력이 향상되는 마법 같은 경험도 할 수 있을 것입니다.

이 책은 문장제 문제에 약한 주인공 코마의 질문과 상상이 글의 흐름을 재미있게 이끌어 줘서 책을 읽는 동안 초·중·고 수학 교과의 중요한 영역인 각 주제들에 대해 어느새 깊이 빠져듭니다. 중간중간 삽입된 시공간을 넘나드는 만화 형식의 판타지 수학툰은 단원의 흐름을 재미있게 이끌고 있어 친구들의 호기심을 증폭시킵니다. 가볍게 술술 읽히지만 꼭 알아야 할, 수학 탐구 주제에 바로 적용할 수 있는 신비롭고 재미있는 이야기들이 가득 담긴 책입니다.

마지막으로 서문에서 밝힌 정완상 교수님의 말씀처럼 이 책을 읽는 모든 학생들의 어린 시절이 세계적인 수학자의 어린 시절이 되기를 저 또한 희망합니다.

박정희, 매쓰몽 대치본원 대표

| 서문 |

수학은 아름답고 재미있는 과목입니다

QR코드를 통해
정완상 교수의 강의를
직접 들어 봅시다.

수학은 아름답고 재미있는 과목입니다. 이 아름다운 과목은 첫발을 잘못 들이면 이 세상에서 제일 싫어하는 과목이 되기도 합니다. 대신에 어린 시절부터 재미있는 수학책을 접해 수학의 재미를 느끼게 되면 수학을 좋아하게 되고, 따라서 수학에 대한 자신감을 가지게 되지요.

이 책은 그런 의도로 기획되었습니다. 수학을 좋아하는 초등학생들과 수학이 재미없어지기 시작한 청소년들을 위해 주제별로 수학이 재미있는 것이라는 것을 알려 주는 것이 이 책의 가장 큰 목적입니다. 그러기 위해 중학교나 고등학교에서 배우는 내용이나 그 이상의 수학 내용도 초등학생이 소화할 수 있도록, 초등학생이 이해할 수 있는 단어로 설명 했습니다. 이 책은 만화로 구성된 수학툰이 전체 이야기를 이끌어 가는 구성입니다. 그래서 독자들이 재미있는 스토리를 통해 수학의 중요한 개념을 이해할 수 있을 것이라 생각합니다.

수학자들은 매우 논리적인 사람들이면서 동시에 엉뚱한 생각을 많이 하는 사람들입니다. 엉뚱한 생각을 논리적으로 접근하면 이 세상 누구도 본 적이 없는 새로운 수학의 세계로 사람들을 초대합니다. 이 책에 등장하는 분수와 소수에 대한 이론을 만든 수학자들 역시 그러합니다. 분수는 기원전 1700년경 고대 이집트의 수학자 아메스에 의해 처음 연구된 것으로 기록되어 있습니다. 소수는 1585년 네덜란드의 스테빈에 의해 처음 사용되었습니다. 이 책에서는 재미있는 수학툰을 통해 분수와 소수의 기본 개념, 분수와 소수의 덧셈과 뺄셈, 곱셈 그리고 나눗셈에 대해 살펴봅니다. 또한 색종이를 이용해 분수를 무한히 많이 더해도 일정한 값이 나오는 재미있는 셈에 대해서도 살펴봅니다. 이 책의 마지막 단원에서는 현악기의 기본 원리를 분수를 이용해서 이야기하는데, 음악을 좋아하는 사람들은 도레미파솔라시도가 어떻게 분수와 관계를 맺는지를 이 책을 통해 배울 수 있습니다. 이 책의 내용을 통해 여러분도 줄의 길이를 다르게 하여 간단한 악기를 만들 수도 있으리라 생각됩니다.

이 책은 초등학교, 중학교, 고등학교 교과서의 다음 내용들과 연결됩니다.

초등학교 : 분수와 소수, 분수의 덧셈과 뺄셈, 소수의 덧셈과 뺄셈, 분

수의 곱셈, 분수의 나눗셈, 소수의 곱셈, 소수의 나눗셈

중학교 : 정수와 유리수, 유리수와 순환 소수

고등학교 : 다항식

이 책에 소개된 분수와 소수의 기본 정의와 이들의 연산을 통해 여러분들이 분수와 소수의 신비로움을 배우기를 바랍니다. 이를 통해 여러분들은 음악이 분수라는 아름다운 수와 관련되어 있다는 것을 알게 될 것입니다.

여러분들의 어린 시절이, 이 책을 통해 세계적인 수학자의 어린 시절이 되기를 희망합니다.

정완상, 경상국립대학교 교수

● 캐릭터 소개

코마

수학을 못해서 고민인 아이

호기심이 많은 코마는 큰 고민이 하나 있다. 수학을 잘 못해서 수학 시간을 싫어한다. 특히 수학 문장제 문제는 생각만 해도 짜증이 날 정도이다. 수학 때문에 고민하는 코마, 이 고민이 해결될 수 있을까?

시계 모양의 수학 마법사

수학 행성 매쏜에서 온 수학 요정, '매쓰피어'가 코마의 침대 옆에 놓여 있던 알람 시계를 팔다리가 없고 날아다니는 시계 모양의 수학 마법사로 만들었다.

매쓰워치

시공간을 이동하고, 변신의 귀재

'매쓰피어'가 코마의 침대를 일으켜 세워 만들었다. 코마, 매쓰워치와 함께 시공간을 여행하는데, 이때 가장 중요한 수송을 담당한다. 변신의 귀재이기도 하다.

베드몬

GAME 1

프랙시아 왕국에서 분수의 덧셈, 뺄셈을!

분수가 뭘까? 가운데 작대기를 하나 긋고 그 작대기 아래와 위에 숫자를 써 놓은 모양을 분수라고 한다는 것은 초등학교 3학년 수학 시간에 배워서 다들 알고 있지만, 남들에게 말로 설명하는 것은 어려워한다. 분수는 전체에 대한 부분을 나타내는 수이고, 진분수와 가분수 그리고 대분수로 나눌 수 있다는 것도 우리는 이미 배워서 알고 있다. 여기에서는 이미 알고 있는데도 남들에게 설명하기는 어려워하던 분수에 대한 기본 개념에서부터 분수가 왜 필요한지, 분모가 같은 두 분수의 덧셈과 뺄셈 그리고 분모가 다른 두 분수의 덧셈과 뺄셈을 하는 방법까지 다뤄본다. 마지막으로는 진분수를 발견한 최초의 수학자, 아메스와 단위 분수 이야기까지 살펴보자.

프랙시아 왕국의 분수
분수의 크기는 어떻게 비교할까?

매쓰워치 코마랑 베드몬도 분수는 알지?

코마 분수 정도는 당연히 알지. $\frac{2}{3}$와 같이 작대기 위아래에 수를 쓰는 게 분수잖아?

베드몬 그래. 우리도 그 정도는 안다고. $\frac{2}{3}$는 '삼분의 이'라고 읽잖아. 여기에서 2는 분자이고, 3은 분모라는 것도 알고 있어.

매쓰워치 오호, 둘 다 분수를 배울 기본적인 준비는 돼 있네. 분수는 피자를 가지고 쉽게 설명할 수 있어. 피자를 그림처럼 세 조각으로 나누어 볼까? 전체 피자를 1이라고 할 때 피자를 세 조각으로 나눈 후의 한 조각을 $\frac{1}{3}$이라고 하지.

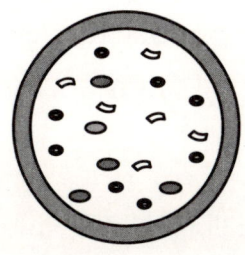 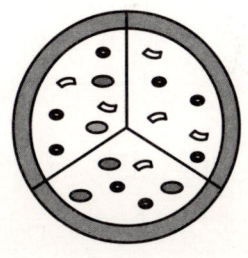

코마 나는 피자를 아주 좋아하니까 피자를 세 조각으로 나눈 후 한꺼번에 두 조각을 먹으면 $\frac{2}{3}$를 먹는 거네.

베드몬 어? 잠깐만! 피자를 세 조각으로 나누어 세 조각을 모두 먹으면 $\frac{3}{3}$이 되잖아? 세 조각을 다 먹으면 피자 한 판을 먹는 것과 마찬가지니까 1이 되어야 하는데 $\frac{3}{3}$이니까….

(매쓰워치) 맞아. 분수에서 분자와 분모가 같으면 그 분수는 1과 같아.

$\frac{3}{3}=1$

$\frac{4}{4}=1$

$\frac{5}{5}=1$

(코마) 1을 분모가 다른 분수들로 나타낼 수도 있다는 거네.

(매쓰워치) 맞아. 분모와 분자에 같은 숫자를 쓰면 모두 1과 같으니까 다양하게 나타낼 수 있는 거야. 이제 분수의 크기에 대해 이야기를 해 볼까? $\frac{1}{3}$과 $\frac{2}{3}$의 크기를 비교하면 어느 게 더 크지?

(코마) 피자를 세 조각으로 잘라 두 조각을 먹었을 때 더 배부르니까, $\frac{2}{3}$가 $\frac{1}{3}$보다는 크지.

(매쓰워치) 아이고, 배가 부른 정도로 크기를 비교하다니 코마답네. 맞는 얘기야. 분모가 같은 두 분수에서는 분자가 클수록 더 큰 수가 돼. 이것을 $\frac{2}{3} > \frac{1}{3}$이라고 나타낼 수 있어.

(코마) 분모가 같을 때 분수의 크기를 비교하는 것은 쉽네. 그렇다면 분모가 다를 때는 어떻게 두 분수의 크기를 비교하지?

(매쓰워치) 두 분수 $\frac{1}{2}$과 $\frac{1}{3}$을 비교해 볼까? 피자로 설명하면, $\frac{1}{2}$은 피자를 둘로 나누었을 때의 한 조각이고, $\frac{1}{3}$은 피자를 셋으로 나누었을 때의 한 조각이니까 $\frac{1}{2} > \frac{1}{3}$이 되지.

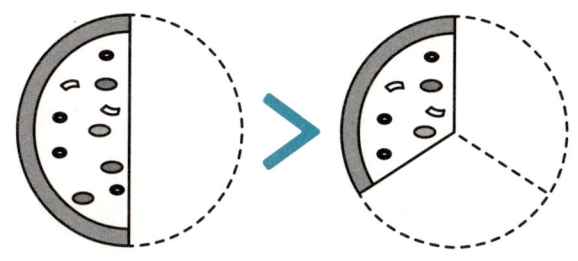

<코마> 어? 분자가 1로 같을 때는 분모가 작을수록 커지는구나?

<베드몬> 그렇네. 코마가 잘 이해한 것 같아. 정리해 보면 분모가 같은 분수의 크기를 비교할 때는 분자가 클수록 크고, 분자가 1이거나 분자가 같은 수일 때는 분모의 크기가 작을수록 커지는 거네.

<매쓰워치> 정확해. 분모의 숫자는 피자 한 판을 몇 조각으로 나누느냐를 의미하니까 분모의 숫자가 커지면 조각은 작아지고 분모의 숫자가 작아지면 조각은 커지는 거야.

분수의 종류들
진분수와 가분수 그리고 대분수

<매쓰워치> 이제 여러 종류의 분수에 대해 알아볼까? $\frac{3}{8}$을 봐. 분자와 분모 중에서 어느 게 더 크지?

<베드몬> 분자는 3, 분모는 8이니까 분모가 더 크네.

매쓰워치 맞아. $\frac{3}{8}$ 처럼 분모가 분자보다 큰 분수를 진분수라고 불러.

코마 $\frac{9}{2}$ 는 분자가 분모보다 더 큰 분수야. 이런 분수도 이름이 따로 있어?

매쓰워치 그럼, 있지. $\frac{9}{2}$ 처럼 분자가 분모보다 더 큰 분수를 가분수라고 불러.

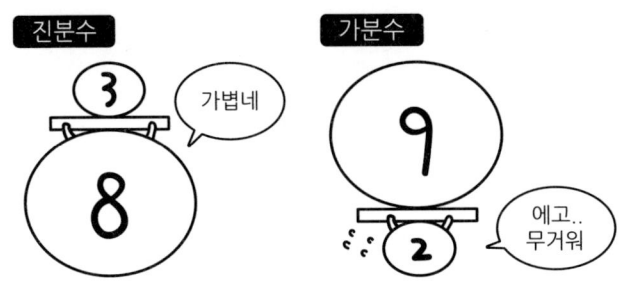

코마 분모와 분자가 같으면?

매쓰워치 그때도 가분수라고 불러. $\frac{3}{3}, \frac{4}{4}, \frac{5}{5}$ 는 모두 가분수야.

베드몬 잠깐만, 정리 한 번 해 볼게. 분모가 분자보다 크면 진분수라고 하고, 그 외에 분자가 분모보다 크거나 같으면 가분수가 되는 거구나.

매쓰워치 맞아. 잘 이해했어. 이제 대분수에 대해 알려 줄게. 대분수는 자연수와 진분수가 섞여 있는 분수를 말해. 즉 자연수와 진분수의 합이지. 대분수는 자연수 부분과 진분수 부분을 함께 써서 다음과 같이 나타내.

$2\frac{1}{3}$

여기서 2는 자연수 부분이고 $\frac{1}{3}$ 은 진분수 부분이지. 그러니까 대분수

$2\frac{1}{3}$은 $2+\frac{1}{3}$과 같아.

코마 대분수를 가분수로 고칠 수 있어?

매쓰워치 물론이야. $2\frac{1}{3}$을 가분수로 고쳐 볼게. 먼저 자연수 부분과 분모를 곱하면 2×3=6이 되지? 이때 분모는 그대로 쓰고 6을 분자에 더하면 돼. 분모는 그대로 3, 분자는 6+1=7이므로 $2\frac{1}{3}$을 가분수로 고치면 $\frac{7}{3}$이 돼.

베드몬 가분수를 대분수로 고칠 수도 있겠네.

매쓰워치 맞아. $\frac{11}{4}$을 대분수로 고쳐 볼게. 분자인 11을 4로 나눈 몫과 나머지를 구해 봐. 즉, 11을 4로 나누게 되면 몫은 2이고 나머지는 3이지? 이때 몫은 대분수의 자연수 부분, 나머지는 대분수의 진분수 부분 중에서 분자가 돼. 그러므로 $\frac{11}{4}$을 대분수로 고치면 $2\frac{3}{4}$이 되는 거야.

분모가 다른 두 수를 계산하려면?
분수의 덧셈과 뺄셈

매쓰워치 이제 분수의 덧셈과 뺄셈에 대해 배워 볼 시간이야. 우선 분모가 같은 분수를 더하는 경우를 볼게. 내가 코마에게 피자를 세 조각으로 나눈 후 먼저 조각 하나를 주고 잠시 후 다시 남은 조각들 중 하나를 더 주었다고 해 볼까? 이때 코마가 가진 피자의 양을 식으로 쓰면 $\frac{1}{3}+\frac{1}{3}$이 된다는 것은 이해가 되지?

코마 세 조각으로 나누어 두 조각을 받은 셈이니까 내가 가진 피자의 양은 $\frac{2}{3}$가 되는 것은 알겠어.

베드몬 그렇다면 $\frac{1}{3}+\frac{1}{3}=\frac{2}{3}$가 돼.

매쓰워치 맞아. 이렇게 분모가 같은 분수를 더할 때는 분모는 그대로 두고 분자끼리만 더한 값을 분자에 쓰면 돼.

$$\frac{1}{3}+\frac{1}{3}=\frac{1+1}{3}=\frac{2}{3}$$

코마, 다음 분수들의 덧셈도 계산해 볼래?

$\frac{1}{7}+\frac{4}{7}$의 답은 얼마일까?

코마 에이, 이제 그 정도는 나도 뚝딱 계산할 수 있거든?

$$\frac{1}{7}+\frac{4}{7}=\frac{1+4}{7}=\frac{5}{7}$$

베드몬 코마가 확신에 찬 눈빛이네.

코마 매쓰워치가 자세히 설명해 줬으니까 이 정도 계산은 할 수 있지. 그런데 매쓰워치, 분수의 뺄셈은 어떻게 해?

매쓰워치 분수의 뺄셈 역시 분모가 같을 때는 쉬워. 분모는 그대로 두고 분자끼리 뺄셈한 수를 분자에 쓰면 답이야. 예를 들면 다음과 같아.

$$\frac{4}{7}-\frac{1}{7}=\frac{4-1}{7}=\frac{3}{7}$$

코마 분모가 같은 것은 그냥 분자만 더하거나 빼거나 하면 되는 거네. 그러면 분모가 다른 분수의 덧셈과 뺄셈은 어떻게 하지? 지금까지는 분모가 같은 경우만 살펴봤잖아.

매쓰워치 맞아. 분모가 다른 경우에는 다음과 같은 순서로 계산하면 돼.

[1단계] 두 분수의 분모들에서 최소 공배수를 찾는다.

[2단계] 분모가 최소 공배수가 되도록 각 분수의 분모와 분자에 같은 수를 곱한다.

[3단계] 분모가 같은 분수의 덧셈, 뺄셈을 한다.

〔코마〕 최소 공배수도 학교에서 배워서 알고는 있는데, 그렇게 말로만 설명하면 잘 모르겠어. 예를 하나 들어서 같이 계산해 보자.

〔매쓰워치〕 예를 들어 설명해 줄게. $\frac{1}{2}+\frac{1}{3}$을 계산해 볼까? 2와 3의 최소 공배수는 뭐지?

〔코마〕 2와 3의 최소공배수는 6이야.

〔매쓰워치〕 맞아. 그러니까 1단계 최소 공배수 6을 찾았지? 이제 2단계 두 분수를 분모가 6인 분수로 바꾸면 돼. $\frac{1}{2}$에서 분모가 6이 되려면 분모에 얼마를 곱하면 되지?

〔코마〕 3을 곱하면 6이 돼.

〔매쓰워치〕 맞아. 곱할 때는 분모와 분자에 똑같이 곱해야 해.

〔코마〕 그렇다면 분모와 분자에 똑같이 3을 곱해서 $\frac{1\times3}{2\times3}=\frac{3}{6}$이 되네.

〔매쓰워치〕 잘했어. $\frac{1}{3}$에서 분모가 6이 되려면 분모에 얼마를 곱하면 되지?

〔베드몬〕 2를 곱하면 돼.

〔매쓰워치〕 맞아. 여기에서도 역시 분모, 분자에 똑같이 2를 곱해야 하는 것만 잊지 말고!

〔베드몬〕 그렇다면 $\frac{1\times2}{3\times2}=\frac{2}{6}$가 되네.

(매쓰워치) 이렇게 공통의 분모로 만드는 것을 통분이라고 불러. 즉 2단계는 통분하는 단계인 거야. 이제 3단계 통분해서 분모가 같아진 두 분수를 계산하면 $\frac{1}{2}+\frac{1}{3}=\frac{3}{6}+\frac{2}{6}=\frac{5}{6}$가 돼.

(코마) 뺄셈은?

(매쓰워치) 뺄셈도 똑같아. $\frac{1}{2}-\frac{1}{3}$을 해 볼게.

(베드몬) 내가 해 볼게. 1단계 최소 공배수 6을 찾아내고, 2단계 두 분수를 통분하는 거야. 그리고 3단계 통분해서 분모가 같아진 두 분수를 계산하면 $\frac{1}{2}-\frac{1}{3}=\frac{3}{6}-\frac{2}{6}=\frac{1}{6}$이 되네.

(매쓰워치) 우와, 잘했어. 내가 설명을 너무 잘하는 거야? 너희들이 똑똑한 거야? 한 번에 알아듣다니!

(코마) 둘 다 맞는 것 같아. '물 들어올 때 배 띄워라'는 말도 있잖아. 재미가 붙었을 때 빨리 분수 이야기를 더해 보자!

▶▶▶ 개념 정리 QUIZ

1. $\dfrac{1}{5}+\dfrac{1}{5}+\dfrac{1}{5}+\dfrac{2}{5}$ 를 계산하라.

2. $\dfrac{1}{2}+\dfrac{2}{3}$ 를 계산하라.

3. $\dfrac{3}{4}-\dfrac{2}{5}$ 를 계산하라.

※ Quiz의 정답은 125쪽에 있습니다.

>>> **개념 다지기**

◎ 정완상 교수의 QR 강의

아메스의 진분수 발견

세계 4대 문명의 발상지는 이집트의 나일강, 바빌로니아의 티그리스강과 유프라테스강, 인도의 인더스강, 그리고 중국의 황하입니다. 수학의 시작도 문명의 발상지에서 시작되었는데 최초의 수학자는 이집트의 아메스(Ahmes, B.C. 1681~B.C. 1620)로 알려져 있습니다. 아메스는 신을 모시는 일을 도와주는 관리였는데, 파피루스에 수학에 관한 내용을 적었다고 해요.

아메스가 연구한 것은 임의의 분수를 단위 분수의 합으로 나타내는 것이었습니다. 단위 분수란 $\frac{1}{2}$이나 $\frac{1}{3}$처럼 분자가 1인 분수를 말합니다. 예를 들어 $\frac{5}{6}$는 분자가 5이니까 단위 분수가 아니지만 다음과 같이 단위 분수의 합으로 나타낼 수 있습니다.

$$\frac{5}{6} = \frac{1}{2} + \frac{1}{3}$$

아메스는 우선 분자가 2이고 분모가 홀수인 분수를 단위 분수의 합으로 나타냈습니다.

$\frac{2}{5} = \frac{1}{3} + \frac{1}{15}$ (1-1)

$\frac{2}{7} = \frac{1}{4} + \frac{1}{28}$ (1-2)

$\frac{2}{9} = \frac{1}{6} + \frac{1}{18}$ (1-3)

$$\frac{2}{11} = \frac{1}{6} + \frac{1}{66} \qquad (1\text{-}4)$$

$$\frac{2}{13} = \frac{1}{8} + \frac{1}{52} + \frac{1}{104} \qquad (1\text{-}5)$$

$$\frac{2}{15} = \frac{1}{10} + \frac{1}{30} \qquad (1\text{-}6)$$

이런 식으로 해서 분모가 101인 경우까지를 찾아냈어요.

$$\frac{2}{101} = \frac{1}{101} + \frac{1}{202} + \frac{1}{303} + \frac{1}{606} \qquad (1\text{-}7)$$

아메스는 이것을 이용해서 분자가 2가 아닌 분수도 단위 분수의 합으로 나타낼 수 있었습니다. 예를 들어, $\frac{3}{5} = \frac{2}{5} + \frac{1}{5}$ 이고 (1-1)을 이용하면 $\frac{3}{5} = (\frac{1}{3} + \frac{1}{15}) + \frac{1}{5} = \frac{1}{3} + \frac{1}{5} + \frac{1}{15}$ 이 됩니다.

QR코드를 통해 정완상 교수의 강의를 직접 들어 봅시다.

GAME 2

분수의 곱셈, 나눗셈

여기에서는 앞 장에서 다뤘던 분수의 덧셈과 뺄셈에 이어지는 분수의 곱셈과 나눗셈을 다룬다. 그리고 나서 덧셈, 뺄셈, 곱셈 그리고 나눗셈까지 섞여 있는 혼합 계산까지 살펴본다. 솔로몬 왕이 노동자들이 일한 날짜를 계산해 임금을 지급하는 수학툰과 반지 도둑을 찾아내는 수학툰을 통해 실생활에서 생기는 문제들을 분수의 다양한 계산들로 해결하는 방법들도 알아보자. 마지막으로는 그동안 들어 본 적이 없었던 연분수에 대해서도 다루는데, 연분수는 분모나 분자가 다시 분수의 꼴을 포함하는 형태를 말한다. 처음 들어보는 용어라 낯설 수도 있으니 QR 코드를 통해 저자 직강 동영상으로 더욱 꼼꼼하게 살펴보자.

솔로몬 왕의 지혜로운 분수셈
분수의 곱셈과 나눗셈

매쓰워치 이번에 살펴볼 주제는 분수의 곱셈과 나눗셈이야. 먼저 두 분수의 곱셈에 대해 얘기해 볼게. 분수의 곱셈에 대해서는 다음 규칙을 기억하면 돼.

분자는 분자끼리 곱하고, 분모는 분모끼리 곱한다.

코마 음, 무슨 말이지?

매쓰워치 예를 들어 설명해 줄게. 두 분수 $\frac{2}{3}$와 $\frac{7}{5}$의 곱셈을 해 볼까? $\frac{2}{3} \times \frac{7}{5}$을 계산하면 돼. 이때 분자끼리 곱하면 얼마지?

코마 2×7=14

매쓰워치 분모끼리 곱하면?

베드몬 3×5=15

매쓰워치 잘했어. 두 분수 $\frac{2}{3}$와 $\frac{7}{5}$의 곱은 분자가 14가 되고 분모가 15가 되는 분수야. 이것을 식으로 쓰면 $\frac{2}{3} \times \frac{7}{5} = \frac{2 \times 7}{3 \times 5} = \frac{14}{15}$가 되지.

코마 쉽네.

매쓰워치 좋아. $\frac{5}{12} \times \frac{2}{15}$를 계산해 봐.

코마 분자끼리 곱하면 10이고, 분모끼리 곱하면 12×15=180이니까, $\frac{5}{12} \times \frac{2}{15} = \frac{5 \times 2}{12 \times 15} = \frac{10}{180}$이 되네.

매쓰워치 $\frac{10}{180}$은 분자와 분모를 더 작은 수로 나타낼 수 있어.

베드몬 어떻게?

매쓰워치 $\frac{10}{180}$은 $\frac{10}{180}=\frac{1\times10}{18\times10}$으로 고쳐 쓸 수 있어. 이렇게 분자와 분모에 똑같은 수 10이 곱해져 있을 때 두 수를 지워도 분수는 달라지지 않아. 이렇게 분자와 분모에 공통으로 곱해진 수를 지우는 것을 약분이라고 불러. 그러니까 약분을 하면 다음과 같아져.

$$\frac{10}{180}=\frac{1\times10}{18\times10}=\frac{1}{18}$$

베드몬 약분을 하면 분모와 분자가 가장 작은 숫자가 되는구나.

매쓰워치 맞아. 약분은 분자와 분모가 달라도 그 값이 같아지는 분수를 많이 만들 수 있기 때문에 가능한 거야. 예를 들어, 피자 한 판을 2개로 나눈 것 중의 1쪽과 피자 한 판을 4개로 나눈 것 중의 2쪽은 값이 같잖아? 그러니까 $\frac{1}{2}=\frac{2}{4}$가 되지. 이때 $\frac{2}{4}=\frac{1}{2}$이잖아? 이것을 다음과 같이 쓸 수 있어.

$$\frac{2}{4}=\frac{2\times1}{2\times2}$$

그러니까 분자와 분모를 곱으로 나타냈을 때 같은 수가 곱해져 있으면 그 수를 분모, 분자에서 모두 지우면 약분이 되지. 이 경우 2가 공통으로 곱해져 있으니까 2를 지우면 돼. 그러면 $\frac{1}{2}$이 되잖아? 이게 바로 $\frac{2}{4}$를 약분한 결과야.

베드몬 아하! $\frac{1}{18}$은 더 이상 약분이 안 되네?

〔매쓰워치〕 더 이상 약분이 안 되는 분수를 기약 분수라고 불러. 여기서 '기'는 '이미'라는 뜻이야. 그러니까 기약 분수는 '이미 약분된 분수'라는 뜻이지. 그런데 곱하기 전에 먼저 약분을 하면 계산하기가 더 쉬워.

〔베드몬〕 어떻게?

〔매쓰워치〕 다음과 같이 약분하면 돼.

$$\frac{\overset{1}{\cancel{5}}}{\underset{6}{\cancel{12}}} \times \frac{\overset{1}{\cancel{2}}}{\underset{3}{\cancel{15}}} = \frac{1 \times 1}{6 \times 3} = \frac{1}{18}$$

〔베드몬〕 그렇군! 분수와 자연수를 곱할 때는 어떻게 되지?

〔매쓰워치〕 좋은 질문이야. 예를 들어, $\frac{2}{5} \times 3$을 봐.

〔코아〕 분자는 분자끼리 곱하고 분모는 분모끼리 곱한다고 했는데 3은 분수가 아니잖아?

〔매쓰워치〕 3을 분수로 나타낼 수 있어.

$$3 = \frac{3}{1}$$

〔코아〕 아하! 알겠다. $\frac{2}{5} \times 3 = \frac{2}{5} \times \frac{3}{1} = \frac{2 \times 3}{5 \times 1} = \frac{6}{5}$가 되는구나.

〔매쓰워치〕 맞아. 자연수와 분수의 곱셈은 곱한 분수의 분자에 자연수를 곱한 것을 분자로 갖고, 곱한 분수의 분모를 그대로 분모로 갖는 분수가 답이 돼.

〔코아〕 분수의 나눗셈은 어떻게 하지?

〔매쓰워치〕 분수의 나눗셈은 다음을 명심하면 돼.

나누는 분수의 분자와 분모를 바꾸어 곱한다.

> **코마** 무슨 말이지?

> **매쓰위치** 다음 나눗셈을 봐. $\frac{2}{3} \div \frac{5}{6}$에서 나누는 분수는 $\frac{5}{6}$이지? $\frac{5}{6}$의 분자와 분모를 바꾸면 $\frac{6}{5}$이 되잖아? 그러므로 $\frac{2}{3} \div \frac{5}{6} = \frac{2}{3} \times \frac{6}{5} = \frac{4}{5}$가 되지.

> **코마** 계산은 이해했어. 그런데 왜 나누는 분수의 분자와 분모를 바꿔서 곱셈으로 바꾸는지 이해가 안 가.

> **매쓰위치** 나눗셈의 의미를 잘 생각해 보면 돼. 구슬 6개를 2개씩 나누면 몇 명에게 나누어 줄 수 있지?

> **코마** 6개를 2개씩 나누면 3명에게 나누어 줄 수 있어.

> **매쓰위치** 이것을 식으로 쓰면 6÷2=3이 돼. 여기서 나누는 수 2를 분수로 바꿔 쓰면 $6 \div \frac{2}{1}$라고 쓸 수 있어. 그런데 6÷2는 $6 \div 2 = \frac{6}{2} = 6 \times \frac{1}{2}$과 같잖아? 여기서 $\frac{1}{2}$은 $6 \div \frac{2}{1}$에서 나누는 수 $\frac{2}{1}$의 분자와 분모를 바꿔 쓴 분수이거든.

> **코마** 완벽하게 이해되었어.

> **베드몬** 그런데 수학툰에서 솔로몬 왕은 어떻게 인부들이 480일 동안 일했다는 것을 바로 안 거지?

> **매쓰위치** 분수를 이용한 거야. 원래의 일은 50명이 300일 동안 일하면 완성되는 일이야. 전체 일의 양을 1이라고 하면 한 사람이 하루에 하는

일의 양은 $\frac{1}{50\times300}$이 되지. 처음 30일 동안은 50명이 일을 했으니까 30일 동안 한 일은 $\frac{1}{50\times300}\times30\times50=\frac{1}{10}$이야. 그럼 남아 있는 일의 양은 얼마지?

베드로 남아 있는 일의 양은 $1-\frac{1}{10}=\frac{9}{10}$가 돼.

매쓰워치 남아 있는 일은 20명이 떠나고 난 후 30명이 나누어서 했어. 이들이 일한 날의 수를 □라고 하면 $\frac{9}{10}=\frac{1}{50\times300}\times30\times$□가 돼. 이 식에서 □를 구하면 □=450이 되잖아. 그러니까, 끝까지 일한 인부들이 일을 한 날 수는 30+450=480일이 되는 거야.

베드로 그렇게 된 것이구나.

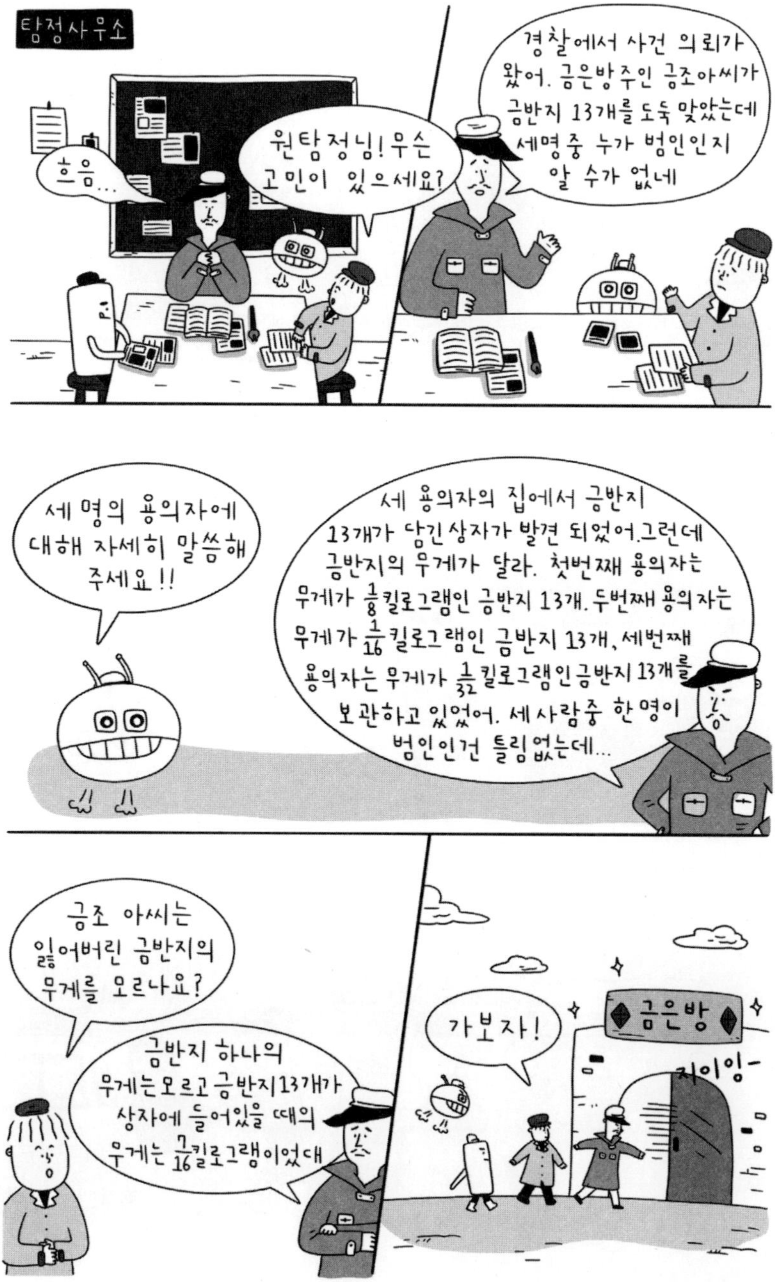

반지 도둑을 찾아라
분수 계산의 응용

코마 매쓰워치, 수학툰에서는 잃어버린 금반지의 무게가 $\frac{1}{32}$킬로그램이라는 것을 어떻게 그렇게 빨리 알았던 거야?

매쓰워치 이 문제는 분수의 혼합 계산 문제야.

베드몬 혼합 계산이라고?

매쓰워치 덧셈, 뺄셈, 곱셈 그리고 나눗셈이 섞여 있는 계산을 혼합 계산이라고 말해.

코마 어떻게 계산했지?

매쓰워치 간단해. 금반지 13개가 상자에 들어 있을 때 무게는 $\frac{7}{16}$킬로그램이고, 빈 상자의 무게는 $\frac{1}{32}$킬로그램이잖아? 그러니까 금반지 13개의 무게는 금반지 13개가 상자에 들어 있을 때의 무게에서 빈 상자의 무게를 빼면 되는 거야.

코마 금반지 13개의 무게를 계산하면 $\frac{7}{16} - \frac{1}{32} = \frac{14}{32} - \frac{1}{32} = \frac{13}{32}$(킬로그램)이 되네.

베드몬 아하! 금반지 13개의 무게가 $\frac{13}{32}$킬로그램이니까 금반지 하나의 무게는 $\frac{13}{32} \div 13 = \frac{13}{32} \times \frac{1}{13} = \frac{1}{32}$(킬로그램)이 되는구나. 그래서 범인은 세 번째 용의자인 것이고.

매쓰워치 퍼펙트! 둘 다 정확하게 계산했어!

코마 어렵게 느껴지던 문제였는데 매쓰워치가 설명해 주면 술술 풀

린단 말이야! 꼭 마법을 부리는 것 같아.

매쓰위치 하하. 마법은 베드몬이 부리잖아!

▶▶▶ 개념 정리 QUIZ

1. $1000 \times \dfrac{1}{2}$을 계산하라.

2. $\dfrac{3}{7} \times \dfrac{14}{15}$를 계산하라.

3. $\dfrac{3}{8} \div \dfrac{9}{32}$를 계산하라.

※ Quiz의 정답은 126쪽에 있습니다.

○ 정완상 교수의 QR 강의
▶▶▶ **개념 다지기**

연분수

연분수라는 말은 처음 들어 보는 친구들이 많을 거예요. 연분수는 분모나 분자가 다시 분수의 꼴을 포함하는 형태를 말합니다. 또 연분수로 나타낼 때는 반드시 단위 분수만을 이용해야 합니다.

연분수를 만드는 방법에 대해 알아봅시다. 연분수란 분수의 분수를 연속하여 만드는 것을 말합니다. 가분수 $\frac{12}{5}$를 생각해 볼까요? 이 분수를 연분수의 꼴로 나타낼 거예요. 가분수는 다음과 같이 정수와 진분수의 합으로 나타낼 수 있습니다.

$$\frac{12}{5} = 2 + \frac{2}{5}$$

이 식에서 $\frac{2}{5}$는 $\frac{5}{2}$와 분자와 분모를 바꾼 수입니다. 이렇게 분자와 분모가 바뀐 두 수 사이에는 다음과 같은 관계가 있지요.

$$\frac{2}{5} = 1 \div \frac{5}{2}$$

이 식에서 나누기를 분수로 고치면 다음과 같아집니다.

$$\frac{2}{5} = \frac{1}{\frac{5}{2}}$$

여기에서 $\frac{5}{2} = 2 + \frac{1}{2}$이므로 다음과 같이 쓸 수 있습니다.

$$\frac{2}{5} = \frac{1}{2 + \frac{1}{2}}$$

그러므로 처음에 생각했던 $\frac{12}{5}$ 를 연분수로 고치면 다음과 같아집니다.

$$\frac{12}{5} = 2 + \frac{1}{2 + \frac{1}{2}}$$

이번에는 가분수 $\frac{7}{4}$ 을 연분수로 만들어 봅시다.

이 분수를 자연수와 진분수의 합으로 나타내면 $\frac{7}{4} = 1 + \frac{3}{4}$ 이 됩니다.

$\frac{3}{4} = \frac{1}{\frac{4}{3}}$ 이고 $\frac{4}{3} = 1 + \frac{1}{3}$ 이므로 $\frac{7}{4}$ 을 연분수로 고치면

$\frac{7}{4} = 1 + \dfrac{1}{1 + \frac{1}{3}}$ 이 됩니다.

QR코드를 통해 정완상 교수의 강의를 직접 들어 봅시다.

소수 그리고
소수의 덧셈과 뺄셈

앞선 두 장에서는 분수의 개념과 분수로 이루어진 식의 계산 방법들을 살펴보았다. 이번에는 소수가 무엇인지 알아보고 소수의 덧셈과 뺄셈에 대해서 다룬다. 또 분수를 소수로 바꾸는 방법도 이야기한다. 더 나아가서는 소수를 더하고 빼는 방법에 대해서도 알아본다. 마지막으로 QR 코드로 저자에게 직접 듣는 동영상 강의에서는 '조건을 만족하는 수 찾기'라는 게임 같은 내용을 다루는데 분수와 소수를 이용해 계산해 내는 방법을 쉽고 재미있게 살펴볼 수 있다.

세금 때문에 발견된 소수
분수를 소수로 만드는 방법

코마 상인들의 머리가 좋네. 세금을 적게 내는 방법을 알아내다니 말이야.

매쓰워치 이런 이유에서 탄생한 것이 소수야. 소수는 1보다 작은 수를 나타내기 위해 사용되었어. 1을 10개로 나눈 1조각은 뭐지?

코마 $\frac{1}{10}$이야.

매쓰워치 그것을 소수로는 0.1이라고 쓰고 '영점일'이라고 읽어. 이때 0과 1 사이에 있는 점을 소수점이라고 하지. 즉 소수는 소수점을 가지고 있는 수를 말해. 1을 10개로 나눈 것에서 2조각은 뭐지?

코마 $\frac{2}{10}$가 되지.

매쓰워치 맞아. 그것을 0.2라고 쓰고 '영점이'라고 읽어.

베드몬 아하! 그러니까 분모가 10인 분수를 소수로 다음과 같이 나타낼 수 있구나.

$\frac{1}{10}=0.1$

$\frac{2}{10}=0.2$

$\frac{3}{10}=0.3$

$\frac{4}{10}=0.4$

$\frac{5}{10}=0.5$

$\frac{6}{10}=0.6$

$\frac{7}{10}=0.7$

$\frac{8}{10}=0.8$

$\frac{9}{10}=0.9$

<매쓰워치> 맞아. 그럼 하나 더 살펴볼까? 이 소수들은 소수점 뒤에 숫자가 몇 개 있지?

<코아> 모두 1개씩이야.

<매쓰워치> 이런 소수를 소수 한 자리 수라고 불러.

<베드몬> 소수 두 자리 수는 어떻게 만들지?

<매쓰워치> 분모가 100인 분수를 생각하면 돼. 1을 100으로 나눈 후 1조각을 분수로 나타내면 어떻게 되지?

<베드몬> 그거야 $\frac{1}{100}$이지.

<매쓰워치> 이것을 소수로 나타내면 0.01이 돼.

<베드몬> 소수점 뒤에 숫자가 두 개가 되는구나.

<매쓰워치> 이런 소수를 소수 두 자리 수라고 불러. 그럼 1을 100개로 나눈 37조각을 분수로 나타내면 어떻게 될까?

<코아> $\frac{37}{100}$이 되는 거지?

매쓰워치 맞아. 이것을 소수로 나타내면 $\frac{37}{100}=0.37$이 되는 거야.

코마 역시 소수 두 자리 수이군.

베드몬 분모가 10이면 소수 한 자리 수로 나타낼 수 있고, 분모가 100이면 소수 두 자리 수로 나타낼 수 있고. 그렇다면 소수 세 자리 수는 분모가 1000인 분수로 만들 수 있겠네.

$$\frac{237}{1000}=0.237$$

매쓰워치 맞아. 이 소수는 '영점 이삼칠'이라고 읽어. 그리고 2는 소수 첫째 자리 수, 3은 소수 둘째 자리 수, 7은 소수 셋째 자리 수라고 말해.

코마 소수는 항상 1보다 작은 수인가?

매쓰워치 그렇지 않아. 5에 0.3을 더한 수를 5.3이라고 나타내거든. 이 수는 소수이지만 1보다 큰 수잖아?

코마 그렇군.

베드몬 분모가 10, 100, 1000, …이 아닐 때도 소수로 나타낼 수 있어?

매쓰워치 물론이야. $\frac{3}{5}$을 소수로 나타내 볼게. 분수의 분자와 분모에 같은 수를 곱해도 되잖아? 어떤 수를 분자와 분모에 곱하면 분모가 10, 100, 1000, …이 되지?

코마 2, 20, 200을 곱하면 되겠네.

매쓰워치 그러니까 다음과 같아.

$$\frac{3}{5}=\frac{3\times 2}{5\times 2}=\frac{6}{10}=0.6$$

매쓰워치 분수 $\frac{7}{25}$을 소수로 고쳐 봐.

코아 내가 해 볼게. 분모와 분자에 4를 곱하면 되겠어.

$$\frac{7}{25}=\frac{7\times4}{25\times4}=\frac{28}{100}=0.28$$

베드몬 분모에 어떤 자연수를 곱해 10, 100, 1000, …이 되지 않는 분수도 있잖아? $\frac{1}{3}$처럼 말이야.

매쓰워치 물론이야. 이때는 나눗셈을 해 줘야 해. $\frac{1}{3}$은 1을 3으로 나누는 수이니까 다음과 같아.

$$3\overline{)1}$$

그다음 1 뒤에 소수점을 찍어 봐.

$$3\overline{)1.}$$

1을 3으로 나눈 몫이 0이니까 다음과 같이 나타내.

$$\begin{array}{r}0.\\3\overline{)1.}\end{array}$$

그리고 1은 1.0과 같으니까 다음과 같이 써도 돼.

$$\begin{array}{r}0.\\3\overline{)1.0}\end{array}$$

이제 10을 3으로 나눈 몫을 위에 써 봐.

```
      0.3
  3 ) 1.0
       9
```

그다음 10에서 9를 뺀 수를 아래에 적어.

```
      0.3
  3 ) 1.0
       9
       ─
       1
```

이제 1 뒤에 0을 쓰고, 10을 3으로 나눈 몫을 위에 써 봐.

```
      0.33
  3 ) 1.0
       9
      ──
      10
       9
       ─
       1
```

이런 식으로 계속하면 $\frac{1}{3}$=0.3333333333…이 되지.

<코마> …은 뭐지?

<매쓰워치> 계속 3이 나타난다는 뜻이야.

<베드몬> 소수점이 찍히는 것 외에는 일반적인 나누기 방법과 같네.

<매쓰워치> 맞아. 이제 수학툰 이야기를 다시 해 볼까? 왕이 세금을 많이 걷을 수 있는 방법이 있어.

<코마> 어떤 방법이지?

<매쓰워치> 소수와 반올림을 이용하는 거야. 정가에 11분의 1을 곱하고 대분수를 바꾸어 자연수 부분을 세금으로 받는다고 했잖아?

<코마> 그랬지.

<매쓰워치> 세금을 정하는 방법을 다음과 같이 바꿔 봐.

정가에 11분의 1을 곱하고 소수로 바꾼 후 소수 첫째 자리에서 반올림한 값을 세금으로 낸다.

<코마> 그러면 달라지나?

<베드몬> 달라질 것 같아. 반올림을 하잖아.

<매쓰워치> 물론. 정가가 21원인 경우를 봐. 여기에 $\frac{1}{11}$을 곱하면 $\frac{21}{11}$이 되지? 이것을 소수를 고치면 다음과 같아.

```
         1.909
    ┌─────────
 11 ) 21.
      11
      ──
      100
       99
      ───
       100
        99
       ───
         1
```

1.9090…에서 소수 첫째 자리 수는 9이니까 소수 첫째 자리에서 반올림한 수는 2가 되거든. 그러니까 왕은 2원의 세금을 받을 수 있어.

베드몬 신기하네.

소수의 덧셈과 뺄셈
소수를 더하고 빼는 방법

매쓰워치 이번에는 소수의 덧셈과 뺄셈이야기를 좀 해 볼게. $\frac{2}{10}+\frac{5}{10}$를 계산해 볼까?

코마 어? 일단은 분모가 같은 두 분수의 덧셈이니까 $\frac{2}{10}+\frac{5}{10}=\frac{7}{10}$ 이긴 한데….

매쓰워치 이 결과를 소수를 써서 나타내면 0.2+0.5=0.7이 되지?

코마 소수 첫째 자리 수끼리 더하면 되는구나.

베드몬 그럼 이런 덧셈은 어떻게 하지? 0.8+0.4처럼 소수 첫째 자리 수끼리 더하면 12가 되는 경우 말이야.

매쓰워치 받아올림을 하면 돼. 0.8+0.4=0.2+(0.6+0.4)라고 쓸 수 있어. 0.6과 0.4의 합은 1이 되니까 0.8+0.4=1+0.2=1.2가 되지.

코마 아하! 0.1이 10개 모이면 1이 되니까 받아올림을 해서 일의 자리가 1이 되고, 받아올림이 되지 않은 2는 소수 첫째 자리 수가 되는 것이구나.

매쓰워치 맞아. 이번에는 0.15+0.26을 계산해 볼까?

코마 소수 두 자리 수의 덧셈이군.

매쓰워치 맞아. 이 문제는 다음과 같이 세로 셈으로 하면 편해.

$$\begin{array}{r} \overset{\boxed{1}}{0.15} \\ +\,)\,0.26 \\ \hline 0.41 \end{array}$$

코마 자연수의 덧셈과 같은 요령으로 하면 되는구나.

매쓰워치 물론. 소수점의 위치만 조심하면 돼.

베드몬 소수의 뺄셈은?

매쓰워치 예를 들어 살펴볼까? 0.9−0.2를 계산할 때는 소수 첫째 자리의 수를 뺀 수를 적으면 돼. 즉, 0.9−0.2=0.7이 되지. 이번에는 1.2−0.7을 계산해 볼게. 2에서 7을 뺄 수 없으니까 자연수의 뺄셈처럼 일의 자리에서 빌려 와서 계산하면 돼.

$$\begin{array}{r} \overset{0\;\;10}{1.2} \\ -)\;0.7 \\ \hline 0.5 \end{array}$$
　　　↑── 10+2−7

코아 12−7의 계산과 비슷하네.

매쓰워치 물론이야. 소수점만 조심하면 돼. 한 문제만 더 계산해 볼게. 0.34−0.16과 같은 식은 다음과 같이 세로 셈으로 계산하면 돼.

$$\begin{array}{r} \overset{\;\;2\;\;10}{0.34} \\ -)\;0.16 \\ \hline 0.18 \end{array}$$
　　　↑── 10+4−6

코아 자연수의 뺄셈과 비슷해.

매쓰워치 좋은 발견이야!

>>> **개념 정리 QUIZ**

1. 다음 식을 계산하라.

   1.2+2.45

2. 다음 식을 계산하라.

   1.165+2.67

3. 다음 식을 계산하라.

   3.425-2.56

※ Quiz의 정답은 127쪽에 있습니다.

● 정완상 교수의 QR 강의

▶▶▶ 개념 다지기

조건을 만족하는 수 찾기

다음 두 조건을 만족하는 분수를 찾아봅시다

(조건 1) 소수로 나타내면 0.48이다.

(조건 2) 분모가 분자보다 13 크다.

소수 0.48은 분모가 100인 다음과 같은 분수로 나타낼 수 있습니다.

$$0.48 = \frac{48}{100}$$

하지만 (조건 2)를 만족하지 않는다. 이 분수를 2로 약분하면

$$0.48 = \frac{24}{50}$$

이것 역시 (조건 2)를 만족하지 않지요. 이 분수를 다시 2로 약분하면

$$0.48 = \frac{12}{25}$$

이것은 (조건 2)를 만족하므로 구하는 답이 됩니다.

QR코드를 통해 정완상 교수의 강의를 직접 들어 봅시다.

소수의 곱셈과 나눗셈

소수의 곱셈과 나눗셈에 대해 다루는 장이다. 소수의 곱셈은 자연수의 곱셈을 그대로 이용하면 되는데, 자연수의 곱셈처럼 계산한 후 곱하는 두 소수의 소수점 아래 자릿수의 합만큼 소수점을 옮겨 찍으면 된다. 여기에서는 소수를 나누는 방법을 두 가지로 나눠 설명한다. 소수를 분수로 고쳐 계산하는 방법과 자연수를 나누는 것처럼 나누는 방법이다. 소수를 자연수처럼 나눌 때에는 먼저 나누는 수와 나눌 수의 소수점을 똑같이 옮겨 자연수로 만든 후 계산하면 된다. QR 강의에서는 순환하는 소수에 대해서도 다룬다.

금 대문을 훔쳐 간 도둑을 잡아라!
소수의 곱셈

베드몬 금부러씨가 왜 도둑인지 설명하려면 소수의 곱셈에 대해 공부해야 해.

매쓰워치 그건 내게 맡겨. 소수의 곱셈은 자연수의 곱셈을 이용하면 돼.

코마 무슨 말이지?

매쓰워치 소수의 곱셈은 자연수의 곱셈처럼 계산한 후 곱하는 두 소수의 소수점 아래 자릿수의 합만큼 소수점을 옮겨 찍으면 돼.

코마 그래도 잘 모르겠어.

매쓰워치 예를 들어 0.3×0.5를 봐. 소수점을 무시하고 자연수 3과 5의 곱셈을 생각해. 그러면 3×5=15가 되지? 그런데 0.3은 소수점 아래가 한 자릿수이고, 0.5도 소수점 아래가 한 자릿수이므로 답은 소수점 아래 두 자릿수가 되어야 해. 그러니까 0.3×0.5=0.15가 되지.

코마 왜 그렇게 되는 거지?

매쓰워치 분수로 설명해 줄게. 분수로 고치면 $0.3=\frac{3}{10}$, $0.5=\frac{5}{10}$가 되잖아? 분수로 계산하면 $0.3 \times 0.5 = \frac{3}{10} \times \frac{5}{10} = \frac{15}{100}$가 되지?

코마 아하! $\frac{15}{100}=0.15$가 되는구나.

매쓰워치 맞아. 이번에는 다음을 계산해 봐. 7.8×0.39의 답은 얼마일까?

코마 내가 계산해 볼게. 78×39=3042이고, 7.8은 소수점 아래가 한 자릿수, 0.39는 소수점 아래가 두 자릿수이니까 답은 소수점 아래가 세 자릿수가 되어야 해. 그러니까 7.8×0.39=3.042가 돼.

매쓰워치 좋아! 베드몬, 소수의 곱셈에 대해 살펴봤으니까 이제 왜 금부러씨가 도둑인지 설명해 줬으면 좋겠는데?

코아 나도 궁금해. 금조아씨 댁 대문의 폭이 90센티미터라는 것을 어떻게 알았어?

매쓰워치 그래. 금조아씨의 대문은 기다란 직사각형 모양이었고, 금부러씨의 대문은 정사각형인데 왜 금부러씨가 도둑이야? 모양이 너무 달랐어.

베드몬 금은 녹여서 다른 모양으로 만들 수 있잖아. 그러니까 직사각형 모양의 문을 녹여서 정사각형 모양의 문으로 만들 수 있다고 생각했어. 잃어버린 대문의 가로는 90센티미터, 세로는 3미터 60센티미터야. 우선 길이의 단위를 통일해야 해.

코아 어떻게?

베드몬 우리가 많이 쓰는 길이의 단위는 km, m, cm야.

코아 그것은 나도 알아. 1km=1000m, 1m=100cm잖아.

베드몬 맞아. 그러니까 1km=100000cm가 되지. 거꾸로 우리는 길이의 작은 단위를 큰 단위로 바꾸어 쓸 수 있어. 이럴 때는 소수를 이용하면 되거든. 1m=0.001km, 1cm=0.01m가 되는 거지.

코아 그렇다면 1cm=0.00001km가 되는군.

베드몬 맞아. 대문의 모양이 직사각형이라고 했는데 사실 이것은 올바른 표현이 아니야.

(매쓰워치) 왜?

(베드몬) 대문은 평면이 아니라 입체잖아. 가로와 세로가 있고 두께도 있잖아?

(매쓰워치) 아하, 그렇다면 대문은 직육면체라고 해야 하는구나.

(베드몬) 맞아. 이 사건에서 대문의 두께는 똑같이 5cm야. 이제 금조아씨 댁 대문의 부피를 계산해 볼게. 모든 단위를 m로 통일할 거야. 그러면 문의 두께는 얼마가 되지?

(코마) 5cm를 m로 고치면 5cm=0.05m가 돼.

(베드몬) 맞아. 금조아씨 댁 대문의 가로와 세로는?

(매쓰워치) 가로는 90cm였으니까 m로 고치면 90cm=0.9m, 세로는 3m 60cm인데 60cm=0.6m이니까 대문의 세로는 3m 60cm=3.6m가 돼.

(베드몬) 그러니까 금조아씨 댁 대문의 모양은 다음과 같아. 이 대문의 부피는 3.6×0.9×0.05=0.162m³가 돼.

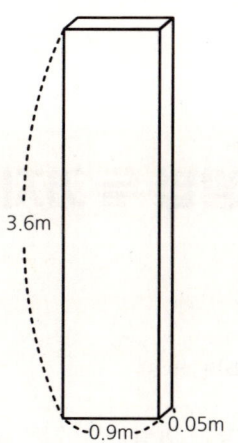

〔매쓰워치〕 그러니까 금부러씨의 대문의 부피가 0.162m³라면 금부러씨가 금조아씨 댁의 대문을 훔친 후 금을 녹여서 새로운 모양으로 만들었다는 거구나.

〔베드몬〕 맞아. 금부러씨 댁 대문의 모양은 다음과 같아.

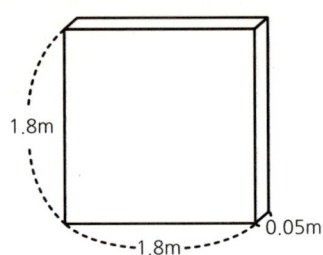

그러니까 금부러씨의 대문의 부피는 $1.8 \times 1.8 \times 0.05 = 0.162m^3$가 돼.

〔매쓰워치〕 똑같은 부피가 나왔어.

〔베드몬〕 CCTV에 찍힌 것과 같은 금부러씨의 키에 이어 대문에 사용된 금의 양도 같으니 이것 또한 금부러씨가 범인이라는 증거가 되는 거지.

소수를 나누는 방법 두 가지
소수의 나눗셈

〔코마〕 소수의 나눗셈은 어떻게 해?

〔매쓰워치〕 소수의 나눗셈을 하는 방법은 두 가지가 있어. 예를 들어 다음

계산을 봐. 2.5÷0.5를 계산하는 첫 번째 방법을 분수로 고쳐서 계산하는 거야.

〈코마〉 그 정도는 내가 할 수 있어. $2.5=\frac{5}{2}$, $0.5=\frac{1}{2}$이니까 $\frac{5}{2}÷\frac{1}{2}=\frac{5}{2}×\frac{2}{1}$=5가 돼.

〈베드몬〉 다른 방법은?

〈매쓰워치〉 분수로 고치지 않고 계산하는 거야. 먼저 다음과 같이 써.

$$0.5 \overline{)2.5}$$

그다음 소수점을 오른쪽으로 한 자리씩 옮겨 봐.

$$0.5 \overline{)2.5}$$

이제 나눗셈을 하면 돼.

$$\begin{array}{r} 5 \\ 0.5 \overline{)2.5} \\ \underline{25} \\ 0 \end{array}$$

〈코마〉 똑같이 5가 나왔어.

〈매쓰워치〉 방법을 다르게 해도 답은 똑같이 나와야 해. 이번에는 조금 더 어려운 문제를 줄게. 다음을 계산해 봐. 1.44÷0.18은 어떻게 계산하면 될까?

코마 내가 해 볼게. 우선 다음과 같이 쓸 거야.

$$0.18 \overline{)1.44}$$

소수점을 오른쪽으로 두 자리 옮기면 돼.

$$0.18 \overline{)1.44}$$

그리고 다음과 같이 계산돼.

$$\begin{array}{r} 8 \\ 0.18 \overline{)1.44} \\ \underline{144} \\ 0 \end{array}$$

그러니까 답은 8이야.

매쓰위치 정말 잘했어, 코마.

▶▶▶ 개념 정리 QUIZ

1. 다음을 계산하라.
1.8×3.02

2. 다음을 계산하라.
1.65÷0.05

3. 다음을 계산하라.
$\frac{3}{2}$×6.08

※ Quiz의 정답은 128쪽에 있습니다.

개념 다지기

순환하는 소수

$\frac{272}{3333}$를 소수로 나타낼 때 소수점 아래 30번째 자리의 수를 구하는 문제를 풀어봅시다.

$\frac{272}{3333}$를 소수로 고치면, 0.081608160816081608160816…이 됩니다.

소수점 아래의 수들을 살펴보면 네 개의 수 0816이 계속 반복되는 것을 알 수 있지요? 이렇게 소수점 아래 부분에 몇 가지의 수가 같은 순서로 되풀이되는 소수를 순환 소수라고 합니다.

30을 4로 나누면 몫은 7이고 나머지는 2입니다.

그러므로 소수점 아래 28번째 자리의 수는 6이고,

29번째 자리의 수는 0, 30번째 자리의 수는 8이 됩니다.

QR코드를 통해 정완상 교수의 강의를 직접 들어 봅시다.

GAME  5

생활 속의 분수

여기에서는 분수를 응용한 여러 가지 문제들에 대해서 이야기한다. 우리 생활 속에서 쓰이는 분수에 대한 이야기들을 다루는데, 색종이를 반으로 나누고 그중 하나를 또 반으로 나누고, 그중 하나를 또 반으로 나누기를 반복해도 색종이는 여전히 한 장으로 같다는 것을 분수의 합으로 나타내 분수의 덧셈에 대한 흥미를 돋우고, 이 문제를 분수를 무한하게 많이 더해도 1이 된다는 것으로 풀어낸다. 또 시끄러운 소음을 차단해 주는 4중 유리창문의 비밀을 분수를 이용해 풀어내는 것도 흥미롭다.
생활 속에서 찾아낸 분수의 응용 문제들을 풀어보자.

분수를 무한하게 많이 더해서 1을 만들 수 있을까?
분수의 합에 대한 논쟁

〈코마〉 우와! 정말 신기하네. 분수를 무한히 많이 더했는데 1이 나오다니. 계속 더하면 무한하게 커질 것 같은데 말이야.

〈매쓰워치〉 유한해 박사가 보여준 것 말고도 분수를 무한하게 많이 더해 유한한 수가 나오는 예는 엄청 많아.

〈코마〉 어떤 게 있지?

〈매쓰워치〉 다음 식을 봐.

$$\frac{1}{6}+\frac{1}{12}+\frac{1}{20}+\frac{1}{30}+\frac{1}{42}+\frac{1}{56}+\cdots$$

어떤 규칙이 보여?

〈베드몬〉 글쎄? 내게는 아무런 규칙도 안 보이는데?

〈코마〉 음…, 분자는 모두 1이야.

〈매쓰워치〉 맞아. 코마, 이제 분모의 규칙도 찾아봐.

〈코마〉 글쎄…, 나도 분모에서는 규칙을 못 찾겠는데?

〈매쓰워치〉 너희들이 둘 다 못 찾으니까 힌트를 줄게. 곱셈구구를 이용해서 찾아봐.

〈베드몬〉 앗! 알았다.

2×3=6

3×4=12

4×5=20

5×6=30

6×7=42

7×8=56

이런 규칙이 보여.

매쓰워치 맞아, 그거야! 그러니까 구하는 식은 다음처럼 바꿔서 나타낼 수도 있지.

$$\frac{1}{2\times3}+\frac{1}{3\times4}+\frac{1}{4\times5}+\frac{1}{5\times6}+\cdots$$

코아 그래도 달라지는 게 없는데?

매쓰워치 그럴까? $\frac{1}{2}-\frac{1}{3}$을 계산해 봐.

코아 통분을 해서 계산하면 $\frac{1}{6}$이야.

매쓰워치 그다음에는 $\frac{1}{3}-\frac{1}{4}$을 계산해 봐.

코아 $\frac{1}{12}$이지?

매쓰워치 이제 $\frac{1}{4}-\frac{1}{5}$을 계산해 봐.

코아 $\frac{1}{20}$이 돼.

베드몬 와우! 그렇다면 $\frac{1}{2}-\frac{1}{3}=\frac{1}{2\times3}$, $\frac{1}{3}-\frac{1}{4}=\frac{1}{3\times4}$, $\frac{1}{4}-\frac{1}{5}=\frac{1}{4\times5}$이 되네?

매쓰워치 맞아. 그러니까 우리가 구하는 식은 다음과 같이 바꿔서도 쓸 수 있어.

$(\frac{1}{2}-\frac{1}{3})+(\frac{1}{3}-\frac{1}{4})+(\frac{1}{4}-\frac{1}{5})+\cdots$ 여기서는 덧셈과 뺄셈만 있으니까 괄호는 없어도 돼. $\frac{1}{2}-\frac{1}{3}+\frac{1}{3}-\frac{1}{4}+\frac{1}{4}-\frac{1}{5}+\cdots$ 이 되는 거지. 여기서 같은 수를 빼 준 후 그 수를 더하는 것은 0을 더하는 것과 같으니까 다음처럼 계산해야 해.

$$\frac{1}{2}-\cancel{\frac{1}{3}}+\cancel{\frac{1}{3}}-\cancel{\frac{1}{4}}+\cancel{\frac{1}{4}}-\cancel{\frac{1}{5}}+\cdots=\frac{1}{2}$$

그러니까

$$\frac{1}{6}+\frac{1}{12}+\frac{1}{20}+\frac{1}{30}+\frac{1}{42}+\frac{1}{56}+\cdots=\frac{1}{2}$$ 이 되는 거야.

4중 유리 창문에 숨은 비밀
소음 차단의 비밀을 분수로 풀어라!

코마 같은 유리로 만든 창인데 4중 유리 창문으로 바꾸면 왜 조용해지는 거지?

매쓰워치 창문을 여러 개 사용하면 소리가 줄어드는데 그것은 분수의 곱셈으로 설명할 수 있어.

코마 우와, 소음이 줄어드는 것도 수학으로 설명한다고?

매쓰워치 그래. 수학으로 설명하면 아주 쉽게 이해가 될 거야. 예를 들어 유리창 밖에서 들어오는 소리를 1이라고 해 볼까? 그리고 유리창 하나를 통과할 때 소리의 세기가 $\frac{2}{5}$로 줄어든다고 가정해 보자. 즉 유리창 하나로 밖에서 들려오는 소리의 60%를 막을 수 있는 거야. 하지만 40%는 여전히 들려오게 되지. 그러면 두 번째 유리창을 통과한 후의 소리의 세기는 어떻게 될까?

코마 두 번째 유리창 밖의 소리의 세기는 $\frac{2}{5}$이고 유리창을 통과한 후 소리의 세기는 $\frac{2}{5} \times \frac{2}{5} = \frac{4}{25}$가 돼.

베드몬 소리의 세기가 크게 줄어들었어.

매쓰워치 물론이야. 유리가 두 겹으로된 유리 창문으로도 소음이 많이 줄어서 집 밖의 소리 세기의 16% 정도만 집 안에서 듣게 되는 거야.

코마 4중 유리였으니까 계속 계산해 볼까? 세 번째 유리창을 통과한 후 소리의 세기는 $\frac{2}{5} \times \frac{2}{5} \times \frac{2}{5} = \frac{8}{125}$이 돼.

`베드몬` 우와! 집 밖의 소리 세기의 6.4% 정도를 듣게 되는 거야.

`매쓰위치` 이 집은 4중으로 된 유리 창문이니까 네 번째 유리를 통과한 후 소리의 세기는 $\frac{2}{5} \times \frac{2}{5} \times \frac{2}{5} \times \frac{2}{5} = \frac{16}{625}$이 되니까 집안의 소리의 세기는 집 밖의 소리의 세기의 2.56%가 되거든. 그러니까 소리를 거의 대부분 차단한 거지. 그래서 집이 조용해진 거야.

`코마` 정말 이해가 잘 돼. 소음을 줄이는 창문의 과학 기술 속에도 분수가 있구나.

▶▶▶ **개념 정리 QUIZ**

1. $\frac{1}{2} \times \frac{1}{2} \times \frac{1}{2}$을 소수로 나타내라.

2. 숫자 9 네 개를 이용하여 숫자 100을 만들어라.
   (분수를 이용하라.)

3. 숫자 9 다섯 개와 덧셈을 이용하여 숫자 10을 만들어라.
   (분수를 이용하라.)

※ Quiz의 정답은 129쪽에 있습니다.

개념 다지기

분수의 응용 문제

다음과 같은 문제를 풀어 봅시다.

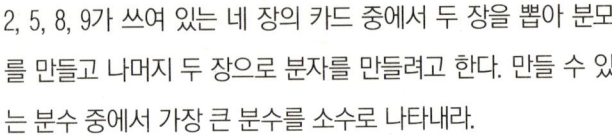

2, 5, 8, 9가 쓰여 있는 네 장의 카드 중에서 두 장을 뽑아 분모를 만들고 나머지 두 장으로 분자를 만들려고 한다. 만들 수 있는 분수 중에서 가장 큰 분수를 소수로 나타내라.

가장 큰 분수가 되려면 분모는 가장 작아야 하고 분자는 가장 큰 수가 되어야 합니다. 네 개의 숫자 중 두 개를 뽑아 만들 수 있는 가장 작은 두 자리의 수는 25입니다. 반대로 가장 큰 두 자리의 수는 98이지요. 그러므로 구하는 분수는 $\frac{98}{25}$이 됩니다.

이것을 소수로 고쳐야 하므로 분자와 분모에 똑같이 4를 곱하면 $\frac{98}{25} = \frac{392}{100} = 3.92$가 됩니다.

QR코드를 통해 정완상 교수의 강의를 직접 들어 봅시다.

음악과 분수 사이의 관계는?

현악기는 줄을 튕겼을 때 만들어지는 공기의 진동으로 소리를 만드는데 이 줄의 길이를 조절해 음의 높낮이를 만들어 낸다. 여기에서는 이 줄의 길이를 분수로 계산해 내는데, 음악과 분수 사이의 관계를 처음 알아낸 사람이 피타고라스의 정리로 유명한 피타고라스라는 놀라운 이야기도 소개한다. 시와 음악이 영혼을 치유할 수 있다고 믿었던 최고의 수학자 피타고라스가 알아낸 도레미파솔라시를 만들기 위한 줄의 길이의 비에 대해서 살펴보자.

음의 높낮이를 만드는 줄의 길이의 비
음악과 분수 사이의 관계

매쓰워치 수학툰은 재밌게 봤지? 오늘 주제는 음악과 분수 사이의 관계야. 음악과 분수 사이의 관계를 처음 알아낸 사람은 피타고라스 정리로 유명한 피타고라스야. 피타고라스는 시와 음악이 영혼을 치유할 수 있다고 믿었고, 시와 음악은 모두 수로 나타낼 수 있다고 믿었어. 그리고 도레미파솔라시를 만들기 위해 줄의 길이의 비가 어떻게 되어야 하는지를 처음으로 알아냈지.

코마 어떤 비를 이루지?

매쓰워치 현악기는 줄을 튕겼을 때 만들어지는 공기의 진동을 일으켜 소리를 만드는데 줄의 길이에 따라 다른 음들이 나와. 길이가 짧은 줄을 튕기면 높은음이 나오고 길이가 긴 줄을 튕기면 낮은음이 나오지. 피타고라스는 현악기에서 줄의 길이의 비가 $1:\frac{2}{3}:\frac{1}{2}$이 될 때 세 음이 가장 잘 어울린다는 것을 알아냈어.

베드몬 도레미파솔라시도를 줄의 길이를 다르게 해서 만들 수 있구나.

매쓰워치 물론이야. 음이 높아질수록 줄의 길이는 짧아지지. 피타고라스는 도음을 만드는 줄의 길이를 1이라고 할 때 이 줄의 길이를 $\frac{2}{3}$로 해주면 도음보다 5도 높은음이 나온다는 것을 알아냈어.

코마 도음보다 5도 높다는 게 뭐지?

매쓰워치 도부터 시작해서 5번째 계이름이야. 피아노 건반을 생각해 보면 쉽지.

코마 도레미파솔? 아하! 도음보다 5도 높은음은 솔음이구나.

매쓰워치 피타고라스는 5도의 차이가 나면 아주 조화를 잘 이룬다고 생각했어. 그러니까 도와 솔은 조화를 잘 이루지. 피타고라스는 줄의 길이를 $\frac{1}{2}$로 하면 도음보다 8도 높은 음이 나온다는 것을 알아냈어.

베드몬 도레미파솔라시도. 그러니까 높은 도가 되는구나.

코마 다른 음은 줄의 길이를 어떻게 해야 하지?

매쓰워치 솔음보다 5도 높은음은 뭐지?

코마 높은 레가 아닌가?

매쓰워치 솔음을 만들 때는 줄의 길이가 $\frac{2}{3}$이므로 줄의 길이가 이것의 다시 $\frac{2}{3}$배가 되면 '높은 레'음이 돼. 그러므로 높은 레음를 만드는 줄의 길이는 $\frac{2}{3} \times \frac{2}{3} = \frac{4}{9}$이지. 높은 레음은 레음보다 8도 높으므로 레음의 줄의 길이는 높은 레음의 줄의 길이의 두 배가 되지. 그러므로 레음의 줄의 길이는 $\frac{8}{9}$이 돼.

코마 라음은?

매쓰워치 라는 레보다 5도 높으니까 라음의 줄의 길이는 $\frac{8}{9} \times \frac{2}{3} = \frac{16}{27}$이 되는 거야.

코마 미는?

매쓰워치 라음에서 8도를 낮추면 낮은 라음이 되니까 낮은 라음의 줄의 길이는 라음의 줄의 길이의 두 배야. 그러니까 낮은 라음의 줄의 길이는 $2 \times \frac{16}{27} = \frac{32}{27}$이지.

베드몬 잠깐만! 낮은 라에서 5도 높이면 라시도레미. 미가 나타났어. 그렇다면 미음의 줄의 길이는 $\frac{32}{27} \times \frac{2}{3} = \frac{64}{81}$ 가 되네.

코아 시는 미에서 5도 올리면 돼. 미파솔라시. 그러니까 시음의 줄의 길이는 $\frac{64}{81} \times \frac{2}{3} = \frac{128}{243}$ 이 돼.

베드몬 이제 파음만 남았어.

매쓰워치 파음은 높은 도음보다 5도 아래야. 그러므로 파음을 내는 줄의 길이를 □라고 하면 □$\times \frac{2}{3}$가 바로 높은 도음을 내는 줄의 길이인 $\frac{1}{2}$이야. 그러므로 □$\times \frac{2}{3} = \frac{1}{2}$이 되는데, 이 식을 만족하는 □는 $\frac{3}{4}$이 돼. 그러니까 파음을 나타내는 줄의 길이는 $\frac{3}{4}$이야.

코아 우와! 도레미파솔라시도를 만들 수 있는 줄의 길이가 분수로 모두 결정되었어.

매쓰워치 정리하면 다음과 같아.

음계	줄의 길이
도	1
레	$\frac{8}{9}$
미	$\frac{64}{81}$
파	$\frac{3}{4}$
솔	$\frac{2}{3}$
라	$\frac{16}{27}$
시	$\frac{128}{243}$
높은 도	$\frac{1}{2}$

〈코마〉 정말 신기하다. 수학 그것도 분수로 음의 높낮이를 만들어 내다니! 수학의 매력은 정말 끝이 없는 것 같아.

▶▶▶ 개념 정리 QUIZ

1. 도음의 줄의 길이를 10이라 할 때 높은 파음의 줄의 길이는?

2. 도음의 줄의 길이를 10이라 할 때 낮은 시음의 줄의 길이는?

3. $\frac{13}{37}$을 소수로 나타낼 때 소수 100번째 자리 수를 구하라.

※ Quiz의 정답은 130쪽에 있습니다.

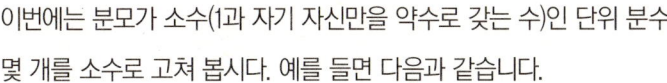

조건을 만족하는 수 찾기

이번에는 분모가 소수(1과 자기 자신만을 약수로 갖는 수)인 단위 분수 몇 개를 소수로 고쳐 봅시다. 예를 들면 다음과 같습니다.

$\frac{1}{3} = 0.333\cdots$

$\frac{1}{7} = 0.142857142857\cdots$

$\frac{1}{11} = 0.0909\cdots$

$\frac{1}{13} = 0.076923076923\cdots$

이런 식으로 분수를 나눗셈에 의해 얼마든지 순환 소수로 나타낼 수 있습니다. 이 때 순환 마디의 길이를 조사해 봅시다. 순환 마디의 길이란 순환 마디에 포함된 수의 개수를 말합니다.

$\frac{1}{3}$의 순환 마디의 길이=1

$\frac{1}{7}$의 순환 마디의 길이=6

$\frac{1}{11}$의 순환 마디의 길이=2

$\frac{1}{13}$의 순환 마디의 길이=6

$\frac{1}{17}$의 순환 마디의 길이=16

$\frac{1}{19}$의 순환 마디의 길이=18

$\frac{1}{23}$의 순환 마디의 길이=22

이것을 다음과 같이 써 봅시다.

$\frac{1}{3}$의 순환 마디의 길이=2-1

$\frac{1}{7}$의 순환 마디의 길이=7-1

$\frac{1}{11}$의 순환 마디의 길이=3-1

$\frac{1}{13}$의 순환 마디의 길이=7-1

$\frac{1}{17}$의 순환 마디의 길이=17-1

$\frac{1}{19}$의 순환 마디의 길이=19-1

$\frac{1}{23}$의 순환 마디의 길이=23-1

따라서 우리는 다음과 같은 규칙이 성립함을 알 수 있겠지요?

분모가 2나 5가 아닌 소수인 단위 분수를 소수로 고치면 순환 마디의 길이가 (소수-1)이 된다는 것입니다.

QR코드를 통해 정완상 교수의 강의를 직접 들어 봅시다.

부록

[수학자에게서 온 편지]
스테빈

[논문]
분수를 유한 소수로 나타내기 위한 조건에 대한 연구

개념 정리 QUIZ 정답

용어 정리 & 찾아보기

| 수학자에게서 온 편지 |

스테빈
(Simon Stevinr)

안녕하세요! 저는 시몬 스테빈입니다. 소수를 발견한 네덜란드의 수학자로 알아봐 주시는 분들이 꽤 계시더군요. 저는 평생을 수학자이자 물리학자 그리고 기술자로 다방면에서 왕성하게 활동했었답니다.
이렇게 만났으니까 저에 대한 이야기를 좀 더 자세히 해 드릴게요.
1보다 작은 수를 나타내는 방법으로 분수와 소수가 있지요. 분수와 소수는 수의 분류가 아니라 수의 표현 방법을 말합니다. 예를 들어 1을 10개로 나눈 하나를 분수로는 $\frac{1}{10}$, 소수로는 0.1이라고 표현합니다.
소수 표현을 처음 정의한 것이 바로 저, 시몬 스테빈입니다. 저는 1548년에 벨기에의 운하로 유명한 아름다운 도시 브뤼헤에서 태어났습니다. 이후 벨기에의 안트베르펜에서 상점 점원으로 일하다가 1581년 서른셋의 나이에 라틴 학교에 입학하기 위해 네덜란드의 라이덴으로 이

사했습니다. 서른다섯 살에는 라이덴 대학에 입학했는데, 이때 모리츠 왕자와 알게 된 후 그의 조언가 등으로 활동했고, 브뤼주 시청에 근무한 후에 네덜란드 군대의 보급과 재정을 책임지는 사람이 되었습니다. 사람들이 돈을 빌릴 때 내는 이율이 $\frac{1}{11}$과 같이 계산하기에 불편한 분수로 되어 있는 것이 맘에 들지 않았던 저는 1585년에 이율을 나타내는 분수의 분모가 10, 100, 1000 등과 같이 주어져야 한다고 주장하고 이런 분수를 마치 정수처럼 표시할 수 있는 새로운 표현을 찾아냈습니다. 그것이 바로 최초의 소수 표현이었던 것이지요. 이런 내용을 담아 펴낸 책이 바로 『10분의 1에 관하여: De Thiende』입니다. 표지가 이렇게 생긴 아주 오래된 책입니다.

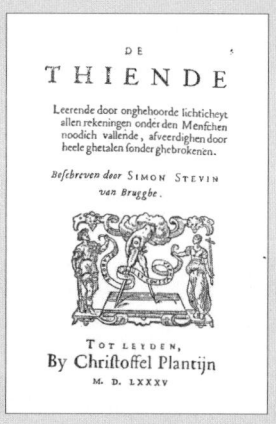

이 책에 저는 소수의 표현과 계산에 대해 체계적인 내용을 담았습니다. 예를 들어 분수 $\frac{13}{100}$을 1①3②이라고 썼는데 이것을 지금의 표현으로 하면 0.13이 됩니다. 즉 1①은 소수 첫째 자리 수가 1임을 3②는 소수 둘째 자리 수가 3임을 뜻하는 것이었지요. 이런 식으로 나타내면 분수 $\frac{678}{1000}$은 6①7②8③이 되는데 지금의 표현으로 나타내면 0.678이 되는 것이고요.

저는 기존의 이율이 $\frac{1}{11}$과 같은 경우도 근사적으로 소수로 나타낼 수 있는 방법을 알아냈습니다. $\frac{1}{11}$과 $\frac{9}{100}$가 거의 비슷하므로 $\frac{9}{100}$를 0①9

②로 나타냈지요. 여기서 0①는 소수 첫째 자리 수가 0임을 나타낸 것이지요. 이것을 현재의 표기법으로 나타내면 0.09가 되고요.

저의 소수 표현은 1보다 작은 수에 대해 어떤 수가 더 큰지를 쉽게 알 수 있는 장점이 있었습니다. 예를 들어 0①9②와 0①0②9③를 비교해 볼까요? 소수 첫째 자리 수는 0으로 같으므로 소수 둘째 자리 수를 비교해야겠지요. 0①9②의 소수 둘째 자리 수는 9이고, 0①0②9③의 소수 둘째 자리 수는 0이므로 0①9②이 0①0②9③ 보다 크다는 것을 쉽게 알 수 있습니다.

하지만 저의 소수 표현은 그리 오래 가지는 못했습니다. 1617년 수학자 네이피어에 의해 3.25처럼 소수점을 사용하는 지금의 표기법으로 바뀌었기 때문입니다.

저는 물리학에도 조예가 깊었습니다. 두 개 이상의 힘이 한 물체에 작용할 때 평형이 되는 조건을 처음 알아낸 것도 바로 저랍니다. 또한 그는 성을 쌓는 기술에 대한 연구를 했으며, 물이 부족한 농토에 물을 공급하면서 배를 통해 물품을 이동시킬 수 있는 수로를 설계하기도 했습니다.

또 저는 아르키메데스의 연구 내용을 열심히 공부하여 바람에 의해 달릴 수 있는 돛이 달린 마차를 만들기도 했습니다. 이 마차는 28명의 사람을 싣고도, 달리는 말을 쉽게 앞지를 수 있었습니다. 그림으로 봐도 거대해 보이지요?

1586년에 저는 무게가 10배 차이 나는 두 개의 물체를 9m 높이에서

동시에 떨어뜨렸을 때, 두 물체가 동시에 떨어진다는 사실을 알아내기도 했습니다. 이것은 훗날 갈릴레이가 알아낸 낙하법칙보다 18년이나 앞선 것이었습니다. 무거운 물체와 가벼운 물체의 낙하 실험은 갈릴레이가 피사의 사탑에서 처음 한 것으로 알려져 있는데, 사실은 이 실험은 제가 한 것이고 갈릴레이는 이런 실험을 한 적이 없었습니다. 그런데도 갈릴레이가 이 실험을 한 것이라 알려진 이유는 갈릴레이가 죽고 그의 제자인 비비아니가 제가 한 실험을 갈릴레이가 피사의 사탑에서 한 것처럼 책에 서술했기 때문이랍니다.

저는 1620년에 사망하기까지 이렇게 다양한 활동들을 했습니다. 지금까지는 시몬 스테빈이라는 이름을 몰랐던 분들도 계셨을 테지만, 갈릴레이가 피사의 사탑에서 한 낙하 실험이라고 알려진 제가 한 실험을 많이들 알고 계실 것이고, 표현 방법은 달라졌지만 소수의 표현을 지금 잘 쓰고 계실 테니 이만하면 이제 '시몬 스테빈'이라는 제 이름을 기억해 주실만 하겠지요?

사진 : Public domain/Wikipedia

분수를 유한 소수로 나타내기 위한 조건에 대한 연구

오배수, 2022년(대구 삼송 초등학교)

요약

이 연구에서 우리는 분수가 유한 소수로 나타낼 수 있기 위한 조건을 찾는다.

1. 서론

분수는 소수[1]와 밀접한 관계가 있다. 초등학교 교과서에서 우리는 분수와 소수사이의 관계를 배운다. 예를 들어 몇 개의 분수를 소수로 바꾸면 다음과 같다.

$\frac{1}{2}=0.5$

$\frac{1}{4}=0.25$

$\frac{1}{5}=0.2$

$\frac{1}{10} = 0.1$

이런 분수들은 소수로 나타낼 때 소수점 아래의 수가 한 개 또는 두 개다. 이렇게 소수점 아래의 수가 유한한 소수를 유한 소수라고 한다. 다음 분수들을 소수로 나타내 보자.

$\frac{1}{3} = 0.3333\cdots$

$\frac{1}{7} = 0.142857142857\cdots$

$\frac{1}{99} = 0.010101\cdots$

이 분수들은 소수로 고치면 끝없이(무한히) 숫자가 나타난다. 이런 소수를 무한 소수라고 부른다. 이 연구에서는 어떤 분수가 유한 소수가 되는지에 대해 조사한다.

2. 순환 마디

무한 소수는 재미있는 성질이 있다. 우선 $\frac{1}{3}$의 소수 표현을 보면 소수점 뒤에 3이라는 숫자가 계속 반복해서 나타난다. 이렇게 어떤 숫자들이 반복해서 나타나는 무한 소수를 순환 소수라고 부르고 반복된 숫자들을 순환 마디라고 부른다. 즉, $\frac{1}{3}$의 순환 마디는 3이다. $\frac{1}{7}$의 소수 표현을 보면 142857이 반복하여 나타나므로 $\frac{1}{7}$의 순환 마디는

142857이다.

3. 유한 소수의 조건

지금까지의 얘기를 종합해 보면 분수를 소수로 고치면 순환 소수가 되거나 유한 소수가 됨을 알 수 있다. 물론 순환 소수는 순환 마디가 계속 나타나는 무한 소수이다. 그럼 어떤 유리수가 언제 순환 소수가 되고 언제 유한 소수가 되는지를 간단하게 결정할 수 있을까? 예를 들어 다음 분수를 보자.

$$\frac{1}{4}$$

이것을 소수로 고치면 0.25가 되어 유한 소수가 된다. 그런데 이것은 다음과 같이 쓸 수 있다.

$$\frac{1}{4} = \frac{1}{2} \times \frac{1}{2}$$

여기서 $\frac{1}{2}$은 0.5로 유한 소수이다. 그러므로 $\frac{1}{4}$은 유한 소수와 유한 소수의 곱으로 나타낼 수 있다. 이렇게 유한 소수만의 곱으로 나타낼 수 있는 유리수는 유한 소수가 된다. 예를 들어 $\frac{1}{10} = \frac{1}{2} \times \frac{1}{5}$이 되고 $\frac{1}{2}$과 $\frac{1}{5}$은 유한 소수이므로 $\frac{1}{10}$은 두 유한 소수의 곱이 되어, $\frac{1}{10}$은 유한 소수가 된다.

이번에는 다음 분수를 보자.

$\frac{1}{6}$

이것은 다음과 같이 쓸 수 있다.

$\frac{1}{6} = \frac{1}{2} \times \frac{1}{3}$

여기서 $\frac{1}{2}$은 유한 소수이지만 $\frac{1}{3}$은 무한 소수이다. 유한 소수와 무한 소수의 곱은 무한 소수가 되므로 $\frac{1}{6}$은 무한 소수이다.
그럼 지금까지 다루었던 수들을 다음과 같이 나타내 보자.

$\frac{1}{4} = \frac{1}{2 \times 2}$

$\frac{1}{10} = \frac{1}{2 \times 5}$

$\frac{1}{6} = \frac{1}{2 \times 3}$

위의 식을 잘 관찰해 보면 $\frac{1}{4}$이나 $\frac{1}{10}$은 분모가 2나 5만의 곱으로 이루어져 있고 $\frac{1}{6}$의 경우는 그렇지 않다. 그러므로 다음과 같이 말할 수 있다.

$\dfrac{1}{n}$에서 분모 n이 2나 5만의 곱으로만 쓸 수 있으면 $\dfrac{1}{n}$은 유한 소수이다.

왜 분모를 2와 5만의 곱으로 나타낼 수 있으면 유한 소수일까? 그 이유는 간단하다. 유한 소수는 분모가 10, 100, 1000, …과 같은 수이다. 의 거듭 제곱인 분수로 나타낼 수 있다. 예를 들면, 다음과 같다.

$0.1 = \dfrac{1}{10}$, $0.32 = \dfrac{32}{100}$, $0.678 = \dfrac{678}{1000}$, …

이때 분모의 10, 100, 1000은 다음과 같이 쓸 수 있다.

$10 = 2 \times 5$

$100 = 2 \times 2 \times 5 \times 5$

$1000 = 2 \times 2 \times 2 \times 5 \times 5 \times 5$

그러니까 유한 소수가 되려면 분모가 2나 5만의 곱으로 쓸 수 있어야 함을 알 수 있다.

여기서 조심할 점은 유한 소수인지 아닌지를 판정할 때는 반드시 기약 분수로 고친 후 판정해야 한다. 그 이유를 살펴 보자. 예를 들어, $\dfrac{21}{30}$이 유한 소수인지 아닌지를 조사해 보자. 분모는 $30 = 2 \times 3 \times 5$가 되어, 분모가 2와 5만의 곱으로 되어 있지 않다. 그럼 $\dfrac{21}{30}$은 유한 소수가 아닐까? 그렇지는 않다. 분자는 $21 = 3 \times 7$이므로 분자의 3과 분모의 3이 약분이 되어 $\dfrac{21}{30} = \dfrac{3 \times 7}{3 \times 10} = \dfrac{7}{10}$이 된다. 그러면 분모인 10은 2×5이므로 $\dfrac{21}{30}$은 유한 소수이다.

그러므로 유한 소수를 판정할 때는 먼저 기약 분수로 고쳐야 한다는 것을 명심해야 한다.

4. 결론

이 연구에서 나는 분수가 유한 소수가 되기 위한 조건을 찾았다. 나는 어떤 분수를 기약 분수로 나타냈을 때 분모가 2와 5만의 곱으로 나타내어지면 이 분수를 소수로 고쳤을 때 유한 소수가 된다는 것을 알아냈다.

참고문헌

[1] 시몬 스테빈, 『10분의 1에 관하여』(1585년).

GAME 1 개념 정리 QUIZ 정답

1. $\dfrac{1}{5}+\dfrac{1}{5}+\dfrac{1}{5}+\dfrac{2}{5}=\dfrac{1+1+1+2}{5}=\dfrac{5}{5}=1$

2. $\dfrac{1}{2}+\dfrac{2}{3}=\dfrac{3}{6}+\dfrac{4}{6}=\dfrac{7}{6}$ 이다.

3. 4와 5의 최소 공배수인 20으로 통분하면 $\dfrac{3}{4}-\dfrac{2}{5}=\dfrac{15}{20}-\dfrac{8}{20}=\dfrac{7}{20}$ 이 된다.

GAME 2 개념 정리 QUIZ 정답

1. $1000 \times \dfrac{1}{2} = \dfrac{1000}{2} = \dfrac{2 \times 500}{2} = \dfrac{500}{1} = 500$

2. $\dfrac{\cancel{3}^1}{\cancel{7}_1} \times \dfrac{\cancel{14}^2}{\cancel{15}_5} = \dfrac{1 \times 2}{1 \times 5} = \dfrac{2}{5}$

3. $\dfrac{3}{8} \div \dfrac{9}{32}$
   $= \dfrac{\cancel{3}^1}{\cancel{8}_1} \times \dfrac{\cancel{32}^4}{\cancel{9}_3}$
   $= \dfrac{4}{3}$

GAME 3 개념 정리 QUIZ 정답

1. 3.65

2.   ¹
   1.165
 + 2.67
 ―――――
   3.835

3.   2 10
  3 10
  3.425
 - 2.56
 ――――
  0.865
10+3-5 ┘ └ 10+2-6

GAME 4 개념 정리 QUIZ 정답

1. 5.436

2. 33

3. 9.12

GAME 5 개념 정리 QUIZ 정답

1. 이것은 0.5×0.5×0.5=0.125이다.

2. 다음과 같이 만들 수 있다. $99\frac{9}{9}=100$이다.

3. 다음과 같이 만들 수 있다. $9+\frac{99}{99}=100$이다.

GAME 6 개념 정리 QUIZ 정답

1. 높은 파음은 파음보다 8도 높다. 그러므로 줄의 길이는 $\frac{3}{4} \times \frac{1}{2} = \frac{3}{8}$ 이다.

2. 낮은 시음은 시음보다 8도 낮다. 그러므로 낮은 시음의 줄의 길이는 $\frac{128}{243} \times 2 = \frac{256}{243}$ 이다.

3. $\frac{13}{37} = 0.351351\cdots$ 이므로 3, 5, 1이 반복된다. 100을 3으로 나눈 나머지가 1이므로 소수 100번째 자리 수는 3이다.

수학 교과서 속 용어 정리 & 찾아보기

[분수]　　　　　　　　　　　　　　　　　　33쪽, 42쪽

전체에 대한 부분을 나타내는 수를 분수라고 한다. 정수 a를 0이 아닌 정수 b로 나눈 몫을 $\frac{a}{b}$로 표시한 것을 분수라고 한다. a, b가 양의 정수일 때에, 분수 $\frac{a}{b}$는 1을 b등분한 것이 a개 모인 것으로 생각할 수도 있고, a의 b에 대한 비 a:b의 값으로 볼 수도 있다. 전체 피자를 1이라고 할 때 피자를 세 조각으로 나눈 후의 한 조각을 1/3이라고 나타낼 수 있다.

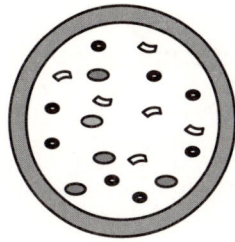 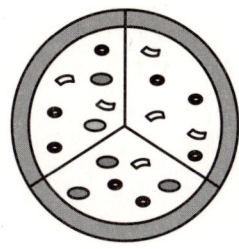

[진분수]　　　　　　　　　　　　　　　　35쪽, 42쪽, 59쪽

분모가 분자보다 큰 분수를 진분수라고 부른다.

관련 용어 : 단위 분수, 가분수, 대분수

수학 교과서 속 용어 정리 & 찾아보기

[가분수]　　　　　　　　　　　　　　　　　　35쪽, 58쪽

분자가 분모보다 크거나 같은 분수를 가분수라고 부른다. $\frac{5}{3}$처럼 분모보다 분자가 크거나 $\frac{2}{2}$처럼 분자와 분모가 같은 분수를 말한다.

관련 용어 : 단위 분수, 진분수, 대분수

[대분수]　　　　　　　　　　　　　　　　　　　　　35쪽

자연수와 진분수가 섞여 있는 분수를 말한다. 즉 자연수와 진분수의 합이다. 대분수는 자연수 부분과 진분수 부분을 함께 써서 $2\frac{1}{3}$과 같이 나타낼 수 있다.

관련 용어 : 자연수, 진분수

[단위 분수]　　　　　　　　　　　　　　　42쪽, 58쪽, 112쪽

단위 분수란 $\frac{1}{2}$이나 $\frac{1}{3}$처럼 분자가 1인 분수를 말한다. 단위 분수는 진분수이기도 하다.

수학 교과서 속 용어 정리 & 찾아보기

관련 용어 : 진분수, 아메스, 최초의 수학자

[기약 분수] 50쪽, 124쪽

더 이상 약분이 안 되는 분수를 기약 분수라고 부른다. 여기서 '기'는 '이미'라는 뜻이므로, 기약 분수는 '이미 약분된 분수'라는 뜻이 된다.

관련 용어 : 약분

[공배수, 최소 공배수] 39쪽

두 개 이상의 자연수의 공통인 배수를 공배수라고 하고, 공배수 중에서 가장 작은 수를 최소 공배수라고 한다.

관련 용어 : 약분, 통분

[통분] 40쪽

분모가 다른 둘 이상의 분수나 분수식에서 분모를 같게 만드는 것, 즉 공통의 분모로 만드는 것을 통분이라고 한다. 보통 각 분모의 최소 공배수를 공통 분모로 삼는다.

관련 용어 : 최소 공배수

수학 교과서 속 용어 정리 & 찾아보기

[약분] 49쪽, 75쪽, 123쪽

분자와 분모에 공통으로 곱해진 수를 지우는 것을 약분이라고 한다.

[분수의 덧셈과 뺄셈] 37쪽

분모가 같은 분수를 더하거나 뺄 때는 분모는 그대로 두고 분자끼리만 더하거나 뺀 값을 분자에 쓴다. 분모가 다른 분수를 더하거나 뺄 때는 다음과 같이 3단계를 거쳐 계산한다.

1단계, 두 분수의 분모들에서 최소 공배수를 찾는다.

2단계, 분모가 최소 공배수가 되도록 각 분수의 분모와 분자에 같은 수를 곱한다.

3단계, 분모가 같은 분수의 덧셈, 뺄셈을 한다.

관련 용어 : 통분

[분수의 곱셈] 48쪽

분수의 곱셈은 분자는 분자끼리 곱하고, 분모는 분모끼리 곱한다. 첫 번째 예처럼 계산 후 분모와 분자에 공통으로 곱해진 수를 지우는 약분을 해서 더 이상 약분이 안 되는 분수, 기약 분수를 답으로 적는다. 또는 두 번째 예처럼 곱하기 전에 먼저 약분을 하면 계산하기가 더 쉽다.

$$\frac{5}{12} \times \frac{2}{15} = \frac{5 \times 2}{12 \times 15} = \frac{10}{180} = \frac{1 \times 10}{18 \times 10} = \frac{1}{18}$$

수학 교과서 속 용어 정리 & 찾아보기

$$\frac{\overset{1}{\cancel{5}}}{\underset{6}{\cancel{12}}} \times \frac{\overset{1}{\cancel{2}}}{\underset{3}{\cancel{15}}} = \frac{1 \times 1}{6 \times 3} = \frac{1}{18}$$

관련 용어 : 약분

[분수의 나눗셈]　　　　　　　　　　　　　　　48쪽

나누는 분수의 분자와 분모를 바꾸어 곱한다.

$$\frac{2}{3} \div \frac{5}{6} = \frac{2}{3} \times \frac{6}{5} = \frac{4}{5}$$

[연분수]　　　　　　　　　　　　　　　　　　58쪽

연분수란 분수의 분수를 연속하여 만드는 것을 말한다. 연분수는 분모나 분자가 다시 분수의 꼴을 포함하는 형태로, 연분수로 나타낼 때는 반드시 단위 분수만을 이용해야 한다.

예를 들어 가분수 $\frac{7}{4}$을 자연수와 진분수의 합으로 나타내면 $\frac{7}{4} = 1 + \frac{3}{4}$이 된다. $\frac{3}{4} = \frac{1}{\frac{4}{3}}$이고 $\frac{4}{3} = 1 + \frac{1}{3}$이므로 $\frac{7}{4}$을 연분수로 고치면

$\frac{7}{4} = 1 + \cfrac{1}{1 + \cfrac{1}{3}}$ 이 된다.

135

수학 교과서 속 용어 정리 & 찾아보기

[아메스]　　　　　　　　　　　　　　　　　　　42쪽

고대 이집트의 수학자(B.C.1681~B.C.1620)로 최초의 수학자라 알려져 있다. 파피루스 위에 일차 방정식에 대한 기록과 흔적을 남겼으며, 원주율을 약 3.16으로 근사하였다.

[파피루스]　　　　　　　　　　　　　　　　　　42쪽

이집트에서 파피루스 풀 줄기의 섬유로 만든 종이를 파피루스라고 부른다. 또 파피루스에 쓰인 고대 문서를 통틀어 이르는 말로도 쓰인다. 주로 그리스어로 기록되어 있으며 내용은 문학, 철학, 수사학 또는 기독교에 대한 것이 많다.

수학 교과서 속 용어 정리 & 찾아보기

[소수] 65쪽

소수는 1보다 작은 수를 나타내기 위해서 사용된 것으로, 소수는 소수점을 가지고 있는 수를 말한다.

[소수점] 65쪽

소수의 부분과 정수의 부분을 구획하기 위하여 소수 부분과 정수 부분 사이에 찍는 부호 '.'을 이르는 말이다. 예를 들어 3.14에서 3과 1 사이에 있는 점 따위이다.

[소수의 덧셈과 뺄셈] 71쪽

소수의 덧셈이나 뺄셈을 할 때는 소수점을 기준으로 자릿수를 잘 맞추어 쓴 다음 자연수의 덧셈이나 뺄셈과 같은 방법으로 계산하고 소수점을 내려 찍으면 된다.

[소수의 곱셈] 81쪽

소수의 곱셈은 소수를 자연수로 생각하여 곱을 구한 다음 소수점을 찍는데, 이때 소수점은 두 소수의 소수점 아래 자릿수의 합과 같다. 자릿수가 같은 소수의 곱셈을 할 때 덧셈처럼 소수점을 그대로 내려 찍지 않도록 주의해야 한다.

수학 교과서 속 용어 정리 & 찾아보기

[소수의 나눗셈] 84쪽

소수의 나눗셈은 자연수와 같은 방법으로 계산하고, 몫의 소수점을 나눠지는 수의 소수점의 자리에 맞추면 된다. 즉 나눠지는 수가 소수 한 자리 수이면 몫도 소수 한 자리 수가 되고, 나눠지는 수가 소수 두 자리 수이면 몫도 소수 두 자리 수가 된다.

또 한 가지 방법은 소수를 분수로 고쳐서 계산하는 방법인데, 나누기를 곱하기로 고친 후 나누는 수를 역수를 취해 계산하면 된다.

[유한 소수] 119쪽

소수점 아래의 숫자가 몇 개인지 셀 수 있는 소수를 유한 소수라고 한다.

관련 용어 : 무한 소수, 순환 소수

[무한 소수] 120쪽

소수점 아래의 0이 아닌 숫자가 무한히 많은 소수를 무한 소수라고 한다. 소수점 아래의 수들이 계속 반복되는 소수인 순환 소수도 무한 소수에 속한다.

관련 용어 : 순환 소수, 유한 소수

수학 교과서 속 용어 정리 & 찾아보기

[순환 소수] 88쪽, 111쪽, 120쪽

무한 소수 중에서 소수점 아래의 수들이 계속 반복되는 소수를 순환하는 소수, 순환 소수라고 부른다. 이때 순환 소수의 소수점 아래에서 일정한 숫자의 배열이 되풀이되는 한 부분을 순환 마디라고 한다.

관련 용어 : 무한 소수, 유한 소수, 순환 마디

중학교에서도 통하는 초등수학
개념 잡는 수학툰
❼ 분수와 소수에서 음악의 원리까지

ⓒ 정완상, 2022

초판 1쇄 발행 2022년 5월 10일
초판 2쇄 발행 2022년 12월 26일

지은이	정완상
그림	김민
펴낸이	이성림
펴낸곳	성림북스
책임편집	강현옥
디자인	윤주열
출판등록	2014년 9월 3일 제25100-2014-000054호
주소	서울시 은평구 연서로3길 12-8, 502
대표전화	02-356-5762
팩스	02-356-5769
이메일	sunglimonebooks@naver.com
ISBN	979-11-88762-43-9 (74410)
	979-11-88762-21-7 (set)

◆ 책값은 뒤표지에 있습니다.
◆ 이 책의 판권은 지은이와 성림북스에 있습니다.
◆ 이 책의 내용 전부 또는 일부를 재사용하려면 반드시 양측의 서면 동의를 받아야 합니다.

Calling 콜링

초판 1쇄 2025년 8월 25일

글쓴이 윤석원

펴낸이 백진선
펴낸곳 이분의일
주소 경기도 과천시 과천대로2길 6, 508호
전화 02-3679-5802
이메일 onehalf@1half.kr
홈페이지 www.1half.kr

출판등록, 제 2020-000015호
©윤석원, 2025
ISBN 979-11-94474-19-7 (03810)

이 책에 실린 글과 이미지의 무단복제를 금합니다.
이 책의 내용의 전부 또는 일부를 재사용하려면
반드시 출판사의 동의를 받아야 합니다.

까'에서 '기술로 누구를 어떻게 도울 수 있을까'로 바뀌었다. 회사의 성장은 이제 나 혼자만의 성공이 아니라, 함께 나아가는 성장의 발판이어야 했다. 그 발판 위에서 더 많은 충성이, 더 많은 '가능성'들이 발 디딜 수 있도록 만드는 일, 그 일이 내가 회사를 운영하는 이유가 되었다.

아직 해야 할 일은 많고, 가야 할 길도 멀다. 그러나 나는 안다. 한 사람의 가능성을 믿는 일이, 결국 세상을 조금씩 바꿔 간다는 것을. 그래서 우리는 오늘도, 아주 느리지만 분명한 걸음으로 앞으로 나아가는 중이다. 함께라서 가능했고, 앞으로도 함께이기에 더 의미 있는 길. 그 길 위에서 언젠가 이 글을 읽는 당신도 우리와 만나게 되기를 바란다.

다. 어느 날은 수줍게 다가와 말했다.

"저, 여자 친구가 생겼어요."

상대는 시애틀 출신의 미국인이었고, 충성이가 일하는 마이크로소프트에 대해서도 잘 알고 있다고 했다. 충성이의 영어 실력은 그 후로 눈에 띄게 늘었다. 인턴십은 6개월에서 1년으로 연장되었고, 충성이는 학교를 졸업한 뒤 LG전자에 입사했다. 그리고 몇 달 뒤, 마이크로소프트 인턴 시절 만난 여자 친구와 결혼을 한다는 소식을 접했다.

결혼식장에서 나는 그 모든 장면들을 떠올렸다. 처음 그가 인턴을 포기하려 했던 순간, 자신의 업무에 조금씩 익숙해져 가던 시간, 처음 연애를 시작했다고 수줍게 말하던 얼굴, 점점 책임감 있게 변해 가던 모습들. 마치 한 편의 드라마를 함께 만들어 낸 기분이었다.

그날 나는 깨달았다. 회사의 보너스도, 스톡옵션도, 심지어 골드 스타 어워드도 할 수 없었던 일을 해냈다는 것을. 누군가의 인생을 바꾸는 일, 그보다 더 강렬한 보상은 없을 것이다.

그 경험 이후로 나의 관심은 '기술을 어떻게 발전시킬

"탈북 청년을 인턴으로 고용하고 싶다."고 말했다. 당황한 표정 속에서도 그는 흔쾌히 동의했고, 결국 나는 컴퓨터공학을 전공하던 한 청년, 주충성을 소개받았다.

처음 만난 충성이는 무척 조용하고 말수가 적었다. 낯선 환경과 차별의 기억, 낮은 자존감이 짙게 배어 있었고, 처음엔 인턴 제안조차 믿지 않는다는 눈치였다. 그런데도 해 보겠다는 의지를 보여 기뻤지만, 막상 일을 시작하고 나서는 영어와 외국계 기업의 문화 앞에 주눅이 들어 단 며칠 만에 그만두겠다고 말했다. 나는 진심으로 말했다.

"충성아, 너는 지금 단순한 인턴이 아니야. 너 하나의 성공이 앞으로 다른 탈북 청년들의 기회가 될 수도 있어. 네가 포기하면 그 문은 다시 열리지 않을지도 몰라."

그날 이후 충성이는 정말 많이 달라졌다. 영어로 이메일을 쓰는 법을 익히고, 업무에 조금씩 적응해 가더니 결국 자신감을 갖게 되었다. 마이크로소프트라는 곳에서 인정받는다는 자부심이 생기자 표정도 달라졌

에필로그

**"처음을 만드는 일,
그것이 우리가 선택한
가장 조용한 혁명이었다."**

돌아보면 나의 여정은 늘 기술과 함께였지만, 그 기술의 방향을 바꾸게 된 건 '사람'이었다. 특히 한 청년을 만난 경험은 나의 삶을 그리고 내가 회사를 통해 이루고자 하는 꿈의 방향을 근본부터 다시 생각하게 했다. 마이크로소프트에서 일하던 시절, CSR팀이 탈북 청년을 대상으로 인턴십 프로그램을 기획하고 있다는 소식을 들었다. 낯설지만, 왠지 마음이 이끌렸다. 그렇게 나는 평소 거의 교류가 없던 CSR 팀장을 찾아가

다. 내가 회사를 통해 이루고 싶은 꿈은 단순히 잘되는 기업이 아니라, 함께 잘 사는 삶이다. 누구나 한 번쯤은 기회를 가질 수 있는 사회, 각자의 속도와 방식대로 성장할 수 있는 일터, 그리고 그 안에서 존중받고 존엄을 지켜 낼 수 있는 공동체. 앞으로 어떤 내일이 펼쳐질지 모르지만, 우리의 도전은 무한히 계속될 것이다.

친구 같은 아빠로 지낼 수 있었고, 지금도 편하게 웃으며 대화를 나누는 사이가 되었다.

나는 여전히 완벽한 아빠도, 완벽한 리더도 아니다. 그저 하루하루 배우며 나아가는 중이다. 예전에는 회사가 곧 나였고, 나의 성장이 곧 회사의 성장이라고 여겼다. 하지만 이제는 조금씩 다르게 생각하게 되었다. 회사가 나 없이도 단단히 설 수 있도록 기반을 다지고, 구성원들이 각자의 자리에서 의미 있는 성장을 이어 갈 수 있도록, 나는 '비움'과 '신뢰'를 배워 가고 있다. 회사가 가야 할 방향은 이제 더 분명하다. 우리가 처음 시작할 때의 마음, 함께 잘 살아 보자는 그 마음을 지켜 나가는 일. 여전히 우리는 경력단절여성, 자폐성 장애인과 같은 '사회적 약자'로 불리는 이들과 함께 일하고 있으며, 이들이 가진 잠재력과 가능성을 세상에 보여 주고자 한다. 우리가 만든 기술이 누군가에겐 희망이 되고, 우리가 만든 일터가 누군가에겐 또 다른 기회가 된다면 그것으로 충분하다.

나 역시 수없이 흔들렸고, 길을 잃고 멈춰 서기도 했다. 그러나 그 모든 시간이 결국 지금의 나를 만들었면, 그 안에서도 분명히 얻은 것이 있었다.

작은 성취를 함께 기뻐하던 동료들의 웃음, 우리가 만든 기술로 누군가의 삶이 조금 나아졌다는 소식을 들을 때의 벅참, 그리고 그 모든 시간을 버텨 낸 스스로에 대한 조용한 위안은 내가 지금 여기 있기에 느낄 수 있는 소중한 감정이었다. 한계라고 여겼던 지점 너머에서 또 다른 나를 마주했고, 실패의 늪에서도 방향을 다시 잡는 법을 배웠으니 얻은 것이 없지는 않다.

일에 집중하는 동안에도, 가족은 묵묵히 자기의 길을 걸어 주었다. 큰아들은 강남의 사교육 혜택 없이도 우수한 성적으로 대학에 진학했고, 공교육에 적응하지 못했던 막내아들은 스스로 하고 싶은 일을 찾아 특성화고에 진학해 무사히 졸업했으니 참으로 고마운 일이다. 얼마 전, 큰아들이 내 친구와의 식사 자리에서 불쑥 내뱉은 말이 있다.

"아빠가 제 인생의 롤모델이에요."

그 말 한마디에 그동안의 모든 고생과 불안, 죄책감이 눈 녹듯 사라지는 기분이었다. 아이들에게 많은 시간을 주지는 못했지만, 그 덕분에 권위적인 아빠가 아닌

변화의 시작

이 모든 이야기를 꺼내 놓고 나니, 문득 나 자신에게 질문하게 된다. 나는 왜 이 길을 택했고, 왜 지금까지 멈추지 않고 걸어왔을까. 누군가는 농담처럼 말한다. "이 정도로 자기 자신을 바쳐야 성장할 수 있다면, 전 평생 사회적기업 같은 건 못 하겠어요."
웃으며 듣고 넘겼지만, 그 말이 한참 동안 마음속에 남아 있었다. 어쩌면 그동안 나는 너무 오래, 너무 깊게 일에만 몰두해 살아온 것은 아닐까. 하지만 되돌아보

사회는 발전해 왔지만, 해결해야 할 문제는 더 복잡하고 무거워졌다. 장애인의 고용과 포용, 고령화와 인구 감소, 기후 위기, 점점 심화되는 양극화까지 지속 가능한 사회를 만들기 위해 우리 앞에 놓인 과제는 결코 가볍지 않다.

물론 기술이 모든 문제를 해결할 수는 없을 것이다. 하지만 사회적 약자에게 더 많은 기회를 주고, 더 공정한 시스템을 만드는 데 쓰일 수 있다면, 그것만으로도 우리가 존재할 이유는 충분하다.

모두가 외면하던 문제를 다시 바라보고 그 안의 가능성을 끌어올리는 일, 우리는 그 일을 기술과 사람의 이름으로 증명해 보일 것이다. 그리고 그 길 끝에 무엇이 있든, 함께 걷는 이 여정 자체가 이미 의미 있는 미래라고 확신한다.

다. 하지만 이제 우리는 사람 중심의 기술을 만들고, 사회 문제에 응답하는 솔루션을 설계하는 조직으로 진화하는 중이었다.

더 넓은 무대에서, 더 깊은 임팩트를 만들어 가기 위해 새로운 이름이 필요했다. '에이아이웍스*AIWORKX*'. 'AI'는 단순한 인공지능이 아니라, 문제를 주체적으로 해결하는 자기 주도적 자아를 뜻한다. 'WORK'는 실제 산업 현장에서 작동하는 실용적이고 전문적인 기술 기반의 솔루션을 의미하며, 'X'는 우리가 넘어서고자 하는 기술과 사회의 경계, 그리고 미지의 영역을 향한 무한한 도전을 상징한다.

이제 우리는 '테스트웍스'를 넘어, '에이아이웍스'라는 이름으로 다시 항해를 시작하려 한다. 더욱이 내후년에는 기업공개*IPO*도 준비 중이다. 더 많은 투자자와 파트너 앞에 우리의 성과와 비전을 투명하게 보여주고, 사회적 가치를 시장의 언어로 증명해 내겠다는 의지다. 기술은 빠르게 진화하고 있고, 그것을 누구를 위해, 어떻게 사용할 것인가는 앞으로의 세상을 결정짓는 중요한 물음이 될 것이다.

이라는 강점이 있었다. 그것을 기반으로 우리는 AI 컨택센터 솔루션을 개발하게 되었다. 상담 시에 반복적이고 감정 소모가 큰 업무는 AI가 맡고, 사람은 본질적이고 섬세한 일에 집중할 수 있도록 설계한 것이다. 결과는 기대 이상이었다. 상담사의 번아웃은 줄고, 고객 응대의 품질은 높아졌으며, 일에 대한 만족도도 함께 올랐다. 기술이 사람을 밀어내는 것이 아니라, 오히려 사람을 중심에 두는 도구가 된 것이다.

그 과정에서 뜻밖의 가능성도 발견했다. 금융이나 공공 분야에서 오랜 경력을 쌓은 베이비부머 세대가 AI 학습용 데이터 구축에 중요한 역할을 할 수 있다는 점이었다. 은퇴를 앞둔 전문가들은 축적된 경험을 새로운 방식으로 사회에 기여하고, 우리는 또 하나의 사회적 가치를 창출해 낼 수 있었다.

비즈니스 영역이 확장되면서 자연스럽게 사명에 대한 고민도 시작됐다. 우리를 처음 만나는 사람들에게 우리의 정체성과 방향을 어떻게 설명할 수 있을까? 기존 사명인 '테스트웍스'는 우리가 해 온 일, 특히 데이터와 품질을 다루는 초기 사업을 잘 설명하는 이름이었음으로 역성장을 경험했기 때문이다. 12월의 탄핵 정국은 회사 성장에도 직격탄이 되었고, 2025년 상반기까지 정부는 계획된 사업을 좀처럼 집행하지 않았다. 민간 투자자들 역시 정치적 불확실성 속에서 눈치만 볼 뿐이었다.

결국 가장 피하고 싶던 결정을 해야 했다. 처음으로 구조조정을 단행한 것이다. 거기에는 누구보다 성실하게 일해 온 경력단절여성과 장애인, 청년 직원들이 포함되어 있었다. 많은 사람에게 일할 기회, 성장할 기회를 주는 데서 보람을 느껴 온 나로서는 그 결정이 너무나도 가슴 아팠다. 몇 주 동안 밤잠을 설쳐 가며 고민했지만, 이 거센 비바람을 견디기 위해 우리는 항해의 무게를 덜어 내야만 했다.

불안은 현실이 되었고, 우리는 더 이상 시장 탓만 하고 있을 수 없었다. 단순히 생존을 위한 대응을 넘어, 새로운 임팩트를 만들어 가기 위해 새로운 비지니스가 필요했다. 다행히 해답은 그리 멀리 있지 않았다. 우리가 직접 거대 언어모델을 만들 수는 없지만, 오랫동안 쌓아 온 데이터와 고객 맞춤형 AI 모델링 역량를 늦추지 않는 이들이 있다. 정은미 이사는 1호 경력단절여성으로 입사해 팀장을 거쳐 40여 명의 테스터를 이끄는 임원으로 성장했고, 1호 자폐성 장애인 직원인 이준희 님은 고등학교 졸업 후 데이터 라벨러로 입사해 현재는 시스템 반도체를 검증하는 테스트 자동화 엔지니어로 활약 중이다. 그는 재직 중 방송통신대학교 전산학 학사 과정을 이수하기도 했다.

무엇보다도 인상 깊은 건, 자폐 성향이 강했던 직원들이 반복적인 업무 환경 속에서 점차 사회성을 갖춰 가고 있다는 사실이다. 마치 긴 겨울을 지나 어느 날 꽃을 피우는 나무처럼, 그들의 작고 조용한 변화는 어쩌면 우리 조직이 이룬 가장 큰 성장일지도 모른다.

회사는 다양한 어려움과 진통 속에서도 꾸준히 성장해 왔지만, 정권 교체와 함께 국가 연구개발 및 AI 관련 예산이 삭감되면서 새로운 위기가 닥쳐왔다. 경기 침체로 스타트업 생태계도 움츠러들었고, 투자 역시 급격히 줄었다. 우리도 그 여파를 고스란히 맞아야 했다.

특히 2024년은 정말 쉽지 않은 해였다. 창사 이래 처

그래서 우리는 방향을 바꾸기로 했다. 단순히 스펙이나 경력이 아니라, 문제를 함께 풀고 새로운 가치를 만들어 갈 '우리와 함께할 사람'을 찾기로 한 것이다. 대기업 출신 임원보다는 다양한 부서와 유기적으로 협업하고, 공동의 목표를 위해 함께 뛰는 스타트업형 리더가 우리에겐 더 잘 맞았다.

내부적으로도 변화를 시도했다. 젊지만 진정성과 실행력을 갖춘 직원을 핵심 인재로 발굴해 빠르게 리더십의 기회를 부여했다. 베트남 지사장을 6년 차 주니어에게 맡긴 결정도 그 연장선이었다. 우리는 나이나 직급이 아니라, 태도와 성장 가능성을 기준으로 사람을 바라보기 시작했다.

실력과 인성은 기본이지만 우리처럼 사회적 임팩트를 추구하는 조직에는 한 가지 더 중요한 덕목이 있다. 바로 가치지향성이다. 기술을 통해 지속가능한 사회를 만들고, 더 많은 이들에게 공정한 기회를 제공하며, 무엇보다 스스로의 성장도 멈추지 않으려는 사람. 우리는 그런 이들과 함께 멀리 갈 수 있다고 믿는다.

다행히 초창기 멤버 중에는 지금까지도 성장의 속도

우리의 경쟁력은 사람이다

회사의 급격한 성장은 축복이자 동시에 위기였다. 조직이 커질수록 구성원 간 소통은 더 어려워졌고, 서로 다른 배경과 경험을 지닌 인재들이 모이면서 갈등과 오해도 잦아졌다. 특히 중간관리자의 이직이 잦아졌고, 회사의 철학과 문화가 충분히 공유되기도 전에 팀을 떠나는 경우가 많았다. 그로 인해 조직은 한동안 불안정했고, 우리는 '사람' 문제로 깊은 진통을 겪어야 했다.

이곳 베트남에서도 장애인 직원들이 성장하는 길은 결코 순탄치 않을 것이다. 그러나 단 한 명이라도 의미 있는 성장을 이뤄 낸다면, 그것만으로도 이 지역 사회에 커다란 희망의 불씨가 될 수 있다. 머지않아 이곳에도 장애인이 지속적으로 성장할 수 있는 생태계가 마련되리라는 조심스러운 기대가 생겼다.

그날 우리는 한국 식당에서 삼겹살을 먹으며 마음껏 웃고 떠들었다. 식사를 마친 뒤 직원 한 사람, 한 사람과 사진을 찍고 나서야 나는 충만한 마음으로 택시에 올랐다. 숙소 앞 성당의 성모상 앞에 잠시 멈춰 서 감사의 기도를 올리는 순간, 후덥지근한 공기 속에서도 이상하리만치 선선한 바람이 얼굴을 스쳤다.

계획보다 길어진 이 여정이 생각보다 나쁘지 않을지도 모른다는 생각이 들었다. 어쩌면 꽤 괜찮고, 제법 재미있는 일일지도 모르겠다. 나는 한결 가벼워진 발걸음으로 숙소를 향해 천천히 걸음을 옮겼다.

성과 역시 뛰어나, 정규직 전환까지 이야기되는 중이었다.

나는 베트남 장애인 직원들 앞에서 이렇게 말했다.

"여러분은 단순한 데이터 라벨러가 아닙니다. 지금의 경험이 리뷰어, 품질 관리자, 나아가 프로젝트 매니저로 성장하는 출발점이 될 것입니다. 우리는 기술을 통해 더 많은 사람에게 기회를 주고, 가능성을 확장하는 회사입니다. 여러분은 그 여정의 중요한 동반자입니다."

이어 함께 온 정은미 이사가 조용히 앞으로 나섰다. 그녀는 미소를 지으며, 눈앞에 앉아 있는 직원들을 한 명 한 명 바라보았다. 그리고 따뜻하지만 힘 있는 목소리로 이렇게 말했다.

"저도 8년 전엔 여러분과 같았어요. 경력 단절 상태에서 초급 테스터로 일을 시작했죠. 그때는 자신도 없고, 미래가 막막했어요. 그런데 포기하지 않고 하나씩 해내다 보니 이렇게 임원이 되었어요. 여러분도 10년 후에 저처럼 될 수 있습니다. 어쩌면 더 빠를지도 모르죠. 그러니 스스로의 가능성을 의심하지 마세요."

그렇게 테스트웍스 베트남 지사는 조용하지만 단단한 첫걸음을 내딛고 있었다.

그리고 1년 뒤 다시 하노이를 찾았을 때, 베트남 지사는 더 이상 파일럿 프로젝트가 아니었다. 이제는 진짜 회사로서의 형태를 갖춘, 단단한 조직으로 자리 잡았다. 교육생 중 10명의 장애인이 정식 직원으로 채용되어 자율주행 데이터 라벨링 프로젝트에 참여하고 있었고, 그들의 열정과 집중도는 눈부실 만큼 인상 깊었다.

단순한 가공 업무를 넘어 품질 검수자로 빠르게 성장한 이들도 있었다. 그중 한 명인 호앙 티 투옹은 베트남 전쟁 후유증으로 선천적 장애를 안고 태어난 아버지 밑에서 오빠와 함께 휠체어 생활을 해 왔다. 고등학교를 어렵게 졸업한 뒤 우리 교육을 우수한 성적으로 이수했고, 이어 현재는 리뷰어로서 뛰어난 역량을 보여 주고 있었다.

또 다른 직원 당 티 투는 선천성 어리선 증상으로 안면 피부에 손상이 있었지만, 안정적인 수입 덕분에 치료를 병행하며 삶의 활기를 되찾았다고 말했다. 검수

"반 여사님, 정말 대단한 일을 하고 계십니다. 이 센터를 통해 더 많은 분이 양질의 교육을 받을 수 있도록 저희도 최선을 다할게요."

그러자 반 여사가 웃으며 말했다.

"이분들에게 일을 많이 주세요. 그게 의식주를 지키는 길이거든요."

그 말이 목에 걸린 듯 오래 맴돌았다. 베트남에서 시작된 작고 조용한 움직임이 언젠가는 커다란 변화로 이어질 것이라는 예감이 들었다.

우리는 단순한 사업 확장을 목표로 해외에 진출한 것이 아니었다. 한국에서 다져온 기술 기반의 사회혁신 모델이 국경을 넘어 다른 나라에서도 가능하다는 사실을 직접 확인하고 싶었다. 그리고 그 가능성은 점점 현실로 다가오고 있었다.

이 새로운 시작의 선봉에는 청년 인턴으로 입사해 6년간 묵묵히 성장해 온 주니어 리더가 섰다. 나이나 직급보다 진정성과 리더십을 우선한 선택이었다. 이는 우리 회사의 철학과 가치를 실천하며 성과를 낸다면 누구에게나 기회를 주겠다는 과감한 선언이기도 했다.

제협력단*KOICA*의 국제비즈니스 파트너십*IBS* 사업에 선정되어 이곳에서 장애인을 대상으로 데이터 라벨링 교육을 시작한다고 발표하자마자, 베트남 전역에서 수백 명의 장애인이 지원했다. 우리는 이 중 20명을 선발해 교육을 막 시작한 참이었다.

"테스트웍스의 교육은 아주 잘 진행되고 있어요. 한번 둘러보시겠어요?"

반 여사의 안내를 따라 교육장 안으로 들어서자, 좁은 공간에서 20여 명의 장애인들이 휠체어에 앉아 자율주행 관련 데이터 라벨링 훈련에 몰두하는 모습이 눈에 들어왔다. 낯선 환경이었지만 그 안에서 분명한 에너지가 느껴졌고, 우리는 그제야 이 교육이 어떻게 이루어지고 있는지를 구체적으로 실감할 수 있었다. 한국에서 제작한 강의 콘텐츠는 온라인으로 전송되었고, 현지에서는 사전 훈련을 받은 강사들이 실습 중심의 수업을 이끌었다. 작은 공간, 한정된 자원 속에서도 이들의 몰입도는 놀라울 만큼 높았고, 그 표정과 움직임엔 절박함을 딛고 일어서려는 강한 의지가 고스란히 배어 있었다.

타들어 가는 듯했다.

사거리 주변을 두세 차례 돌아다니다가, '월투리브센터 Will to Live Center'라는 영어 간판이 붙은 낡은 단독주택 하나를 발견했다. 오늘 내가 방문하기로 한, 베트남 장애인을 대상으로 IT 교육을 진행하는 곳이었다.

문을 열고 들어서자 휠체어를 탄 반 여사가 반갑게 맞아 주었다. 그녀는 이 센터의 창립자이자 척수장애인이며, 같은 질환을 앓던 오빠 홍과 함께 2003년에 이 센터를 세웠다. 오빠는 2012년 서른한 살의 나이로 세상을 떠났고, 이후 반 여사는 여러 사람의 도움을 받아 센터를 꾸려 오고 있었다. 월투리브센터는 장애인들에게 무료로 컴퓨터와 생활기술을 교육하고, 훈련이 끝나면 취업까지 연계하는 일을 해 왔다.

"이 나라에는 장애인들이 누릴 수 있는 복지가 거의 없어요. 특히 저소득층이나 지방에 사는 분들은 살아가는 데 큰 어려움을 겪습니다."

반 여사는 시원한 차를 건네며, 베트남 장애인의 현실을 조용히 들려주었다. 실제로 우리 회사가 한국국

경계를 넘어 해외로 나아가다

"와, 덥다."
체질적으로 땀을 많이 흘리는 나는 덥고 습한 날씨를 유난히 싫어한다. 그런데 지금 나는 가장 더운 여름날, 태양이 이글거리는 거리 위를 걷고 있다. 그랩 앱을 통해 미팅 장소로 이동하긴 했지만, 택시는 4차선 도로 사거리 한가운데 나를 내려놓았다. 주변에 목적지로 보일 만한 큰 건물은 보이지 않았고, 몇 걸음만 걸어도 땀이 비처럼 흘러내렸다. 몸은 마치 태양 빛에 누군가의 내일이 이 회사에 달려 있고, 그 내일을 함께 만들어 가는 일이 바로 내가 이 길을 택한 이유였으니까. 그래서 나는 다시 걷기로 했다. 한 걸음씩, 천천히. 끝이 아니라, 또 다른 시작이라는 마음으로.

"대표님, 테스트웍스가 잘돼야 우리 같은 소셜벤처도 힘이 나요."

후배 창업자들이 종종 하는 말이다. 우리는 대한민국에서 유일하게, 기술을 기반으로 다양한 이들과 함께 사회적 미션을 실현하는 AI 기업이기 때문이다. 따라서 우리가 바르게 나아가는 모습을 보여 줄 때, 이 생태계 전체에 새로운 희망이 퍼져 나갈 수 있을 것이다.

그즈음부터 나는 작은 연습을 시작했다. 주말에는 하루쯤 반드시 쉬기. 미팅이 없는 날엔 잠시 눈을 붙이거나, 산책을 하거나, 그냥 멈춰 서 있기. 회사의 지속가능성을 위해 무엇보다 내 삶의 지속가능성이 먼저라는 사실을 비로소 깨달았기 때문이다.

회사를 지키는 일은 단지 경영의 문제가 아니었다. 그건 결국 나 자신을 지키는 일이기도 했다. 내가 무너지면, 나를 믿고 함께 걷는 사람들의 발걸음도 흔들릴 수밖에 없었다. 내가 온전해야 함께 더 멀리, 더 오래 걸어갈 수 있다는 것을 알기까지 적지 않은 대가를 치렀다. 이로써 조금 느리더라도, 때론 흔들리더라도, 다시 시작할 이유는 분명했다.

함께 지키려 애쓰셨던 어머니. 그 삶을 진심으로 본받고 있었던가.

이 회사를 시작할 때, 나는 내 삶의 의미를 찾고 싶었다. 사회를 위한 가치를 추구하고, 내면의 허기를 채우고 싶었다. 하지만 타인의 고통에 진심으로 공감하고, 그것을 삶으로 옮기려 애쓴 적이 있었던가. 그 질문 하나가 마음을 천천히 꿰뚫고 지나갔다.

20년. 그 숫자는 단순한 시간이 아니었다. 자폐성 장애인들이 안정적으로 오래 일할 수 있는, 지속가능한 회사를 만들어 달라는 절박한 바람이었다. 그 순간 오래전에 들었던 한 문장이 불현듯 떠올랐다.

"저는 테스트웍스의 미션을 믿고 장기 투자자가 되고 싶습니다."

D3쥬빌리파트너스 이덕준 대표님의 그 말이 이제야 머리에서 가슴으로 내려왔다. 파타고니아처럼 50년을 이어 온 임팩트 기업이 그러했듯, 우리도 긴 호흡으로 가야 한다. 단기 성과가 아닌, 오래도록 이어지는 사회적 가치를 실현하는 것. 그게 테스트웍스가 가야 할 길이라는 걸 그제야 조금씩 받아들이게 되었다.

다.

"대표님, 요즘 많이 지쳐 보이세요. 아실지 모르지만 자폐성 장애인들은 보통 50세를 전후해 신체적·정신적 기능이 급격히 떨어진다고 해요. 그런데 그 시기에 부모는 곁에 없을 가능성이 크죠. 그래서요, 우리 부모들의 소원은… 아이보다 하루라도 늦게 죽는 거예요."

그분은 잠시 말을 멈췄다.

"우리 아이는 이 회사를 정말 좋아해요. 출근하는 걸 기다리고, 점점 밝아지고 있어요. 그래서 부탁드리고 싶었습니다. 우리 아이가 앞으로 20년 이상 다닐 수 있는 회사로 꼭 만들어 주세요."

그 어머니는 눈물을 흘리지 않았지만, 말끝에 담긴 무게는 고스란히 전해졌다. 나는 아무 말도 하지 못한 채, 그 진심을 무겁게 받아 안을 수밖에 없었다.

우리 어머니라면 어떻게 하셨을까. 나는 누나에게 고통스러운 현실을 피하고 싶다고 털어놓았지만, 정말 어머니처럼 고통받는 이들을 위해 무언가를 실천하며 살아가고 있었던가. 그분들을 위해 기도하고, 곁에서

업과 소셜벤처를 운영하던 대표님들이었다. 갑작스레 체중이 줄어든 나를 걱정하며 연락을 하고, 식사를 함께 하자며 시간을 내 주었다. 그 바쁜 와중에도 나를 챙겨 준 마음이 얼마나 고마웠는지 모른다. 같은 무게를 견디는 사람들이기에 가능한 진심이었을 것이다. 다행히 오랜 시간 갈등을 겪었던 창업 초기 멤버들과도 적절한 합의를 통해 작별할 수 있었다. 아쉬움은 컸지만, 최선을 다한 이별이었다. 정리를 마치고 나니 비로소 마음 한쪽에 작은 평화가 스며들기 시작했다.

그즈음, 인사 팀장이 장애인 직원 부모 간담회에 참석할 수 있냐고 물었다. 우리 회사는 반기마다 자폐성 장애인 직원의 부모님들과 간담회를 연다. 회사의 변화와 방향을 공유하고, 자녀의 근무 태도나 적응 상황에 대해 이야기를 나누기 위해서다.

나는 질문 몇 개에 답하고 금방 나올 생각으로, 가벼운 마음으로 참석했다. 간담회가 끝나 갈 무렵, 사회자가 참석자들을 향해 조심스럽게 물었다.

"혹시 마지막으로 하고 싶은 말씀 있으실까요?"

잠시 정적이 흘렀고, 한 어머니가 조용히 입을 열었

께 일했다. 실력 있는 전문가들도 하나둘 합류했고, 부족하나마 연구개발팀도 갖춰 나갔다.

아무도 이 정도까지 해낼 거라고는 예상하지 못했다. 하지만 우리 회사는 처음부터 방향이 뚜렷했다. 사회적 가치를 실현하기 위해 설립했고, 규모가 커질수록 더 큰 임팩트를 낼 수 있도록 설계되어 있었다.

창업은 내 인생 계획에 없었다. 그저 조용히 개발만 하던 내향적인 엔지니어였던 내가 어느새 7년 넘게 회사를 이끌고 있다는 사실은 지금도 낯설다. 어쩌면 그것만으로도 기적 같은 일이었다. 이 정도면, 정말 할 만큼은 해 온 셈 아닌가.

하지만 열정은 예전 같지 않았다. 대표직에서 물러나고 싶다는 생각이 머릿속을 떠나지 않았고, 모든 것이 부질없다는 생각이 주기적으로 밀려왔다. 큰누나에게는 더 이상 걱정하지 말라고 했지만, 정작 나는 깊은 어둠 속을 헤매고 있었다. 처방받은 약 없이는 잠들 수 없었고, 약을 먹지 않으면 불안과 불면이 다시 찾아왔다.

그런 나를 조용히 지켜봐 준 이들이 있었다. 사회적기

끝이 아닌 또 다른 시작

그러니까 나는 정말 할 만큼 했다. 연 매출 100억, 직원 수 100여 명, 그중 자폐성 장애인만 30명에 달했다. 숫자만 놓고 봐도 의미 있는 성과였다. 투자 이후 다소 적자가 있었지만, 경쟁이 치열한 AI 업계에서 비교적 안정적인 재무 구조를 유지하고 있었다.

처음 이 회사를 시작할 땐, 3년 이상 갈 거라고는 생각하지 않았다. 그저 경력단절여성, 자폐성 장애인, 청년들을 교육했고, 그중 가능성이 보이는 사람들과 함지, 한번 고민해 볼게요."

옷이 있으면 밥을 짓고 반찬을 나르고, 장사를 시작하도록 포장마차를 내주는 등 자립의 길을 열어 주었다. 새벽 네 시면 일어나 고통받는 이들을 위해 기도하는 분이셨다.

20여 년 전, 미국 유학 중 크리스마스 전날 어머니가 사라졌다는 연락을 받고 귀국했을 때, 우리는 한 달 가까이 실종된 어머니를 찾아다녔다. 결국 외할아버지 산소 근처에서 싸늘한 시신으로 발견되었고, 우리 가족은 하늘이 무너질 것처럼 오열했다. 나는 학위와 유학 생활을 접고, 무너진 가족 곁에 남기로 결심했다.

그날 이후, 우리 가족은 아픈 상처를 여전히 가슴에 안고 살아간다. 설명되지 않는 일들, 선택하지 않은 고통이 우리를 덮쳐 왔고, 우리는 그저 견뎌 낼 수밖에 없었다.

퇴원 후 집으로 돌아가는 길, 누나는 혼자 지내는 나를 걱정하며 밥은 꼭 챙겨 먹으라고 당부했다. 누나의 손이 절벽 끝에 매달린 내 손을 꼭 붙잡아 주는 것 같았다.

"미안해. 엄마 생각나게 해서. 사업은 그만둘 수 있을 그리고 그날 밤 나는 술기운에 취한 채, 병원에서 처방받은 약을 먹었다. 다행히 나를 걱정한 선배가 나와 연락이 닿지 않자 큰누나에게 전화했고, 누나는 의식을 잃은 나를 발견해 구급차를 불렀다. 대학병원 응급실에서 하루를 꼬박 누워 지낸 뒤에야 나는 겨우 깨어났다.

"이제 그만해야겠다. 사업 말이야."

내가 말없이 허공만 응시하자, 누나는 한숨을 쉬며 말을 이었다.

"돌아가신 엄마가 그랬어. 넌 아쉬운 소리도 못 하고 마음이 너무 여려서 사업 같은 거 절대 하면 안 된다고. 기억 안 나?"

엄마가 돌아가신 뒤, 누나는 내게 엄마 같은 존재였다.

"엄마도 그렇게 되시고, 너까지 잘못되면 나도 못 버텨."

누나가 엄마 이야기를 꺼내자 참았던 눈물이 그만 와르르 쏟아졌다. 엄마는 참 특별한 분이었다. 독실한 가톨릭 신자였고, 늘 남을 먼저 생각했다. 어려운 이

나는 회사를 창업할 때 동호회 같고 가족 같은 회사를 만들고 싶었다. 어린 시절을 함께 보낸 동네 후배들과 따뜻한 공동체를 이뤄, 사회적으로도 의미 있는 일을 해내고 싶었다. 실제로 초기엔 그랬다. 직원이 50명도 채 되지 않았을 때, 우리는 서로의 얼굴을 기억하고 마음을 헤아리며 장애인 동료들과 함께 회사를 키워 갔다.

하지만 그 동화 같은 이야기는 오래가지 못했다. AI 시장이 폭발적으로 성장하면서 경쟁은 치열해졌고, 체계적인 시스템과 고도화된 전략 없이는 살아남기 어려운 시점이 되었다. 그 과정에서 후배들의 역할은 점점 줄어들었고, 새로 합류한 경력자들과의 마찰도 잦아졌다.

휴가 중에도 나는 중요한 회사 일로 일주일에 두세 번은 출근했고, 그때마다 감정은 요동쳤다. 특히 후배들과의 대립이 있을 때면 마음이 심하게 휘청거렸다. 마침내 나는 '그만두고 싶다'는 생각에 사로잡혔고, 어느 날 고성이 오간 미팅 후 혼자 술을 마시러 단골 술집으로 향했다.

"여기 병원이야?"

"응. 너, 정말 괜찮은 거야?"

정확히 기억나지 않았다. 한 달간 휴식을 취하겠다고 결심한 후 내가 처음 찾은 곳은 정신과 의원이었다. 신앙도 있었고 스스로 강한 정신력이라 믿어 온 나였지만, 그날만큼은 잠을 잘 수 있는 방법이 무엇이든 필요했다.

의사는 몇 차례 검진과 상담 후 항우울제와 항불안제를 처방해 주었다. 처음 접하는 약물은 낯설고 버거웠지만, 덕분에 겨우 잠들 수 있었다. 그럼에도 불구하고, 의식 저편에서는 여전히 회사의 갈등과 감정의 파편들이 스쳐 지나가곤 했다.

약에 의지하며 가끔 회사에 나가 사람들을 만나고 미팅을 하던 어느 날, 가슴이 조여 오고 식은땀이 흐르는 증상이 시작됐다. 공황장애라는 진단을 받았고, 의사는 더욱 강한 항우울제와 절대적 휴식을 권했다. 그러나 휴식기조차 마음 편히 쉴 수는 없었다. 후배들과의 이별이라는 가장 마음 아픈 결정을 해야 했기 때문이다.

바닥의 끝

"석원아, 정신이 들어?"

낯선 병실 천장 너머로 익숙한 목소리가 들려왔다. 눈을 떠 보니 큰누나가 상기된 얼굴로 내 곁에 앉아 있었다. 주변은 희미했고, 세상이 반쯤 잠긴 듯 웅웅거렸다. 하얀 천장은 두 겹으로 갈라져 보였고, 귓가에선 돌아가신 어머니가 나를 부르는 듯한 목소리가 흐릿하게 맴돌았다. 나는 몇 번이고 눈을 감았다 떴다. 깨어 있는 건지, 꿈을 꾸는 건지, 경계가 모호했다.

나는 창업 초기 멤버들과의 갈등, 가족 문제까지 솔직하게 털어놓았다. 이 대표님은 잠시 생각하더니 단호히 말했다.

"대표님, 이런 이별은 모든 스타트업에 있는 일입니다. 중요한 건, 지금 휴식이 절실하다는 겁니다. 한 달만 쉬세요. 그 정도로 회사는 무너지지 않습니다. 그리고 오히려 대표님 없이 다른 리더들이 회사를 어떻게 운영하는지도 볼 수 있는 기회일 겁니다."

"그게 가능할까요?"

"가능 여부를 떠나서, 지금 대표님은 반드시 쉬어야 합니다. 안 쉬시겠다면, 제가 이사회를 열어서 대표이사 정직을 결의할 수도 있습니다."

그 진심이 담긴 말에 나는 고개를 끄덕였다. 창업 이후 나는 처음으로 한 달의 휴가를 받아들였다. 모든 것을 끌어안고 버텨 온 시간 끝에서, 마침내 멈추어야 할 순간이 온 것이다. 그 휴식은 단순한 쉼이 아닌, 생존을 위한 선택이었다.

끝에 30년 넘은 인연을 놓기로 결심했다.

하지만 그 이별은 아름답지 않았다. 지분 정리 문제와 상처가 겹치면서 감정의 골은 더욱 깊어졌고, 회복하기 어려운 상황으로 번졌다. 나는 번아웃, 관계의 소진, 개인적 희생이라는 삼중고 속에서 겨우 버틸 뿐이었다. 밤에 잠이 들면, 20~30분마다 악몽으로 깨는 일이 반복되었다.

그 와중에도 외부 미팅은 계속됐다. 특히 최대 투자기관인 D3쥬빌리파트너스와의 미팅에 빠질 수는 없었기에, 나는 거의 눈을 감은 채 회의실에 앉아 있었다. 회의가 끝난 후, 이덕준 대표가 조용히 나를 불렀다.

"윤 대표님, 회의 시간에 거의 집중을 못 하시던데, 괜찮으세요?"

"사실 괜찮은 상황이 아닙니다. 잠을 못 잔 지가 꽤 됐습니다."

"이대로는 위험합니다. 테스트웍스는 장기 레이스를 해야 할 회사예요. 대표님께서 숨을 고르셔야 합니다."

"알지만 그게 쉽지가 않네요."

등이었다.

내가 힘들던 시절, 기꺼이 함께해 준 동네 후배들은 영업, 인사, 프로젝트 관리 등 다방면에서 헌신하며 회사를 함께 일으켜 세웠다. 사회적 가치를 실현하려는 내 뜻에 공감한 이들은 누구보다도 성실했고, 때로는 나보다 더 뜨겁게 일에 몰두했다.

그들이 있었기에 내가 외부 강의나 컨설팅, 영업에 집중하는 동안에도 회사는 큰 흔들림 없이 운영될 수 있었다. 특히 장애인을 교육하고 고용하는 일에 있어서는, 어릴 적부터 나의 사회적 가치에 대한 진심을 알고 있던 이 후배들이 진정성을 담아 사업을 성공시키기 위해 애써 주었다.

하지만 회사가 성장하면서 상황은 달라졌다. 부서별 전문성이 요구되자, 이들은 변화의 속도를 따라가지 못했고, 새로 합류한 경력자들과 충돌이 잦아졌다. 협업의 경험이 많지 않았던 후배들은 자신의 뜻대로 일이 풀리지 않으면 불만을 드러내기 시작했고, 갈등은 점점 깊어졌다. 나는 업무와 권한 조정을 제안했지만, 쉽게 받아들이지 못했다. 결국 1년 넘게 이어진 갈등서 새로 합류한 영업 대표와 함께 올해 회사의 성장 전략을 설명했다. 영업 대표가 회사의 목표와 계획을 발표하자, 투자자들의 활발한 질문이 이어졌다.

"윤 대표님, 방향성도 좋고, 무엇보다 이번에 영업 대표를 정말 잘 뽑으신 것 같습니다."

"아, 네, 네."

나는 가볍게 웃으며 고개를 끄덕였지만, 내내 멍한 상태였다. 회의 내용을 따라가는 것조차 버거웠다. 그도 그럴 것이, 나는 정확히 7일째, 한 시간 이상 제대로 잠을 자지 못한 상태였다.

밤마다 쏟아지는 제안서를 작성하고, 직원들의 보고서를 검토하고, 장애가 잦은 플랫폼의 소스 코드를 분석하며 개발자들에게 수정 피드백을 주는 일까지, 내 하루는 끝없이 이어졌다.

남양주로 이사 간 가족과 떨어져, 사무실 근처 허름한 공간에서 홀로 지내는 것에도 익숙해질 즈음이었다. 공간의 불편함보다도 아이들과 함께 지내지 못하는 삶이 점점 나를 갉아먹고 있었다. 그중에서도 가장 큰 고통은 창업 초기 함께 일했던 후배들과의 갈

급격히 찾아온 번아웃

"올해는 국방과 민간에 집중해서 매출을 조금 더 끌어올리려 합니다. 특히 국방 분야에서 AI의 적용 필요성이 높아지면서, 적극적인 시장 진입이 중요해졌습니다."

"그러니까 디지털 뉴딜로 단기간에 분위기는 좋지만, 이제는 민간과 새로운 시장으로 확장하겠다는 전략이시군요?"

2021년 어느 날, 나는 D3쥬빌리파트너스 사무실에

멈춰 선 뒤에야 보이는 것들

무너지고, 돌아서고, 그럼에도 다시 시작하는 이유

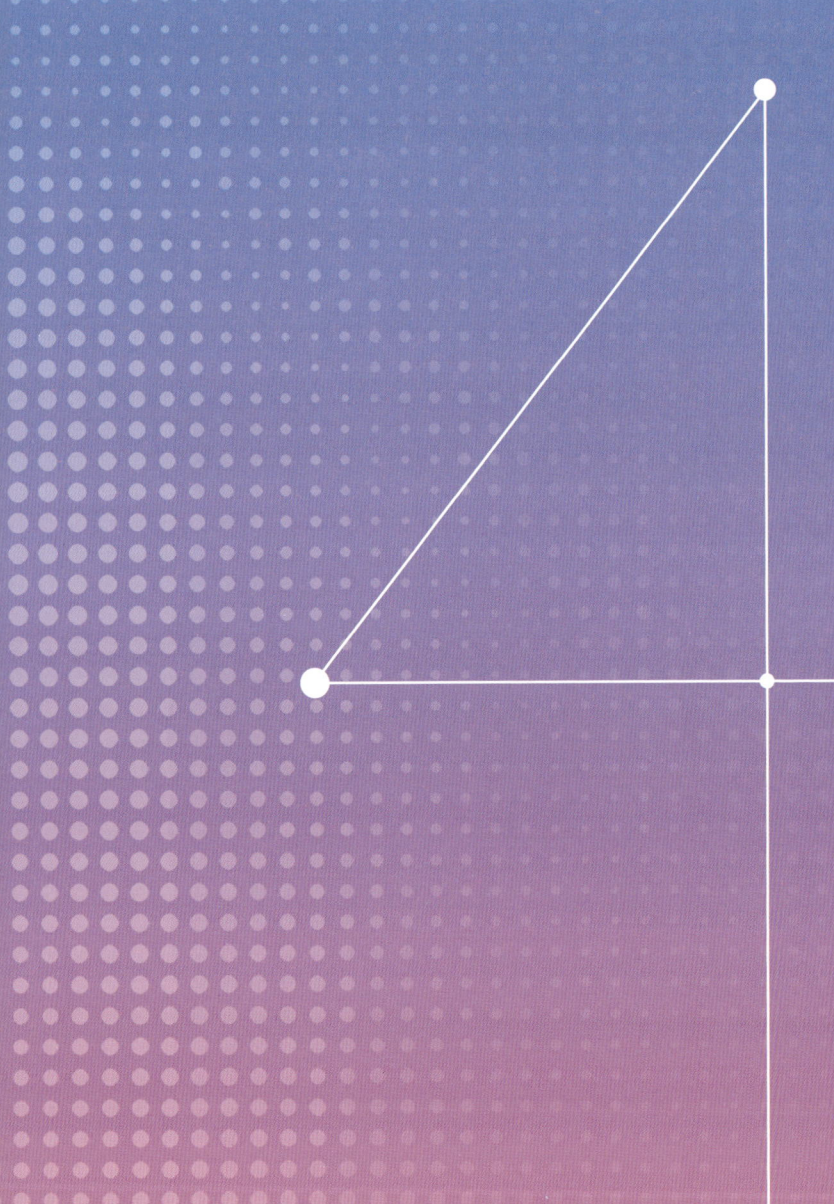

는 회사로 성장시켰지만, 정작 내 아이들에게는 아버지로서 아무것도 해 주지 못하고 있다는 자책감이 날로 커져 갔다. 주말도 없이 과중한 업무에 시달리며 나는 끝이 보이지 않는 터널 속에서 길을 잃고 헤매는 기분이었다. 그때의 테스트웍스는 성장이라는 이름으로 폭주하는 기관차 같았다. 나는 그 열차에 매달린 채, 숨을 고를 틈 없이 끊임없이 절벽 끝으로 밀려가고 있었다.

선 나를 착한 기업의 창업가로 조명했고, 각종 강연과 인터뷰가 이어지며 나는 어느새 유명인이 되어 있었다. 하지만 회사 문을 열고 들어서는 순간, 현실은 달랐다. 갈등과 오해, 신뢰의 균열이 깊게 퍼져 갔고, 나는 점점 내면의 긍정성과 사명감을 잃어 가고 있었다. 더욱이 경제적 여유가 없던 터라 큰아이의 사교육조차 감당할 수 없었고, 그 탓인지 아이는 친구들과 어울리지 못해 학교생활을 힘들어했다. 결국 중학교 3학년 여름방학에 학교를 그만두겠다고 선언했고, 둘째도 예민한 성격으로 대안학교를 포기하고 말았다. 아내와 나는 결국 남양주로 전학을 결정했고, 아이들과 아내는 그곳으로 급히 이사를 갔다. 나는 잠실에 홀로 남아 출퇴근을 계속하며, 아이들과 떨어져 사는 삶을 감내해야 했다. 그 시기 나는 자주 이런 상상을 했다.

'테스트웍스를 창업하지 않았다면 미국으로 건너가 더 좋은 환경에서 아이들을 교육시키고, 지금 같은 어려움을 겪지 않아도 됐을 텐데.'

수십 명의 장애인을 고용하고 사회적 가치를 실현하

의 수수료는 허공으로 흩어졌다. 우리 회사는 대기업처럼 인력 대체가 가능한 조직이 아니었다. 고연봉을 감당하기도 어려웠고, 중간 관리자들의 이탈은 조직 전체에 큰 흔들림을 주었다. 결국 우리는 대기업처럼 대표-임원-관리자-실무자의 역할을 명확히 나누는 시스템을 구축할 준비가 되지 않았던 것이다. 기초 체력도, 맨파워도 부족한 스타트업이었다.

창업 초기부터 함께 일해 온 핵심 직원들은 대표와의 직접 소통이 단절되며 회사의 방향성과 철학에 대한 혼란을 느끼기 시작했다. 회의 시간에 말을 잘하거나, 임원과 가까운 관계에서 인정받는 방식이 실제 성과보다 더 중요하게 여겨진다는 인식이 퍼졌고, 이는 내부 갈등으로 이어졌다.

어느 회의에선 고성과 문 닫는 소리가 오갈 정도로, 신규 경력직과 기존 직원 간의 마찰이 극에 달했다. 내가 주재하는 회의조차 시장 바닥처럼 어수선해졌고, 나는 그 자리에서 속수무책으로 무너지는 조직을 지켜봐야 했다.

그 무렵, 외부에서는 인터뷰 요청이 쇄도했다. 언론에

사에 빠르게 이식하고 싶다는 바람이 지워지지 않았다.

사실 나는 삼성전자와 마이크로소프트 같은 글로벌 대기업에서 오랜 시간 일하며 그들이 갖춘 체계적인 시스템과 운영 방식을 몸소 익혀 왔다. 그런 경험이 있었기에, 우리 회사도 유사한 구조를 조기에 갖추는 것이 중요하다고 믿었다. 마침 조직이 급속도로 커지고 중간 관리자층의 필요성도 점점 뚜렷해지고 있었다.

나는 과감히 삼성전자와 마이크로소프트 출신의 임원급 인재들을 높은 처우와 스톡옵션으로 영입했다. 그리고 경영 이론과 코치들의 조언대로 이들에게 특정 분야의 권한과 책임을 위임하며, 시스템 중심의 운영 구조를 만들어 가려 했다. 그러나 현실은 생각만큼 녹록지 않았다. 대기업에서 온 임원들이 중간 관리자에게 강한 드라이브를 거는 방식은 직원들을 존중하고 자율성을 중시하던 기존 문화와 충돌을 일으켰다. 더불어 외부 인재를 헤드헌팅 비용을 들여 대거 채용하고 이들을 관리자에 배치하는 방식도 실패로 돌아갔다. 이들은 대부분 오래 버티지 못했고, 수천만 원

열정을 담아 설명을 이어 가던 중, 그분은 잠시 고개를 끄덕이더니 이렇게 말했다.

"대표님, 정말 잘 만드셨네요. 그런데 이 계획은 회사가 1000명 규모가 되었을 때나 실행 가능한 구조 같습니다. 지금처럼 빠르게 성장 중인 스타트업에서는 이런 무거운 체계를 운영할 여유가 없어요. 이건 중견기업 이상부터 가능한 구조입니다."

단단히 쥐고 있던 자부심이 그 순간 손가락 사이로 빠져나가는 것 같았다. 내가 그토록 열심히 준비했던 모든 것이 버거운 이상이란 말인가.

"그런데 제가 직원이 40명일 때까지는 직접 교육도 하고 코칭도 하며 운영해 봤거든요."

그러자 그는 미소 지으며 덧붙였다.

"그렇죠. 회사가 작을 땐 대표님이 다 하실 수 있습니다. 하지만 지금처럼 조직이 커지고 복잡해지면, 대표님 혼자서 감당하기 어려울 거예요."

나는 미팅을 정리하며 '우리 같은 스타트업은 어쩔 수 없는 것일까'라는 생각에 깊은 한숨을 내쉬었지만, 마음속 깊은 곳에서는 여전히 대기업의 체계를 우리 회

혹독한 성장통

"대표님, 이건 대기업에서나 가능한 시스템입니다."
순간, 자랑스럽게 펼쳐 보인 우리 회사의 청사진이 눈앞에서 무너져 버리는 느낌이었다. 그날 나는 스타트업 업계에서 유명한 HR 전문가에게 우리 회사의 HR 계획을 야심 차게 설명하고 있었다.
"직무별로 레벨을 나눠서 그에 맞는 체계적인 교육 프로그램을 운영하려고 합니다. 그리고 각 레벨에 맞는 교육 내용은…."

전자와도 인연이 닿아, 반도체 소프트웨어 테스트 관련 솔루션과 서비스를 제공하는 기회도 주어졌다. 이 시기를 거치며 테스트웍스는 매년 두 배 이상의 성장을 이어 갔고, 40명 남짓이던 직원 수는 100명을 넘어섰다.

디지털 뉴딜이라는 파도는 우리를 휩쓸지 않았다. 오히려 그 파도 위에서, 우리는 우리가 가야 할 방향을 더욱 선명하게 발견했고, 더 멀리 나아갈 수 있는 속도를 얻었다. 기술과 가치가 만난 자리에서 우리는 진짜 성장을 시작한 셈이었다.

영상 데이터 과제' 등 사회 문제 해결 중심의 프로젝트를 수행했다. 덕분에 멀티모달, 키포인트 기반의 AI 학습용 데이터와 모델을 구축·공개하며 산업계와 학계 모두에 실질적인 기여를 할 수 있었다.

2021년 우리는 포용적 고용과 사회적 가치 실현의 공로를 인정받아 대통령 표창을 수상했고, 이듬해에는 디지털 뉴딜 기여로 또 한 번 대통령 표창을 받으며 2년 연속 수상의 영예를 안았다. 특히 2022년에는 청와대 영빈관에 초청받아 문재인 대통령과 조찬을 함께하는 영광도 누렸다.

그 자리에서 대통령께 우리 이야기를 전하며 진심 어린 공감을 받았을 때, 내가 지금까지 타협하지 않고 지켜 온 길이 결코 헛된 일이 아니었음을 실감했다. 사회적 가치와 기술의 융합이 이제는 국가적으로도 인정받는 흐름이 되었다는 사실은 앞으로 우리가 걸어갈 길에 더욱 확신을 심어 주었다.

이러한 공공사업을 기반으로 테스트웍스는 현대 모비스, SKT 등 대기업 AI 개발팀과도 연결되어 대형 민간 프로젝트를 시작할 수 있었다. 내가 근무하던 삼성가야 합니다. 임팩트 기업은 윤리적이고 투명해야 하며, 장기적인 지속가능성이 가장 중요합니다."
그 말에 나는 마음을 정리할 수 있었다.
결국 우리는 첫해 바우처 사업에서 단 두 개의 수요기업만을 매칭했다. 커미션을 제안하지 않았고, 오직 데이터 품질과 사회적 가치를 공유할 수 있는 기업들과만 프로젝트를 진행했다. 그 선택은 단기적으로는 제한된 성과처럼 보였지만, 해가 거듭될수록 점점 더 많은 수요기업이 우리 철학에 공감하며 자발적으로 찾아오기 시작했다. 윤리적 선택이 결국 신뢰를 만들고, 그 신뢰가 성장을 견인한 것이었다.
디지털 뉴딜이라는 파도는 단지 한 번의 흐름이 아니었다. 그것은 우리 회사가 추구해 온 가치와 맞닿아 거대한 추진력이 되었고, 테스트웍스라는 이름이 업계와 정부 기관 곳곳에서 조금씩 알려지기 시작했다. 특히 한국지능정보사회진흥원이 주관한 'AI 학습용 데이터 구축 사업'은 우리와 방향성이 잘 맞는 과제였다. 우리는 이 사업을 통해 장애인의 보행 문제를 다룬 '인도 보행 데이터 과제', 청각장애인을 위한 '수어 미션을 제안하며 매칭을 유도하는 관행이 생겨날 가능성도 염려되었다.

실제로 사업이 시행되자 업계에서는 공급기업이 수요기업에 리베이트를 제공하는 일이 공공연하게 일어나기 시작했다. 우리 회사에도 수백 개의 기업에서 견적서를 요청해 왔고, "커미션을 줄 수 있냐"는 문의가 끊이지 않았다.

단기간에 매출을 크게 올릴 수 있는 기회였지만, 나는 깊은 고민에 빠졌다. 우리가 지금까지 쌓아 온 사회적 가치를 무너뜨리는 게 아닐까? 고민 끝에 나는 우리 회사에 투자한 D3쥬빌리파트너스의 이덕준 대표님을 찾아갔다.

"대표님, 원하신다면 제가 매출을 빠르게 올리고 회사도 단기간에 성장시킬 수 있을 것 같습니다. 하지만 그 방식이 정말 맞는 걸까요?"

내 설명을 차분히 들은 이 대표님은 조용히 답했다.

"윤 대표님, 저는 테스트웍스를 단기 수익 모델로 보고 투자하지 않았습니다. 공공 예산 중심의 수익이 아닌, 민간 고객의 진짜 문제를 해결하는 방향으로 나아

디지털 뉴딜의 대표 과제 중 하나였던 데이터 댐 사업은 막대한 예산을 투입해 민간의 역량을 끌어내는 방식으로 추진되었고, 우리에게도 다양한 기회가 주어졌다. 이 사업은 데이터를 수자원처럼 모아 정제한 뒤 AI 산업의 인프라로 활용하겠다는 목표 아래, 공공과 민간이 협력해 대규모 데이터를 구축·개방하는 구조였다.

이 사업의 한 축을 이룬 것이 바로 'AI 데이터 바우처 사업'이었다. 데이터 가공이 필요한 수요기업과 인공지능 데이터 전문 공급기업을 1:1로 매칭하여, 수요기업의 비즈니스에 맞는 맞춤형 데이터를 제공하는 방식이었다. 수요기업은 비용 부담 없이 참여할 수 있었고, 공급기업에는 평균 7천만 원의 사업비가 지급되었다. 이는 인공지능 전문 기업의 수익 창출뿐 아니라 중소기업의 디지털 전환을 돕는 데에도 큰 기여를 할 수 있는 정책이었다.

하지만 이 사업이 처음 시작될 당시 나는 몇 가지 우려를 지울 수 없었다. 수요기업과의 매칭이 공급기업의 영업력에 따라 좌우되는 구조였고, 일부 기업들이 커였다. 특히 공들여 준비하던 베트남과 대만 진출 계획이 전면 보류되며, '과연 사업을 지속할 수 있을까' 하는 불안이 끊임없이 고개를 들었다. 회사 문을 닫게 되는 건 아닐까 하는 두려움도 엄습했다.

그러던 중 정부는 코로나 극복과 경제 회복을 위해 대규모 국가 프로젝트인 '디지털 뉴딜'을 발표했다. 그중에서도 인공지능 기반 데이터 인프라를 구축하는 '데이터 댐' 사업은 우리 같은 AI 데이터 기업에게 새로운 가능성을 열어 주는 결정적 전환점이 되었다.

이 시기부터, 그동안 AI 데이터에 대해 생소하게 느끼던 공무원들이 하나둘 우리 회사를 직접 찾아오기 시작했다. 인공지능 데이터가 실제로 어떻게 구축되고, 어떤 과정을 거쳐 가공되며, 어떻게 품질이 관리되는지를 현장에서 보고 싶다는 요청이 이어졌고, 우리는 기꺼이 방문을 환영했다. 장애인들이 각자의 강점을 살려 고품질 데이터를 정교하게 가공하는 모습을 지켜본 공무원들은 현장에서 깊은 인상을 받았다. 기술이 사람의 가능성과 맞닿아 사회적 가치를 어떻게 만들어 내는지 몸소 체감하는 순간이었다.

'디지털 뉴딜'이라는 거대한 파도

2020년 초, 전 세계를 강타한 코로나 팬데믹은 우리의 일상은 물론 비즈니스의 흐름 전체를 송두리째 뒤흔들었다. 오프라인 중심이었던 기업 운영은 순식간에 온라인 기반으로 전환되어야 했고, 원격 근무와 디지털 전환은 선택이 아닌 필수가 되었다. 우리 회사도 예외는 아니었다.

코로나가 터지자, 당초 계획했던 민간과 공공 프로젝트들이 줄줄이 연기되면서 우리는 큰 위기감에 휩싸로 우리가 만들어 가고자 하는 조직의 본질이었다.

이진석 이사, 이창신 이사. 두 분의 합류를 통해 나는 김정태 대표의 말이 단순한 이상이 아니라 실현 가능한 현실임을 체감했다. 진정성을 잃지 않고 꾸준히 나아간다면, 결국 뜻을 같이하는 실력자들이 스스로 찾아온다.

그리고 그 순간부터 우리 회사는 달라지기 시작했다. 기술력은 더 단단해졌고, 그 기술 위에 얹힌 가치는 더 넓게 퍼지기 시작했다. 이제 나는 그 말을 증명할 수 있었다. 진심이 실력을 끌어당긴다는 사실을.

이어 가고 있었는데, 갑자기 한국으로 돌아와 우리 회사에서 일하고 싶다고 말했다. 이유를 묻자 그는 조용히 말했다.

"대표님, 테스트웍스가 실현하려는 사회적 가치에 진심으로 공감해요. 저도 그 여정에 함께하고 싶습니다."

나는 그의 연봉 수준을 알고 있었기에, 망설임 없이 말했다.

"아마존의 3분의 1 수준밖에 드릴 수 없습니다."

그는 웃으며 대답했다.

"괜찮습니다. 하고 싶은 일을 할 수 있다면 충분해요. 미국에서 안정적이고 체계적인 환경에서 일하면서도, 점점 내가 하는 일이 사회에 어떤 의미가 있는지에 대한 고민이 커졌습니다. 의미 있는 일을 한국에서, 더 많은 사람과 함께 일할 수 있다면 그게 저에겐 더 큰 동기부여가 될 것 같습니다."

나는 그 말을 들으며 말할 수 없는 감동을 느꼈다. 거창한 연봉이나 화려한 복지보다 함께 이루고자 하는 가치에 공감하는 사람들이 모여드는 것. 그것이야말

3개월만 일해 보시죠. 서로 부담을 줄이면서요."

"좋아요. 그렇게 하면 저도 좀 더 편하게 시작할 수 있을 것 같아요."

나는 월 100만 원 정도의 교통비를 드릴 수 있다고 말했고, 그는 내 제안을 흔쾌히 받아들였다. 다음 날부터 그는 정식 직원처럼 회사에 출근했고, 거의 모든 시간을 사무실에서 보냈다. 밤낮으로 AI 모델링, 파이썬, 오픈소스 프레임워크 등을 공부하며 실제 데이터로 실험을 반복했다. 그렇게 몇 달 후, 그는 테스트웍스의 핵심 솔루션인 'Black Olive'의 초기 버전을 만들어 냈다. 이 솔루션은 현재 우리의 R&D 기반이자, 경쟁력 있는 상용 AI 제품으로 자리 잡았다.

그의 합류는 단순한 인재 영입이 아니었다. 기술 연구개발 조직이 본격적으로 자리 잡기 시작한 것이고, 우리는 기술과 사회적 가치를 함께 추구하는 조직으로 한 걸음 더 나아갈 수 있는 계기가 되었다.

비슷한 시기, 또 한 통의 전화를 받았다. 이번엔 마이크로소프트에서 함께 일했던 이창신 님이었다. 그는 이후 아마존으로 이직해 미국 시애틀에서 커리어를

마 지나지 않아 회사로 그가 찾아왔다. 15년 만의 만남이라 처음엔 다소 어색했지만, "그땐 우리 머리숱이 훨씬 많았죠?" 하고 웃으며 농담을 주고받으니 금세 예전 기억들이 떠올랐다. 함께 일했던 동료들의 이야기, 상사였던 책임님이 최근 상무로 승진하셨다는 소식 등 대화는 자연스럽게 이어졌다.

분위기가 풀리자 나는 조심스럽게 우리 회사에 대해 설명했다. AI 데이터 라벨링과 소프트웨어 테스트를 기반으로 사회적 가치를 실현하려는 비즈니스를 운영하고 있는데, 같은 가치를 공유한다면 함께 일해 보고 싶다고 말이다.

하지만 이진석 수석은 선뜻 결정을 내리지 못했다. 그는 AI 분야는 처음이라 자신이 실제 도움이 될 수 있을지 확신이 없다고 했다. 대부분의 경력직이라면 이력서를 부풀려 자신감을 내세우는 것이 일반적인데, 그는 오히려 본인의 부족함을 솔직하게 이야기했다. 그 담백한 태도에 오히려 더 신뢰가 갔다.

며칠을 고민한 끝에 나는 다시 전화를 걸었다.

"수석님, 이렇게 해 보는 건 어떨까요? 일단 인턴처럼 봐도, 구직자라면 과연 그런 회사에 매력을 느낄 수 있을까 하는 의문이 들었다.

바로 그즈음, 강의와 컨설팅으로 바쁘게 지내던 나에게 한 통의 전화가 걸려 왔다. 예전에 삼성전자에서 함께 일하던 후배였다. 오랜만에 안부를 주고받다 뜻밖의 이야기를 꺼냈다.

"예전에 우리와 같은 랩에 있었던 진석이 형 기억나요?"

"아, 이진석 책임님? 이제는 수석 아니야? 당연히 기억나지."

이진석 수석은 당시에도 실력이 뛰어난 개발자로, 주니어들이 함께 일하기를 원하던 인물이었다. 후배의 말이 이어졌다.

"진석이 형이 수석 되고 나서 개발 실무보다는 관리 업무를 맡게 되었는데, 결국 퇴사하고 친구랑 창업을 하려다 잘 안됐나 봐요. 지금은 쉬고 계신대요. 테스트웍스 개발 책임자로 제격인 것 같은데, 마침 집도 가까우니까 한번 연락해 보세요."

나는 조심스럽게 이진석 수석에게 연락을 드렸고, 얼

로도 꾸준히 교류를 이어 왔다.

그러던 어느 날, 송파구 사회적경제 지원센터에서 김 대표의 특강이 열린다는 소식을 들었다. 무척 바쁜 일정 중이었지만 센터장님의 적극적인 권유로 강의에 참석하게 되었고, 그 자리에서 김 대표는 자본주의 4.0, 집합적 임팩트 그리고 가치 중심 비즈니스의 실현 방법에 대해 열띤 강연을 펼쳤다. 그의 생각과 비전은 놀라울 정도로 깊이 있었고, 그중에서도 특히 기억에 남는 이야기가 있었다.

"미션 주도의 가치 지향적인 저희 같은 임팩트 투자 회사에도 오픈 포지션을 내면 예전에는 상상하지 못했던 수준의 경력자들이 많이 지원합니다. 신입 지원자 중에도 국내 명문대는 물론 해외 아이비리그 출신도 많아요. 이는 저희가 단순히 이윤만을 추구하지 않는 조직이기 때문에 가능한 일이죠."

그의 말에 고개는 끄덕였지만, 한편으로는 비현실적으로 느껴졌다. 아무리 회사가 좋은 가치를 추구한다고 해도, 현실에서 실력자들은 결국 연봉과 커리어 기회를 보고 움직이는 것 아닌가? 내 입장에서 생각해

연봉 대신 가치를 택한 사람들

"진정성 있게 가치를 추구하는 조직에는 실력 있는 사람이 알아서 찾아옵니다."

처음 이 말을 들었을 때, 솔직히 믿기 어려웠다. 이 말을 한 사람은 MYSC 김정태 대표다. 그는 국내에서도 드물게 임팩트 투자를 전문으로 하는 기업가로 2016년 우리가 사회적기업 육성사업에 선발되었을 때 멘토로 처음 만났다. 나는 기업적인 방식으로 사회 문제를 해결하려는 그의 철학에 깊은 인상을 받았고, 이후도 합니다."

이 계약서에 사인한다면, 나는 더 이상 테스트웍스를 내려놓을 수 없게 된다. 하지만 우리의 사례가 성공적으로 자리 잡는다면, 앞으로 더 많은 소셜벤처들이 투자받을 수 있는 생태계를 만드는 데 기여할 수 있을 것이다.

시애틀에서의 삶을 떠올리면 아쉽고, 아이들에게 미안한 마음도 들었지만 나는 결국 펜을 들었다. 서서히 잉크가 번져 가던 종이 위, 나의 사인은 그렇게 또 하나의 길을 열고 있었다.

수 있는 포지션이 열렸어. 매니저도 너를 잘 알고 있고, 네가 원하면 인터뷰는 형식에 불과할 거야. 올 수 있다면 빠르게 진행할게."

그 메시지를 읽는 순간, 복잡한 감정이 파도처럼 밀려왔다. 이 모든 피로와 고단함을 내려놓을 수 있다는 생각 그리고 아이들을 시애틀에서 교육시키며 평온한 일상을 되찾을 수 있을지도 모른다는 상상이 스쳐 갔다.

며칠 뒤, 마치 운명처럼 투자 계약서가 도착했다. 계약서 곳곳을 천천히 읽어 내려가다 가장 눈에 띈 조항은 '대표자의 의무 복무 기간'이었다. 투자를 받는다면, 일정 기간 동안 반드시 대표직을 유지해야 한다는 조항이었다. 나는 그날 동료가 보낸 메시지를 열어 놓고 한참을 망설였다.

머릿속을 떠나지 않던 말이 있었다. 투자 미팅 당시 이덕준 대표가 했던 말이다.

"테스트웍스 같은 회사가 성장해야 더 큰 사회적 가치를 실현할 수 있어요. 투자를 받는 건 단지 자금을 받는 게 아니라, 비전과 미션을 새롭게 정의하는 일이기

격적으로 사회 문제를 해결하는 소셜벤처를 찾고 있다는 설명을 들었다.

나는 그 자리에서 AI 데이터 사업에 대해 길게 설명하지 않았다. 그 대신 우리가 주력으로 삼고 있는 소프트웨어 테스팅과 그 안에서 자폐성 장애인과 경력단절여성들이 어떻게 일하고 있는지에 대해 이야기했다. 투자사 측은 시장성에 대한 우려를 내비치기도 했지만, 끝내 진지하게 검토하겠다는 말과 함께 미팅은 마무리되었다.

이후 몇 차례 미팅이 이어졌고, 나는 이 시점이 한국의 임팩트 투자가 본격화되는 시기임을 실감했다. D3쥬빌리파트너스의 이덕준 대표가 지마켓의 CFO 출신이며, 실리콘밸리에서 임팩트 투자를 접한 뒤 국내 생태계를 만들기 위해 움직이고 있다는 사실도 알게 되었다.

텀싯*Term Sheet*이 오가며 투자에 대해 긍정적으로 검토하던 어느 날, 예전 마이크로소프트에서 근무할 때 만난 동료로부터 메시지가 도착했다.

"계속 사업할 생각이야? 지금 시애틀 본사에 네가 갈

자책이 뒤섞인 내 얼굴은 어두워졌다. 때로는 직원들에게 불필요한 짜증을 내는 나 자신을 발견하기도 했다. 매너리즘에 빠져 허우적대던 어느 날, MYSC의 김정태 대표에게서 연락이 왔다.

"대표님, 제가 테스트웍스를 임팩트 투자사에 추천했어요. D3쥬빌리파트너스라는 국내에서 가장 오래된 임팩트 투자사인데, 이덕준 대표님께서 연락을 드릴 겁니다."

임팩트 투자는 사회적 가치를 실현하는 기업에 자금을 지원하는 방식이지만, 당시 우리나라에서는 여전히 낯선 개념이었다. 나는 평소 일반 투자사에서 자금 지원을 받는 데 거부감이 있었다. 우리가 추구하는 가치를 이해하지 못한 채 수익성만을 요구한다면, 그 투자는 결국 방향을 틀게 만들 거라는 두려움 때문이었다.

그래도 일단 미팅을 해 보기로 했다. 얼마 지나지 않아 이덕준 대표와 윤훈섭, 임성훈 파트너가 함께 회사를 찾아왔다. 모태펀드가 중소벤처기업부의 임팩트 투자 목적으로 조성되었고, D3쥬빌리파트너스가 본

방 기업이 대부분이라 기차 안에서 보고서를 쓰는 일도 많았다. 회사 일은 쉬는 시간이나 밤잠을 줄이며 처리했고, 주말에도 사무실로 향했다. 간혹 시간이 날 때는 소파에 쓰러져 잠든 채 아침을 맞았다.

그런 나날 속에 아이들은 사춘기에 접어들었다. 창업 이후로는 사교육을 전혀 받을 수 없는 형편이었다. 둘째는 초등학교 고학년이 되며 또래와 어울리기 어려워졌고, 끝내 잠실의 초등학교를 그만두고 대안학교로 옮겨야 했다. 첫째는 학원을 다니지 않는다는 이유로 중학교에서 따돌림을 겪었다. "너, 학원도 안 다닌다며? 근데 성적은 왜 좋아?" 그 말 한마디가 아이를 외롭게 만들었다.

나는 과연 옳은 선택을 한 걸까. 나 혼자 의미 있고 가치 있는 삶을 살아 보겠다고 시작한 창업이 가족에게는 고통이자 희생만을 강요한 건 아닐까. 이미 3년 가까이 모든 걸 걸고 사회적기업 모델의 지속가능성을 입증했으니, 이제는 내려놓아야 하는 건 아닌지 회의감이 스며들기 시작했다.

초기 창업의 열정은 점점 사그라졌고, 피로와 고단함,

애인이 함께 일하며 수익을 내는 구조를 증명한 덕분에, H-온드림이나 SK 사회성과인센티브와 같은 사회적경제 지원 프로그램에 선정될 수 있었고, 몇몇 언론의 주목도 받게 되었다.

회사 외형은 분명히 성장하고 있었지만, 가장으로서 내 삶은 좀처럼 나아지지 않았다. 창업 첫해 최저임금 수준이었던 연봉에 비해선 나아졌지만, 여전히 두 아이의 교육비와 생계비를 충당하기엔 빠듯했다. 보험과 적금을 해지해 생활비를 메우는 날이 많았고, 늘 뭔가에 쫓기는 듯한 기분으로 하루하루를 보냈다.

가장 힘들었던 건 시간이었다. 가족과 함께할 시간이 절대적으로 부족했다. 고객사 매출로 직원 급여는 간신히 감당했지만, 경영지원이나 연구개발 인건비, 사무실 임대료 같은 간접비까지 감당하기에는 역부족이었다. 결국 내가 직접 외부 강의와 컨설팅을 병행할 수밖에 없었다.

마이크로소프트와 삼성전자에서 쌓은 이력을 바탕으로 여러 기업과 교육기관에서 강의 제안을 받았다. 하루 8시간, 주 5일 강의하는 일이 잦았고, 컨설팅은 지

첫 번째 투자를 받다

2018년 말, 우리는 마침내 재건축 예정이었던 상가 건물을 떠나 좀 더 넓은 사무실로 옮길 수 있었다. 송파동의 다소 낡은 건물이었지만, 더는 재래식 화장실을 쓰지 않아도 되고, 직원들이 함께 쉴 수 있는 멋진 휴게 공간이 있다는 사실에 모두가 들떴다.

고객이 점차 늘고, 채용도 확대되면서 회사는 초기에 세웠던 성장 계획대로 조금씩 궤도에 오르고 있었다. 특히 인공지능 분야에서 경력단절여성과 자폐성 장

**비전을 말할 때보다,
철학을 지킬 때 인재가 온다**

기술의 본질은 사람이고,
사람의 본질은 철학이기 때문이다

김재춘 소장이 만들어 준 자료를 바탕으로, 나는 기회가 있을 때마다 직원들에게 회사의 미션과 가치를 전했다. 우리에게 가장 중요한 것은 왜 이 일을 해야 하는지, 그리고 어떤 가치를 실천하며 나아가야 하는지를 함께 나누는 일이었다.

어느 날, 정은미 팀장이 회의 중 조심스럽게 질문을 던졌다.

"대표님, 그런데 자꾸 가치나 미션 얘기만 하셔서요. 테스트웍스가 사회적기업이긴 하지만 결국 기업이면 돈도 벌어야 하지 않을까요?"

"걱정하지 마세요. 우리가 미션과 가치를 열심히 실천한다면 돈은 자연스럽게 따라올 겁니다."

나는 웃으며 대답했다. 그리고 실제로 그렇게 되었다. 2016년 2억 5천만 원이던 매출은 2017년에는 6억 원, 2018년에는 13억 원으로 꾸준히 성장했다. 매출뿐 아니라 순이익도 안정적으로 발생해 우리는 가치를 실현하면서도 재무적으로 건강한 사회적기업으로 자리를 잡아 가고 있었다.

"우리는 공정한 기회를 제공하기 위해 설립된 회사입니다. 일자리는 단지 생계를 위한 수단만은 아니라고 믿습니다. 경제적 보상을 넘어, 나답게 살 수 있는 기회, 스스로를 증명할 수 있는 기회, 품격 있게 살아갈 수 있는 기회, 그리고 성장과 자아실현의 기회가 되어야 한다고 생각합니다. 그래서 우리는 다음과 같은 '다섯 번의 기회'가 선순환되는 구조를 통해, 차별 없는 공정한 사회를 만들어 가고자 합니다."

발견 자신의 적성과 맞는 전문 직무를 찾을 수 있는 기회

준비 현실적인 역량을 키울 수 있는 교육의 기회

경험 경제 활동에 참여하며 직접 일해 보는 유급의 기회

성장 사회적·직무적으로 한 단계 더 도약할 수 있는 기회

확장 스스로의 삶을 넘어서, 타인과 사회에 기여하는 삶으로 확장되는 기회

"물론 진정성도 중요하죠. 그런데 테스트웍스 같은 회사는 더 많은 사람에게 알려져야 해요. 제가 회사 메시지를 좀 더 세련되게 다듬어 볼게요."

광고회사 출신으로, 사회적경제 분야에도 경험이 많던 김재춘 소장은 이후 한 달간 회사 자료를 살펴보고 여러 직원과 인터뷰를 진행했다. 그리고 다시 나를 찾아와 말했다.

"대표님, 테스트웍스는 단순히 '일할 기회'를 주는 곳이 아니라, '기회 자체가 선순환되는 구조'를 만들어내는 회사 같아요. 제가 보기에 이 회사는 단계를 따라가며 '5번의 기회'를 제공하고 있어요. 발견 → 준비 → 경험 → 성장 → 확장. 이 다섯 가지 흐름이 자연스럽게 이어지는 구조입니다. 대표님은 미처 의식하지 못하고 계셨겠지만, 대표님의 말과 회사의 운영 방식 그리고 직원들의 성장 이야기 속에 이미 이 흐름이 녹아 있어요."

그가 정리한 자료에는 이 다섯 가지 기회를 중심으로 한 테스트웍스의 소셜 미션이 좀 더 세련된 문장으로 정리되어 있었다.

넷째는 번영*Prosperity*이다.

회사의 성장을 추구하는 이유는 단순히 돈을 벌기 위해서가 아니다. 우리는 성장의 과정을 통해, 두 번째 기회가 필요한 이들에게 더 많은 일자리를 제공하고, 인공지능 같은 첨단 기술을 활용해 사회 문제를 해결할 수 있다고 믿는다. 이런 선순환을 가능하게 하기 위해 우리는 회사를 키워야 하고, 그 과정에서 또 다른 사회적 가치를 만들어 낼 수 있다.

회사가 예비 사회적기업으로 지정된 후, 우리는 사회적기업을 위한 홍보 및 마케팅 지원 사업을 신청했고 김재춘 소장을 만나게 되었다.

"대표님, 테스트웍스는 이미 좋은 걸 많이 갖고 있으면서도 그걸 제대로 포장하지 못하고 있는 것 같아요. 다른 회사들은 없는 걸 어떻게든 포장하려고 애쓰는데 말이죠."

"저는 그보다 고객에게 집중하고, 직원들이 성장할 수 있도록 돕는 데 더 마음을 쓰고 싶었어요. 그러다 보면 언젠가는 자연스럽게 알려지지 않을까요?"

'변화'나 '전환' 대신 '탈바꿈'이라는 표현을 쓴 이유는, 단순히 바뀌는 것이 아니라 스스로의 한계를 넘어 진정한 전문가로 거듭나는 과정이기 때문이다. 지식노동자로서의 성장은 시간이 흐른다고 저절로 찾아오지 않는다. 기술 분야에서 경쟁력을 갖추기 위해서는 시간과 노력을 들여 어려운 문제에 직접 부딪치고, 스스로 해결해 나가는 연습을 반복해야 한다.
그 과정에는 반드시 고통이 따르지만, 우리는 그 고통을 외면하지 않고 감내하며, 성장의 기회로 삼는다. 그 반복이 결국 우리를 변화시키고, 진짜 실력을 갖춘 사람으로 탈바꿈하게 만들 것이다.

셋째는 임팩트*Impact*이다.
우리는 기술을 활용해 사회적 가치를 실현하고, 더 나은 세상을 만드는 일에 주도적으로 참여한다. 구성원 모두가 회사의 존재 이유에 공감하고, 각자의 자리에서 더 큰 임팩트를 만들어내기 위해 노력한다. 이런 실천이 쌓일 때, 우리는 그 자체로 의미 있는 일을 하고 있다는 자부심을 느낄 수 있다.

을 왜 하는지, 어떤 가치를 향해 나아가고 있는지를 서로 나누는 일이 무엇보다 중요해졌다. 나는 그동안 품어 온 여러 생각을 하나씩 정리했고, 그렇게 탄생한 네 가지 핵심 가치를 직원들과 공유하기 시작했다.

첫째는 협업*Collaboration*이다.
우리는 각자의 장점에 주목하고, 서로의 부족한 부분을 보완하며 긴밀하게 협력해 최고의 결과를 만들어 낸다. 예를 들어, 자폐성 장애인은 반복 작업을 지루해하지 않고 세밀하고 정확하게 업무를 수행할 수 있다.
경력단절여성은 높은 책임감과 꾸준함으로 업무를 묵묵히 감당하며, 장애인 동료나 고객과의 소통에서도 중심적인 역할을 맡는다. 청년들은 새로운 기술을 빠르게 익히고, 다양한 문제를 기술적으로 해결하는 데 능하다. 이렇게 서로 다른 강점들이 조화를 이루면, 혼자서는 낼 수 없는 시너지를 만들어 낼 수 있다.

둘째는 탈바꿈*Transformation*이다.

게 거듭 이야기했다. 테스트웍스는 돈을 목적으로 세운 것이 아니었기에, 매출이나 이익에 대한 이야기는 가급적 꺼내지 않았다.

그보다 더 중요한 것은 서비스와 제품의 품질을 높여 고객의 만족을 이끌어 내는 일, 그리고 직원들이 공정한 기회와 '두 번째 기회'를 통해 스스로 성장의 기쁨을 느끼도록 돕는 일이었다. 직원 대부분이 소프트웨어 테스팅 자격증을 취득할 수 있도록 독려했고, 원한다면 평일 저녁이나 주말에 내가 직접 세미나나 강의를 열기도 했다.

그 결과 처음에는 시험 삼아 시작했던 고객사 프로젝트들이 점차 규모를 키워 갔고, 그에 따라 직원 수도 서서히 늘었다. 하니웰과 스트라드비젼과의 협업을 중심으로 소프트웨어 테스팅과 인공지능 데이터 라벨링 분야의 매출도 꾸준히 오르기 시작했다. 덕분에 우리는 더 많은 일자리를 마련할 수 있었고, 성장의 기회를 간절히 원하던 경력단절여성, 발달 장애인, 청년들도 새롭게 함께 일하게 되었다.

조직이 성장하고 구성원이 많아지면서, 우리가 이 일

이윤보다 이유가 먼저인 기업

"여러분이 빠르게 성장하고, 고객이 성공하면, 우리의 서비스는 더 널리 확장될 것입니다. 그리고 우리 같은 회사가 커지면서 선한 영향력이 함께 퍼져 나간다면, 결국 우리 사회도 더 좋은 방향으로 성장할 수 있을 겁니다."

나는 시간이 날 때마다 'Growing with employees, customers & society-직원과 고객, 그리고 사회와 함께 성장한다'는 문장을 손으로 적어 가며 직원들에다. 나는 또 다른 인공지능 회사 대표를 만나기 위해 서둘러 발걸음을 옮겼다.

일은 쉽지 않았지만 조금씩 속도를 맞춰 가며 자리를 잡아 가기 시작했다.

그리고 두 달 뒤, 고객사 PM은 품질의 변화를 인정하며 계약을 연장하겠다고 알려 왔다. 거기서 끝이 아니었다. 몇 달 후, 계약 규모는 두 배로 늘었고, 우리는 더 많은 자폐성 장애인을 채용할 수 있게 되었다. 작은 성과였지만 분명한 변화가 나타나기 시작한 것이다.

그로부터 얼마 지나지 않아, 한 자폐성 장애인 직원의 부모님께 문자 한 통을 받았다.

"대표님, 우리 아이가 첫 월급을 받았을 때 저희 가족 모두 눈물을 흘렸습니다. 이 돈은 정말 가보입니다. 장애를 뛰어넘어 한 사람으로 살아갈 수 있다는 증거이니까요. 그리고 오늘은 어디서 들었는지, 봉투에 용돈을 넣어 저희에게 건넸어요. 그 봉투를 들고 한참을 울었습니다. 정말 감사합니다."

그 문자를 받고 나는 한동안 가만히 서 있을 수밖에 없었다. 2주 동안 하루 8시간씩 이어진 강의로 몸은 몹시 지쳐 있었지만, 이상하게도 다시 힘이 났다. 자꾸 눈을 비비게 되는 건 아마 환절기 알레르기 탓일 것이 자폐성 장애인의 조합은 예상보다 훨씬 큰 시너지를 만들어 냈다. 서로 다른 세계에 속했던 사람들이 하나의 업무 체계 안에서 조화를 이루기 시작한 것이다.

무엇보다도 인상 깊었던 건 직원들의 변화였다. 말수가 적고 늘 눈을 피하던 이준희 님은 어느 날부터 동료들과 함께 재활용 쓰레기를 버리러 나가기 시작했다. 처음엔 어색해하던 눈맞춤도 어느새 자연스러워졌다. 그의 작은 변화 하나하나가 동료들의 마음을 조금씩 움직이기 시작했다.

정해진 시간을 정확히 지키고, 주어진 일을 묵묵히 해내던 자폐성 장애인 직원 한 명은 오후 2시쯤 다들 졸고 있던 사무실에서 갑자기 일어나 소리쳤다.

"지금부터 50분 동안 일을 해야 하는데, 왜 다들 졸고 계시죠? 저에게 일을 주세요!"

사무실은 웃음바다가 됐다. 우리는 다름에서 오는 당혹감과 웃음을 함께 나누며 서로에게 조금씩 익숙해지고 있었다. 20평 남짓한 작은 사무실 안에서 경력단절여성, 자폐성 장애인, 전문 엔지니어들이 어우러져 '일'이라는 공통의 목적 아래 함께 성장해 나가는 그 후 우리는 곧바로 태스크포스를 꾸렸다. 고객사에 최종 산출물이 도달하기까지의 전 과정을 하나하나 되짚으며, 어디서 어떤 문제가 발생했는지, 무엇을 고치고 보완해야 하는지를 치밀하게 살펴보기 시작했다.

우선 고객사와의 소통부터 개선하기로 했다. 내부에 전담 PM을 지정하고, 자폐성 장애인 사원들이 수행한 작업은 자가 리뷰와 동료 리뷰를 거쳐, 마지막으로 검수자가 최종 확인하는 다단계 품질관리 체계를 구축했다. 오류 가능성을 줄이고, 결과물의 품질을 일정하게 유지하기 위한 구조였다.

그러던 중, 우리는 또 하나의 중요한 사실을 발견했다. 자폐성 장애인의 업무 성과는 그날그날의 생활 리듬, 즉 규칙적인 일상과 깊은 관련이 있다는 점이었다. 이에 우리는 데이터 라벨링 팀에 경력단절여성을 관리자로 배치해 자폐성 장애인 직원들과 함께 호흡하며 자연스럽게 하루의 흐름을 정돈해 줄 수 있도록 했다.

소통에 능한 여성 관리자와 세밀한 집중력이 강점인

가왔다.

3개월쯤 지난 어느 날, 고객사 PM으로부터 한 통의 연락이 왔다. 계약을 종료하고 싶다는 말이었다. 테스트웍스가 자폐성 장애인을 고용하려는 취지와 진정성은 충분히 공감하지만, 이미지 데이터의 품질이 들쭉날쭉해 검수에 과도한 시간이 소요되고, 일부는 직접 손을 봐야 할 정도라는 것이었다. 더 이상 협업을 이어 가기 어렵겠다는, 차갑지만 현실적인 통보였다. 너무도 힘들게 찾아낸 귀중한 직무였기에, 나는 스트라드비젼의 김준환 대표에게 간절히 부탁할 수밖에 없었다.

"두 달만 시간을 주세요. 그동안은 용역 대금을 받지 않겠습니다. 만약 그 이후에도 성과가 부족하다면, 그때 계약을 종료하셔도 괜찮습니다."

그 사건을 겪으며 우리는 뼈아프게 깨달았다. 사회적 가치를 실현하겠다는 진심만으로는 세상을 설득할 수 없다는 것. 결국은 결과로 증명하고, 품질로 신뢰를 쌓아야 한다는 당연한 진리를 우리는 절실하게 배워야 했다.

환경 속에서 안정감을 유지할 수 있다는 점에서, 우리 회사 내부에서 직접 이들을 관리하고 지원할 수 있다는 조건은 매우 유리하게 작용했다.

우리는 빠르게 스트라드비젼과 용역 계약을 체결했고, 자폐성 장애인을 대상으로 기본적인 데이터 라벨링 교육을 마친 후 곧바로 프로젝트에 투입하기 시작했다. 20명도 채 되지 않는 작은 사무실에서 자폐성 장애인 세 명이 함께 일하게 되었지만, 이미 교육을 통해 이들의 특성과 업무 스타일에 대해 어느 정도 익숙해진 직원들은 이들을 비장애인 동료들과 다르지 않게 대했고, 간혹 발생하는 돌발 상황에도 침착하고 능숙하게 대응할 수 있었다.

세 명의 자폐성 장애인 직원들은 스트라드비젼 측의 데이터 PM이 전달한 이미지를 받아 정해진 기준에 따라 데이터를 가공했고, 하루가 끝나면 작업한 결과물을 다시 PM에게 제출하는 방식으로 업무를 수행했다. 자폐성 장애인이 인공지능 분야에서 자신의 역량을 발휘할 수 있는 일을 찾았고, 그 일이 실제 고용으로 이어졌다는 사실이 우리 모두에게 큰 의미로 다

장애 교육생들을 위한 일감이 마침내 눈앞에 펼쳐지는 듯한 기분이었다.

나는 곧바로 인공지능 데이터 가공에 대해 조사하기 시작했다. 자율주행을 위한 데이터 라벨링 업무를 소개하는 글과 영상들을 찾아보며, 이 일이 기존의 소프트웨어 테스트보다 오히려 자폐성 장애인에게 더 잘 맞을 수 있다는 확신이 들기 시작했다.

데이터 라벨링은 마치 정답지를 작성하듯, 이미지 위에 사람이나 자동차처럼 특정한 대상을 표시하는 작업이다. 예를 들어 자율주행 차량의 학습용 이미지에서 '보행자', '신호등', '차량' 등을 정해진 기준에 따라 반복적으로 표시하는 것이다.

이런 작업은 복잡한 판단보다는 정해진 규칙을 정확히, 꾸준히 반복하는 능력이 중요하기 때문에 소프트웨어 테스트보다 상대적으로 난이도가 낮다. 또한 대부분의 작업이 온라인으로 이루어지기 때문에 고객사 현장에 출근할 필요 없이 우리 사무실에서 원격으로 업무를 수행할 수 있다는 점도 큰 장점이었다.

무엇보다 자폐성 장애인들이 일하는 데 있어 익숙한

"잘 지내셨어요? 제가 자율주행 엔진을 개발하는 스트라드비젼이라는 회사를 창업했어요. 지금 인공지능 학습용 데이터를 가공하는 일이 많아졌는데, 혹시 이 일을 맡아 주실 수 있을지 궁금해서요. 사실 이건 소프트웨어 테스트보다 훨씬 단순하고 반복적인, 전형적인 '더티 워크Dirty Work'거든요. 그래서 지급하는 대금도 아르바이트 수준일 것 같아요. 예전에 경력단절 여성분들 교육하셨다고 하셨죠? 그분들이 하셔도 충분할 것 같은데 가능하실까요?"

"그 일이 혹시 반복적이고 정확성이 많이 요구되나요?"

"네, 맞습니다."

"아! 그 일을 가장 잘할 수 있는 세 명을 미리 교육시켜 놨어요. 혹시 자폐성 장애인분들도 괜찮을까요?"

다행히 김준환 대표는 취약계층을 돕는 데 관심이 많은 사람이었고, 장애에 대해 편견도 없었다. 그는 잠시도 망설이지 않고 이렇게 말했다.

"일만 잘하면 장애가 무슨 문제겠어요?"

전화를 끊은 뒤, 나는 속으로 쾌재를 불렀다. 자폐성

아들이고 있었다.

심지어 어떤 회사는 자폐성 장애인 테스터 팀을 고객사에 파견하기 전, 고객사 개발자들을 대상으로 사전 교육 세션을 진행한다고 했다. 자폐성 장애인의 업무 방식과 강점 그리고 협업 시 유의해야 할 점들을 미리 설명함으로써 낯섦에서 비롯되는 불안을 줄인다는 것이었다. 그 이야기를 들으면서 우리 사회 곳곳에 뿌리내린 편견과 차별의 현실을 다시금 실감하게 되었다. 그즈음부터 일부 직원들이 조심스럽게 말을 꺼내기 시작했다.

"대표님, 부모님들께 조심스럽게 말씀드리는 게 좋지 않을까요? 경력단절여성들을 고용하고 관리하는 일만으로도 이미 충분히 벅찬 상황이잖아요."

현실의 무게는 점점 더 무겁게 느껴졌고, 내가 붙들고 있던 이상은 흔들림 속에서 균형을 겨우 유지하고 있었다. 유럽의 사례들이 아무리 희망적으로 보여도, 현실은 쉽사리 따라 주지 않았다. 그러던 어느 날, 코넬 대학 시절 함께 공부했던 김준환 씨에게서 전화가 걸려 왔다.

습니다. 대부분 고객사 현장에서 업무가 이뤄지는데, 테스터가 장애인이라는 걸 알면 고객들도 달가워하지 않을 것 같아요."

장애가 있다는 이유만으로 업무 적합성에 대한 논의조차 시작되지 못하는 경우가 다반사였다. 자폐성 장애인의 장점을 이야기하기도 전에, 대화는 어느새 단단한 벽에 가로막힌 듯 멈춰 버리곤 했다.

우리는 시야를 바꿔, 해외의 사례들을 찾아 나섰다. 유럽과 미국에는 자폐성 장애인을 소프트웨어 테스터로 고용하는 기업들이 있었고, 몇몇과는 운 좋게 직접 이야기를 나눌 기회도 생겼다. 그들은 어떻게 프로젝트를 따내고, 현장을 운영하는지를 구체적으로 공유해 주었다.

그 과정에서 자연스레 깨달은 점도 있었다. 자폐성 스펙트럼의 범위는 한국보다 훨씬 넓었고, 특히 고기능 자폐성 장애인의 비율이 높다는 것이었다. 그보다 더 인상 깊었던 것은 사회 전반에 깔린 인식의 차이였다. 그곳의 고객사들은 자폐성 장애인을 낯선 존재로 여기지 않았다. 오히려 신뢰할 수 있는 팀의 일원으로 받

편견이라는 거대한 벽

자폐성 장애인을 우리 회사에서 직접 고용하겠다고 큰소리를 쳤지만, 정작 이들을 위한 일감을 찾는 일은 결코 녹록지 않았다. 기존의 소프트웨어 테스트 프로젝트 중 자폐성 장애인이 참여할 수 있는 업무를 수소문했지만, '장애인'이라는 단어가 언급되는 순간 분위기는 한결같이 얼어붙었다.
"아무리 윤 대표님이 그분들의 성과를 보장하신다 해도, 자폐성 장애인이 프로젝트에 참여하는 건 좀 어렵고'였다.

하지만 언제 우리가 남들이 가는 길을 걸었던가. 테스트웍스는 남들이 하지 않는 일을 하기 위해 만든 회사였다. 그렇게 우리는 자폐성 장애인 고용이라는 새로운 여정을 시작하고 있었다.

판정을 받았거든요. 그래서 저는 자폐성 장애인들과 함께 일해 보고 싶었습니다. 언젠가 제 아이에게도 그런 기회가 오기를 바라니까요. 하지만 솔직히 말씀드리면, 저희는 아직 준비가 되어 있지 않았던 것 같습니다. 정말 죄송합니다."

그의 목소리는 떨렸고, 그 말을 듣고 있던 교육생 어머니의 눈물도 멈추지 않았다. 말없이 숙연해진 장내엔 묵직한 감정이 내려앉았다. 누구도 쉽게 말을 꺼낼 수 없는 순간이었다. 그때 나는 무언가에 홀린 듯 마이크를 잡고 이야기하기 시작했다.

"저희 테스트웍스는 이분들을 200시간 넘게 교육하며 마음에 품었습니다. 테스트웍스는 이 교육생들처럼 잠재력을 가진 분들에게 공정한 기회를 제공하기 위해 세운 회사입니다. 저희에게 조금만 더 시간을 주세요. 저희가 이분들을 반드시 직접 고용하겠습니다."

내 말이 끝나자, 행사장 뒤편에서 직원 몇 명이 '안 돼요.'라고 입 모양으로 외치는 모습이 눈에 들어왔다. 직원들과 어떤 상의도 없이 자폐성 장애인 고용을 공식 선언해 버린 셈이었다. 지금 생각해도 큰 '사었다.

"제가 사실 한 달 내내 잠을 거의 이루지 못했습니다. 프로그램이 처음 시작될 때, 지사장님께서 인턴으로 선발된 교육생들에게 정규직 전환을 약속하셨습니다. 우리 아이가 국제 자격증을 따고, 인턴으로 선발됐을 때 얼마나 기뻤는지 모릅니다. 아는 사람 모두에게 자랑했어요. 우리 아이가 세계적인 기업의 정규직이 된다고요. 그런데 인턴십은 예정보다 일찍 종료됐고, 정규직 고용도 없다는 얘기를 들었습니다. 회사에서 우리 아이를 사회공헌 활동에 이용한 건 아닌지 묻고 싶습니다. 답해 주실 수 있나요?"

갑작스러운 질문에 장내는 쥐 죽은 듯 고요해졌다. 패널 누구도 선뜻 말을 잇지 못했다. 잠시 후, A사 현업 개발팀장이 마이크를 들었다. 그의 눈가에는 눈물이 맺혀 있었다.

"사실 CSR팀과 인사팀이 이 프로그램을 처음 소개했을 때, 개발팀장 중 아무도 손을 들지 않았습니다. 개발팀은 늘 바쁘고 치열하게 돌아가는 부서니까요. 그런데 제가 손을 들었습니다. 제 아이도 몇 년 전 자폐

인턴을 관리하는 데 어려움을 겪고 있다는 이유였다. 정규직 전환 역시 어렵다는 입장이었다.

우리는 교육 과정 동안 자폐성 장애인을 이해하기 위해 사전 교육을 받고, 밀착 지원 체계를 운영하며 교육생들과 충분한 교감을 쌓아 갈 수 있었다. 그러나 A사 개발팀은 이러한 준비가 부족했다. 인턴들에게 과제를 어떻게 배분하고, 어떤 방식으로 소통하며 협업할지에 대한 고민 없이 이들을 맞이한 것이다. 결국 장애인과 함께 일하기 위한 비장애인의 '준비되지 않음'이 가장 큰 장벽이 되었던 셈이다.

결국 두 명의 교육생은 인턴십을 시작한 지 한 달 만에 일을 그만두게 되었다. 그리고 한 달 뒤, 자폐성 장애인 교육 프로그램 성과 보고회가 열렸다. 다양한 기업의 CSR 담당자들과 기자들이 참석한 자리였다. MYSC, 테스트웍스, A사 현업 부서 팀장까지 각자의 입장에서 그동안의 성과와 배운 점을 발표했고, 마지막은 MYSC 김정태 대표의 사회로 패널 토론이 이어졌다. 우리는 그간의 보람도, 아쉬움도 솔직히 이야기했다. 그런데 그때, 한 교육생의 어머니가 손을 들

전화를 끊고 눈시울이 붉어진 채, 나는 자리에서 벌떡 일어나 외쳤다.

"세 명 다 붙었대요! 그것도 다 고득점으로!"

기대 이상이었다. 자폐성 장애인을 대상으로 한 이 교육 프로그램은 성공적으로 마무리되었고, 우리는 그중 특히 뛰어난 성과를 보인 두 명의 교육생을 A사 한국 지사 인턴으로 추천했다. 이들은 개발팀에 배정되어 두 달 동안 소프트웨어 테스터 인턴으로 일하게 되었다.

인턴 과정을 성실히 마치면 정규직 전환도 가능하다는 이야기를 A사 CSR팀장을 통해 들었고, 우리는 국내 최초로 우리가 직접 교육한 자폐성 장애인들이 글로벌 기업에서 소프트웨어 테스터로 일하게 될 수도 있다는 사실에 깊은 보람을 느꼈다. 강사진 모두가 자부심을 품은 채 이들의 새로운 출발을 진심으로 응원했다.

그러나 한 달쯤 지났을 무렵, A사 측에서 연락이 왔다. 당초 예정됐던 두 달의 인턴 기간을 한 달로 단축하겠다는 것이었다. 개발팀 현업 부서에서 자폐성 장애인에서 긴장감은 풀어지고 몰입도는 점점 높아졌다. 교육이 끝날 무렵, 세 명 중 두 명은 기대 이상으로 실력이 성장했다.

"이 정도면 두 명은 시험에 통과할 것 같아요."

강사진 중 한 명이 설레는 목소리로 말했다. 드디어 자격증 시험이 있는 날. 세 명 모두 응시했고, 자격증 주관 단체에서도 특별히 20분 정도 시간을 더 연장해 주었다. 어떤 결과가 나올지 정말 떨리는 순간이었다. 시험이 끝난 일주일 뒤, 직원들과 저녁 식사를 하던 중 전화가 왔다.

"윤 대표님, 내일 발표 예정인 시험 결과가 방금 나왔는데요. 교육생들 시험 결과, 너무 궁금하시죠?"

"네, 사실 저희도 내심 두 명 정도만 붙었으면 하는데, 결과가 어떻게 됐나요?"

"세 명 전원 합격입니다. 그것도 전부 상위 10% 안에 드는 고득점이에요. 대체 어떻게 교육하신 거예요? 우리 사무국 직원들이 전부 놀라고 있어요."

그 순간 나는 온몸에 전율을 느꼈다.

"감사합니다! 국장님, 정말 감사합니다."

오며 초급자 눈높이에 맞춘 교재를 만들고, 반복 학습과 실습, 자격증 대비까지 체계적인 교육 프로세스를 갖춰 둔 상태였다. 그래서 당당하게 말할 수 있었다.
"한국에서도 꼭 성공 사례를 만들겠습니다."
그러한 자신감은 강의 첫날부터 보기 좋게 무너졌다. 지적 능력이 충분한 교육생들이었지만, 50분 강의에 집중하는 건 여전히 버거운 일이었다. 결국 첫 수업 도중, 한 교육생이 갑작스레 소리를 지르며 자리에 누워 버리는 일이 벌어졌다.

우리는 당황하지 않기로 했다. 수업 시간을 30분으로 줄이고, 중간에 10분씩 휴식 시간을 넣었다. 보조 강사를 배치해 긴장을 사전에 감지하고, 스트레스를 최소화할 수 있는 환경도 마련했다. 매주 한 번씩 게임을 함께 하며 강사진과 교육생 간의 친밀감도 쌓아 갔다. 특히 고마운 건, 이전 테스터 교육을 수료한 청년들이 자발적으로 1:1 자격증 대비 과외를 해주겠다고 나선 일이었다. 그 덕분이었을까. 처음에는 돌발 행동을 보였던 교육생들의 태도가 조금씩 달라지기 시작했다. 정해진 루틴, 반복된 학습, 따뜻한 분위기 속

마치 우리를 위해 사전에 예정된 일처럼 느껴졌다. 우리는 이미 경력단절여성에게 동일한 교육을 제공하며 작은 성공들을 쌓아 가고 있지 않은가!

하지만 막상 시작하려 하자, 첫 단추부터 예상 밖의 어려움이 닥쳤다. 유럽이나 미국과 달리, 국내에는 소프트웨어 테스터 교육을 받을 만큼의 지적 능력을 갖춘 고기능 자폐성 장애인을 찾는 것이 생각보다 훨씬 어려웠던 것이다.

MYSC는 교육생 모집을 위해 여러 자폐성 장애인 단체와 복지관을 비롯해 동구밭, 커피지아 같은 관련 사회적기업들과 협력했지만, 최종적으로 확보된 교육생은 단 세 명뿐이었다.

다행히 이 프로젝트를 맡은 A사 한국 지사에서는 "한국에서는 첫 시도이니 세 명으로 시작해도 좋다."고 수용해 주었다. 그리고 교육이 끝나면 이들 중 우수 교육생을 A사 R&D팀 인턴으로 연결할 계획이니, 테스트윅스에서도 최선을 다해 교육을 진행해 달라고 요청했다.

우리는 이미 경력단절여성을 위한 교육을 수년간 해

자폐성 장애인은 독일 A사에서 소프트웨어 테스터로 일할 수 있도록 설계했다. 자폐성 장애인들은 정해진 시나리오를 반복 수행하는 회귀 테스트*Regression Test* 분야에서 놀라운 집중력과 정확성을 보여 주며 전 세계의 이목을 끌었다.

나는 이 사례를 듣던 순간, 손바닥을 치며 감탄하지 않을 수 없었다. 소프트웨어 전문가인 내가 봤을 때 이건 정말 기막힌 조합이었다. 테스팅 업무의 특성과 자폐성 장애인의 강점을 이렇게 절묘하게 연결할 수 있다니! 예를 들어 우리가 인터넷을 사용할 때 종종 마주치는 '나는 로봇이 아닙니다'라는 문구가 붙은 캡차*CAPTCHA* 테스트를 떠올려 보자. 신호등, 자전거, 버스가 포함된 이미지를 식별하는 단순한 작업처럼 보이지만, 사실은 기계가 하기 어려운 미세한 구분과 반복적인 정확성이 필요한 일이다. 이런 업무야말로 높은 집중력과 반복 수행 능력, 규칙에 대한 충실함을 지닌 자폐성 장애인에게 딱 맞는 일이었다.

한국에서도 테스트웍스가 스페셜리스테른처럼 자폐성 장애인을 교육해 성공적인 테스터로 키워 낸다면?

나는 말없이 김정태 대표의 이야기를 홀린 듯 들었다. "한국 지사에서도 소프트웨어 테스터라는 직무가 특히 적합하다고 판단해, 이 교육을 국내에서도 시도해 보려는 움직임이 있습니다. 그 이야기를 듣자마자 맨 먼저 윤 대표님과 테스트웍스가 떠올랐어요. 관심 있으시면 덴마크 사례를 한번 살펴보시고, 미팅을 진행해 보시는 건 어떨까요?"

김정태 대표가 통화 중에 언급한 회사는 덴마크의 스페셜리스테른이라는 회사였다. 자폐성 장애인의 부모였던 토킬 손은 자폐인의 특성, 즉 세밀한 부분에 강하고 반복적인 작업을 지루해하지 않는 점에 주목했다. 그는 이 강점을 지속가능한 업무로 연결할 수 있는 방법을 고민하던 중, 소프트웨어 테스팅이라는 분야를 발견하게 된다. 개발자의 코드 수정에 따라 정밀하고 반복적인 테스트를 수행해야 하는 이 업무는 자폐성 장애인의 특성과 놀라울 만큼 잘 맞아떨어졌다. 그는 독일의 A사에게 이런 아이디어를 제안했다. 이에 스페셜리스테른은 자폐성 장애인에게 소프트웨어 테스터 양성 교육을 제공하고, 이 프로그램을 이수한

터 같은 교육이 가능한지 문의를 받고 있던 상황이었다. 그래서 장애인을 대상으로 한 교육사업까지는 미처 관심을 두지 못하고 있었다. 사실 여성인력센터에서 편성되는 예산만으로는 경험 있는 강사를 쓰기에도 부족했고, 교육 커리큘럼조차 무료로 제공해야 할 수준이었다.

"글쎄요. 사실 이 교육은 사회적으로 소외된 분들에게 IT 분야의 공정한 기회를 제공하자는 취지에서 시작했지만, 자폐성 장애인을 특정 대상으로 생각해 본 적은 없어서요. 조금 생소하지만, 한번 검토해 볼 수는 있을 것 같습니다."

김 대표는 이어 해외의 흥미로운 사례를 전해 주었다.

"덴마크의 한 사회적기업이 자폐성 장애인을 대상으로 소프트웨어 테스터 교육을 진행했는데, 지금은 그들이 독일의 한 회사에 테스터로 취업해 좋은 성과를 내고 있어요. 이 프로젝트를 저희 MYSC에 의뢰한 고객사가 바로 그 독일 A사의 한국 지사입니다. 본사에서는 전 세계 지사에 자폐성 장애인을 전체 인원의 1% 이상 고용하라는 지침을 내린 상황이고요."

자폐성 장애인과의 운명적인 만남

"자폐성 장애인을 위한 소프트웨어 테스터 양성 교육도 가능하실까요?"
2016년 여름쯤, 사회적기업 육성사업 프로그램에서 우연히 알게 된 MYSC의 김정태 대표에게서 전화가 걸려 왔다. 당시 우리는 전년도 은평여성인력센터에서 진행한 소프트웨어 테스터 양성 교육이 경력단절 여성에게 지속가능한 일자리를 제공한 사례로 주목을 받으면서, 서울과 경기도 내 여러 여성인력센터로부고 싶다는 의사를 전했다. 이전 직장에서 받던 급여의 30%도 되지 않는 조건이었고, 근무 환경도 열악했지만 그는 우리의 방향성과 철학을 받아들였다.

나중에 알고 보니 그는 나와 같은 고등학교 출신으로 1년 후배였고, 같은 송파구에서 자란 데다 종교까지 같았다. 그 모든 공통점이 우연히 겹친 것이라고 생각했지만, 시간이 흐를수록 그 만남이 단지 우연만은 아니었음을 알게 되었다.

채용 계획도 없던 작은 회사에, 아무런 소개도 없이 우연히 마주한 한 사람. 그와의 만남은 예고도 계획도 없었지만, 오히려 그래서 더 진심일 수 있었다. 그렇게 김우주 님이 합류하면서 나는 연구개발과 컨설팅 분야에서 함께 걸어갈 든든한 동반자를 얻게 되었다. 예상하지 못한 만남이었지만, 지금 돌아보면 그때 우리가 만난 건 아주 다행스러운 일이었다.

김우주 님은 1년 남짓 쉬는 동안 여러 곳에 취업을 시도했지만, 번번이 떨어지며 자존감이 다소 낮아진 상태였다. 하지만 짧은 대화 속에서도 성실함과 정직함이 느껴졌고, 우리 회사와도 결이 잘 맞는 사람이라는 확신이 들었다.

나는 김우주 님에게 기술 분야에서 다양한 사람들이 일할 수 있는 기회를 만들고 싶다는 이야기를 전하며, 현재 함께하고 있는 직원들, 우리가 지향하는 가치 그리고 앞으로의 비전과 계획에 대해 자세히 설명했다.

"저는 지금까지 줄곧 엔지니어로 개발만 해 왔는데요. 여기서는 어떤 일을 할 수 있을지 모르겠습니다."

김우주 님의 말에 나는 솔직하게 답했다.

"모든 걸 다 하셔야 합니다. 교육도 하고, 컨설팅도 하고, 연구개발도 하고요. 이전에 계셨던 회사들과는 많이 다를 겁니다. 아마 아무도 걸어가지 않은 길을 함께 걷게 될 거예요. 그리고 중요한 처우에 대해서 말씀드리면, 현재로선 월 250만 원 정도밖에 드릴 수 없습니다. 죄송합니다."

며칠 뒤, 김우주 님은 다시 회사에 찾아와 함께 일하

"네. 그런데 이력이 훌륭하니 제 주변에 김우주 님의 경력이 필요한 회사가 있는지 한번 알아보겠습니다."

박람회가 끝난 뒤, 나는 김우주 님의 이력을 삼성전자 지인들에게 열심히 공유했다. 하지만 돌아온 답변은 모두 같았다. 경력이 너무 많아서 부담스럽다는 것이었다. 좋은 소식은 아니었지만, 그래도 결과를 전하기 위해 김우주 님에게 전화를 걸었다.

"제가 여기저기 알아봤는데 현재는 경력직 채용 계획이 없다고 하네요. 좋은 소식을 전해 드리지 못해서 죄송합니다. 그런데 혹시 저희 회사에서 일할 생각은 없으세요? 내일 회사로 오셔서 차 한잔하시죠."

"네? 그럼 일단 내일 회사로 찾아뵙겠습니다."

다음 날, 김우주 님이 사무실을 방문했을 때 당황한 기색이 역력했다. 사무실이라기보다는 초등학생용 책상과 의자만 놓여 있는 작은 공간이었고, 일반 회사에서 흔히 볼 수 있는 가구나 소품은 전혀 없었기 때문이다. 심지어 사무실 앞에는 '테스트윅스'라는 간판조차 걸려 있지 않았다.

"제가 이곳에서 어떤 일을 할 수 있을까요?"

주무관의 간절한 부탁에 결국 회사 소개서도 하나 없이 박람회에 참석하게 되었다.

박람회장은 예상보다 많은 사람으로 붐볐다. 그러나 IT 기업이 드물었던 탓에 우리 부스에는 특성화고 학생이나 IT 경력을 가진 시니어 몇몇만이 관심을 보였다. 그때 말끔한 정장을 입은 40대 남성이 조심스럽게 다가와 이력서를 내밀었다.

"안녕하세요. 임베디드 소프트웨어 개발을 해 온 김우주라고 합니다."

이력서를 확인해 보니 팬택, 모토롤라, 돌비 등에서 15년 넘게 오디오 분야 개발을 해 온 베테랑 개발자였다.

"돌비에서 퇴직한 뒤 잠깐 쉬려 했는데, 어느새 1년 반이 지나 버렸네요. 이제 다시 일자리를 구하려고 이력서를 내는 중입니다."

"솔직히 말씀드리면 저희는 아직 작은 회사라 김우주 님 같은 분을 모실 여력이 없습니다."

"괜찮습니다. 그래도 혹시 모르니 제 이력서만 드리고 가겠습니다."

우연한 동행

"송파구청 일자리창출과입니다. 혹시 테스트웍스 윤석원 대표님 맞으신가요?"
"네, 그런데 무슨 일이신가요?"
"이번에 송파구에서 취업 박람회를 여는데, 사회적기업 중 IT 회사를 찾기가 어려워 연락드렸습니다. 부스를 제공해 드릴 테니 꼭 참석해 주셨으면 합니다."
당시 삼성증권 컨설팅을 거의 풀타임처럼 하던 상태였고, 채용 계획도 없던 터라 정중히 사양했지만, 김 시작할 수 있었다.

내근직 직원이 합류하면서 우리는 처음으로 '사무실' 다운 공간을 갖게 되었다. 집 근처 재건축 예정 상가에 자리한 4평 남짓한 작은 논술학원을 낮 시간대만 사용하는 조건으로 월 30만 원에 임대한 것이다. 간판 하나 없이, 변변한 책상도 없이 시작된 그곳이 우리의 첫 일터였다.

사무실이 생기자 외부 업무에 좀 더 집중할 여유가 생겼고, 마침 삼성증권에서 소프트웨어 품질 컨설팅을 의뢰해 왔다. 나는 기꺼이 그 제안을 받아들였다. 컨설팅 업무가 한창이던 어느 날, 낯선 번호로 전화가 걸려 왔다.

을 설칠 때가 많았다. 어느 날 문득, 이런 생각이 들었다.

'테스터로 채용되긴 어려워도, 우리 회사에서 다양한 실무를 맡아 준다면 얼마나 좋을까.'

나는 고민 끝에 전화를 걸었다.

"지금은 다른 자격증을 준비 중이라, 풀타임은 어려울 것 같아요."

"괜찮습니다. 파트타임도 좋아요. 제가 하고 있는 업무를 조금만 도와주세요."

그렇게 그는 테스트웍스에 합류하게 되었다. 나이, 외모, 성별, 장애, 국적을 불문하고 누구에게나 공정한 기회를 제공한다는 우리의 원칙 아래, 정은미 님에 이어 두 번째 정직원이자, 테스트웍스의 첫 번째 내근직 직원이 탄생한 것이다.

이로써 하니웰 프로젝트에 참여한 정은미 님을 포함해 네 명의 경력단절여성이 테스트웍스에 모였다. 화려한 출발은 아니었다. 최저임금보다 조금 높은 수준의 급여였지만, 이들은 다시 일할 수 있다는 사실에 감사했고, 아내나 엄마가 아닌 '나'로서의 삶을 새로이

변변한 사무실 하나 없는 작은 회사였지만, 내가 지향하는 가치와 철학에 공감하며 부족한 처우 속에서도 함께 일해 줄 사람이 절실했다. 그때 문득 은평여성인력센터에서 가장 우수한 성적으로 교육 과정을 마쳤던 한 사람이 떠올랐다.

그녀는 서울의 명문대를 졸업하고, 결혼 후 작은 편집 회사에 근무하다 육아를 위해 퇴직한 뒤 10년 넘게 경력이 단절된 상태였다. 그러다 내 강의를 듣게 되었는데, 수업 시간마다 교실 정중앙에 앉아 조용히 경청했고 모의시험이나 과제에서도 언제나 최선을 다했다. 말수가 많은 편은 아니었지만, 수업에 임하는 태도에서 진중함과 책임감이 느껴졌고, 늘 성실함이 배어 있었다. 당연히 국제 자격시험도 우수한 성적으로 합격했다. 하지만 현실의 벽은 높았다.

"1968년생이라면, 나이가 많으시네요."

"조용한 성격이라 팀 분위기와 맞지 않을 것 같아요."

아무리 새로운 기술을 빠르게 익히고 성실하게 준비해도, '나이'라는 이유 하나로 기회의 문턱조차 넘기 어려웠다. 그 무렵 나는 과중한 업무에 시달리며 밤잠

한 직원에게서 전화가 여러 번 걸려 왔다. 강의 중이라 전화를 받지 못했고, 강의를 마친 뒤에야 다시 연락을 할 수 있었다. 그는 다소 서운한 듯한 말투로 말했다.

"대표님, 월급이 입금되긴 했는데요, 지난달보다 300원이 덜 들어왔더라고요. 혹시 일부러 그러신 건 아니죠?"

그제야 생각이 났다. 전날 월급일을 맞춰야 한다는 조급함에 급히 송금하면서, 실수로 백 원 단위의 300원을 빼먹었던 것이다. 이를 다시 이체하려다 보니, 500원의 송금 수수료가 발생했다. 그 순간 문득 깨달았다. 그동안 무료로 누려 왔던 각종 금융 혜택은 모두 대기업에 다닐 때 쌓인 거래 실적과 신용 덕분이라는 것을.

테스트웍스는 이제 막 출발한 작은 회사였고, 실적도 거의 없었으니 이런 수수료조차 감수해야 했다. 예전에는 당연했던 권리들이 이제는 더 이상 당연하지 않았다. 나는 보호막 하나 없는 야생 한가운데서, 몇 안 되는 직원들과 함께 차가운 바람과 비를 온몸으로 맞으며 나아가야 하는 처지였다.

지 않고 나갔다. 대부분의 직장 생활을 한 곳에서, 정해진 장소에서만 근무해 온 나로서는 낯선 공간에서 객으로 잠시 머무는 일이 쉽지 않았다. 지방 출장이 잦아졌고, 그제야 내가 다녔던 대기업들이 얼마나 따뜻한 울타리였는지를 뼈저리게 느끼게 되었다.

막상 회사를 운영하게 되자, 해야 할 일이 끝이 없었다. 직원이 늘어나면 근로계약서를 작성하고 4대 보험에 가입해야 했고, 매출이 생기면 세금계산서를 발행해야 했다. 법인 통장을 관리하고, 급여 대장을 작성하며 급여도 직접 송금했다. 사업 수주를 위해 제안서를 쓰고, 발표하고, 입찰에도 참여했다. 이전 직장에서는 한 번도 해 본 적 없는 일들이었다. 사무실 한쪽에 늘 구비돼 있던 커피며 음료수, 심지어 생수 한 병까지도 이제는 모두 비용으로 다가왔다. 낮에는 강의와 컨설팅에 매달리고, 밤에는 각종 행정 업무를 처리하다 보니 밤을 지새우는 일이 잦아졌다.

일이 몰리다 보니, 예전엔 상상하지 못한 실수도 하나둘 생기기 시작했다. 어느 날 수도권의 한 회사에서 종일 강의를 하고 있는데, 하니웰 프로젝트에 참여 중인

초려草廬에 깃든 빛

보란 듯 다짐했지만, 현실은 녹록지 않았다. 첫 고객사인 하니웰에서 발생한 매출은 직원들의 급여와 4대 보험을 내기에도 빠듯한 수준이었다. 외벌이로 생활비를 최대한 아껴도 가정의 생계를 책임지기엔 역부족이었다.

다행히 글로벌기업에서 오랜 기간 소프트웨어 개발과 품질 책임자로 일한 경력 덕분에 강의와 컨설팅 의뢰가 들어오기 시작했다. 일정만 겹치지 않는다면 가리야 한다. 내 기술보다 고객의 '페인 포인트'를 해결하는 일이 더 중요하다.

이 세 가지 다짐은 테스트웍스를 지탱해 준 단단한 뿌리가 되었고, 나 또한 더 나은 리더가 되어 가는 여정의 출발점이 되었다. 하지만 이 다짐들을 실현해 가는 길은 생각보다 훨씬 더 느렸고, 더 험난했다. 하나씩 무너지는 예측과 기대 속에서도, 나는 매일 다시 다짐했다. 빠르지 않아도 되니까, 멈추지만 말자고. 그렇게 테스트웍스는 서툴게 그러나 분명하게 첫 뿌리를 내리기 시작했다.

와의 대화를 반복했고, 세 가지 다짐을 하게 되었다.

첫째, 3년 안에 반드시 순이익을 낸다.
영업이익이 아니라, 실제로 손익계산서에 찍히는 순이익. 투자나 대출에 의존하지 않고 스스로의 모델로 지속가능성을 증명하지 못한다면, 사업은 접는다. 투자를 유치하는 데 에너지를 쓰기보다, 본질적인 비즈니스 구조에 집중한다.

둘째, 체면을 내려놓고 바닥부터 시작한다.
화려한 사무실이나 법인 차량은 없다. 가장 저렴하고 소박한 공간에서 일하고, 꼭 필요한 비용만 쓴다. 사람을 대할 때도 겸손함으로 무장하고, 누구든 성심껏 대한다.

셋째, 고객의 문제에 집중한다.
나의 기술이나 전문성에 갇히지 않는다. 고객이 겪는 문제에 더 집중하고, 그 해결을 위해 교육이든, 컨설팅이든, 아웃소싱이든, 어떤 방식이든 제공할 수 있어

"대표님 같은 분이 창업하면 한국에서 가장 어려움을 겪는 유형이라는 걸 알고 계셨나요?"
대기업에서의 경력이 나름 자산이라고 여겨 온 나로서는 다소 충격적인 말이었다.
"제 이력이 크게 나쁘지 않다고 생각했는데요."
컨설턴트는 고개를 끄덕이며 말했다.
"맞습니다. 그런데 대표님은 '을'의 입장에서 일해 본 적이 없으시잖아요? 한국 사회에는 특유의 '갑을' 문화가 있고, 초기 창업자는 보통 '병'이나 '정'의 입장에서 시작해요. 그걸 견디지 못하고 포기하는 대기업 출신 창업자가 많습니다. 또 기술 중심의 엔지니어 출신은 자기 솔루션이 가장 옳다고 믿는 경향도 있죠. 그런 점에서 대표님 같은 분들은 첫 3년을 넘기기 어려워요."
그 말을 듣고 머리를 한 대 얻어맞은 듯한 충격이 밀려왔다. 나는 더 이상 삼성전자의 수석연구원이 아니었고, 사회적기업을 창업한 대표였다. 지금 나에게 필요한 것은 기술보다 겸손이었고, 가진 것을 내려놓는 훈련이었다. 그 주말, 나는 깊은 침묵 속에서 스스로는지까지 함께 고민해야 한다는 문제의식에서 출발했다.

경력단절여성처럼 기존의 시스템 바깥에 머물러 있는 이들에게 기술의 문턱을 낮추고, 함께 성장할 수 있는 구조를 만드는 것, 그것이 내가 생각한 기술의 진짜 쓰임새였다. 테스트웍스는 바로 그 믿음 위에 세워진 회사였다.

당시만 해도 '소셜벤처'라는 개념은 생소했고, 기술 기반으로 사회 문제를 해결하며 수익을 내는 모델은 VC들에게 낯설었다. 나는 점점 투자 유치보다는 고객과 직원들에게 집중하겠다는 쪽으로 마음을 굳혔다. 이후 모든 VC 미팅 요청은 정중히 거절했다.

하지만 창업 생태계에서 만나는 사람들조차 내가 하려는 방향에 공감하기보다는 문제점을 지적하는 경우가 많았다. 선한 의도와 진심으로 시작한 일이었지만, 그 진심을 이해받는 일은 예상보다 훨씬 어려웠다. 그렇게 나는 이 길이 외롭고 지난한 싸움이 될 것이라는 걸 직감하게 되었다. 그러던 중 사회적기업 육성사업을 통해 한 창업 컨설턴트를 만났다.

다는 소식을 알리자, TIPS 프로그램 같은 지원 제도에 대해 소개해 주는 이들도 있었다. 운 좋게 기술 기반 스타트업에 주로 투자하는 VC들을 만나기도 했다. 그러나 그들에게 사업모델을 설명했을 때 돌아온 반응은 차가웠다.

"대표님의 이력은 훌륭하지만, 지금 말씀하신 사업모델에는 투자하기가 어렵습니다. 테스트웍스는 사회적인 사업처럼 느껴져요. 그냥 이 회사는 편하게 비영리처럼 운영하시고, 별도로 기술 기반 자동화 회사를 하나 더 만드시면 저희가 투자하겠습니다."

나는 단호하게 대답했다.

"저는 두 회사를 나눠서 운영할 생각은 없습니다. 테스트웍스가 취약계층을 고용하면서도 기술 기반 회사로 성장할 수 있다고 믿습니다. 그리고 지금은 잠재력이 있지만 기회를 얻지 못하는 분들에게 집중하고 싶습니다."

내가 사회적기업을 시작하게 된 계기는 단순한 선의나 동정심 때문이 아니었다. 기술이 진정한 가치를 갖기 위해서는, 그것이 누구에게 어떤 기회를 줄 수 있하지 못했던 것이다.

무기력한 채로 일주일을 집에서 보내자, 그 불안은 고스란히 아이들에게 전해졌다. 당시 초등학교 5학년이던 큰아이는 어느 날 우울한 표정으로 학교에서 돌아와 울먹였다.

"아빠가 왜 마이크로소프트나 삼성전자 같은 좋은 회사를 그만뒀는지 모르겠어요. 친구들이 그러는데, 사업하면 다 망한대요."

큰아이의 눈물을 보며 정신이 번쩍 들었다. 아이를 힘들게 한 건 대기업을 나와 사회적기업을 시작한 사실 자체가 아니라, 일주일 내내 집 안을 떠돌며 불안과 초조함을 숨기지 못한 나의 태도였을 것이다.

창업의 길은 결국 누구도 해 보지 않은 일을 실천해 나가는 여정이다. 수많은 불확실성과 위험을 마주하며 회의감, 불안, 초조, 우울 같은 부정적 감정들이 끊임없이 올라올 수 있다는 사실을 그때는 미처 깨닫지 못했다.

'일단 예전처럼 바쁘게 일하는 패턴을 만들어야겠다.'는 생각이 들었다. 지인들에게 연락해 사업을 시작했

회사를 지키기 위한 세 가지 다짐

호기롭게 삼성전자에 사표를 던지고 퇴사했지만, 한 가정의 가장으로서 생활을 책임져야 한다는 현실 앞에서 회사를 어떻게 꾸려 나갈지, 생계를 어떻게 이어 갈지 막막하기만 했다. 퇴사 후 첫 일주일은 막연한 불안감에 시달리며 잠을 이루지 못하는 날이 많았다. 법인을 설립하고, 직원도 생기고, 창업 육성사업에 지원하며 사업 계획도 세웠지만, 정작 '가장으로서의 삶을 어떻게 이어 갈 것인가'에 대한 고민은 깊이

길이 없는 곳에서
길이 된 사람들

다름과 연대가 보여 준 또 하나의 가능성

정식으로 퇴사하고, 마침내 테스트웍스의 대표이사로 새출발을 할 수 있게 되었다. 짧지 않았던 망설임의 시간을 지나, 내가 스스로 선택한 길 위에 단단히 발을 디딘 순간이었다.

하게 자리 잡았다. 하지만 이 모든 과정 역시 전무님을 설득하기 위한 하나의 단계라고 생각했고, 본사 인사팀의 최종 승인이 난 뒤 다시 판단해 보기로 마음을 정리했다.

며칠 후, 복잡한 생각을 잠시 떨쳐 내고자 회사 앞을 산책하던 중, 인사과에서 한 통의 전화가 걸려 왔다.

"윤 수석님, 지금 바로 회사로 들어오셔야겠습니다. 가능하실까요?"

"왜요?"

"본사 인사팀에서 재택근무 승인을 내지 않았습니다. 퇴사 의사를 밝히셨기 때문에, 퇴직 처리하라는 지시가 내려왔습니다."

나는 속으로 쾌재를 부르며, 밝은 목소리로 대답했다.

"감사합니다."

"네? 퇴사 처리되셨는데 감사하다고 말씀하시면 저희가 더 죄송하네요. 재택근무 승인이 나지 않아서 유감입니다."

"괜찮습니다. 바로 가서 퇴직서 쓰겠습니다."

2016년 3월. 복직한 지 3개월 만에 나는 삼성전자를 해 보겠다는 의사를 전할 수밖에 없었다.

"저처럼 부족한 사람을 이렇게까지 붙잡아 주셔서 감사합니다. 본사에서 재택근무 승인이 나면, 그때 다시 한번 퇴사에 대해 신중히 고민해 보겠습니다."

"윤 수석님, 저도 인사 업무 오래 했지만, 남자 직원에게 이렇게 재택근무 기회가 주어지는 건 정말 드문 일입니다. 왜 이런 기회를 굳이 포기하시려는 거예요? 삼성이 어떤 회사인지, 누구보다 잘 아시잖아요"

"네, 잘 알고 있습니다. 정말 좋은 회사죠. 복지도 좋고, 연봉도 높고요."

"조금 더 솔직히 말씀드리자면요, 윤 수석님처럼 퇴사한다고 해 놓고 사실은 경쟁사로 가는 경우가 종종 있습니다. 저희는 그게 걱정이에요. 그래서 이렇게라도 재택근무를 하며 회사에 계속 남아 계시는 게 훨씬 낫다고 생각합니다. 언젠가는 다시 회사에 기여하실 수 있을 테니까요."

인사과 면담을 마치고 나오는 길, 특별한 제안에 감사한 마음이 드는 동시에 재택근무를 하며 테스트웍스를 병행하는 건 결코 바람직하지 않다는 확신이 더 강겠습니다."

"윤 수석, 고집하고는. 정 그렇다면 제가 제안 하나 할게요. 일단 재택근무를 해 보는 건 어때요?"

"재택근무요? 삼성전자에 그런 제도가 있나요?"

"특별한 사정이 있는 임직원의 경우 재택근무가 가능하다고 하네요. 내가 인사팀에 이미 얘기해 뒀어요. 윤 수석을 놓치고 싶지 않아서 그렇습니다."

전무님의 말씀을 듣고 찾아간 인사과에서는 다음과 같이 설명했다. 회사 차원에서 나는 핵심 인재로 분류되어 놓치고 싶지 않은 인물이라는 것. 전무님의 재택근무 승인 역시 예외적으로 허락된 경우라는 것이었다. 현재 본사 인사팀에 재택근무 승인을 위한 결재가 올라가 있으며, 승인이 나면 6개월간 재택근무를 한 뒤 화성 사무실로 복귀하면 된다는 설명이었다.

인사과에서는 이를 '특별한 배려'라고 강조했지만, 나는 하루라도 빨리 퇴사해 테스트웍스에 전념하고 싶은 마음이 굴뚝같았다. 다만 퇴사 역시 함께 일한 사람들과의 관계를 정리하며 마무리하는 일이 중요하다고 생각했기에, 재택근무 제안에 대해 진지하게 고민감 있는 행동은 아니었다.

"최대한 빨리 정리하고 퇴사할게요."

"저희가 잘하고 있을게요. 너무 서두르지 마시고 천천히 생각하고 결정하셔도 돼요."

복직한 회사는 예전과 크게 달라진 것이 없었다. 직원들은 제품 출시를 위한 각종 이슈 해결에 분주했고, 수석연구원들은 실적 관리를 위해 끊임없이 경쟁하고 있었다. 물론 많은 동료와 팀원들은 나의 복귀를 반기며 따뜻하게 맞아 주었다.

나는 곧바로 감사 대응 업무에 투입되었고, 마치 휴직을 한 적도 없다는 듯이 정신없이 업무에 몰입했다. 복직 후 받은 두둑한 월급봉투에 잠시 안도의 숨을 내쉬기도 했다. 그러나 마음은 쉽게 업무에 집중되지 않았다. 이미 마음은 다른 곳, 테스트웍스를 향하고 있었다. 한 달 동안 전무님의 지시에 따라 감사 대응을 성실히 수행한 뒤, 나는 다시 퇴사 의사를 밝히기 위해 전무님 방의 문을 두드렸다.

"전무님, 아무리 생각해도 직원들이 눈에 밟혀서 회사를 더는 다닐 수 없을 것 같습니다. 퇴사하는 게 좋

기어코 다시 퇴사하기

"대표님, 삼성전자는 너무 좋은 회사잖아요. 복직해서 계속 다니셔도 돼요. 저희 때문에 그만둘 이유는 없어요."

삼성전자 복직 사실을 직원들에게 전하자, 정은미 팀장이 웃으며 말했다. 막상 직원들을 마주하니, 끝내 퇴사를 관철시키지 못한 나의 우유부단함이 무척 후회스러웠다. 이제 막 시작한 회사의 대표가 예전 직장으로 다시 돌아가다니. 직원들을 생각하면 결코 책임

사직서를 제출한 뒤 당당히 회사를 나서려던 나의 계획은 결국 물거품이 되었다. 오후 5시가 넘은 시각, 퇴근을 준비하는 사람들로 붐비는 엘리베이터에 몸을 실으며 퇴사를 향한 나의 단단했던 결심은 '현실'이라는 이름 앞에 조용히 무너져 내렸다. 인사과에 들러 복직원을 내고 돌아오는 길, 석양에 비친 나의 그림자는 그날따라 유난히 길고 무겁게 늘어져 있었다.

인 월급은 어떻게 하시려고요? 아직 아이들도 어리고, 앞으로 키우는 데 돈도 많이 들 텐데요."

"네, 사실 그런 걱정이 없지는 않습니다."

내가 일부 수긍하는 태도로 답하자, 큰 소리로 다그치던 전무님은 목소리를 낮추며 부드럽게 말을 이었다.

"윤 수석, 아시겠지만 요즘 반도체 분야에서 소프트웨어 비중이 계속 높아지고 있어요. 소프트웨어 품질 문제로도 골치가 아픈데, 윤 수석 같은 사람이 얼마나 필요한지 아세요? 육아휴직 해 주고 6개월을 기다려 준 것도 그 때문이에요. 지금 소프트웨어 개발 감사도 진행 중이니, 일단은 컨설팅한다고 생각하고 복귀해서 편하게 다녀 보세요. 좋은 일 하는 것도 좋지만, 경제적으로 숨통도 좀 틔워야지요."

예상보다 훨씬 완강하게 퇴사를 반대하시는 전무님의 설득을 나는 끝내 거절하지 못했다. 무엇보다 감사 대응과 제품 개발로 고생하고 있을 팀원들을 외면할 수 없었기에, 나는 일단 복직하겠다고 말씀드리고 전무님 방을 나올 수밖에 없었다.

전무님을 설득해 퇴사를 마무리하고, 인사과에 들러

업을 연계하려 했던 일들과 그 일이 여의치 않아 하니웰과 직접 프로젝트 계약을 맺고 이들을 고용하게 하며 창업하게 된 과정을 차근차근 설명했다.

"윤 수석, 참 재미있는 사람이네요. 저는 윤 수석이 한 얘기는 안 들은 걸로 하겠습니다. 들어보니 좋은 일 하신 것 같은데, 사회적기업이라는 건 거의 비영리 아니에요? 그러면 회사 다니면서 주말에 하세요. 일단 복직하시죠."

"전무님, 이 일은 회사 다니면서 병행할 수 있는 성격이 아닙니다. 이제는 제대로 한번 해 보고 싶습니다."

"윤 수석, 회사 운영해 본 적 있어요? 그게 얼마나 힘든 일인데요. 하니웰과 계약한 규모는 어느 정도예요? 삼성에서 받던 연봉 수준은 나오나요?"

전무님의 질문에 자신감 있던 내 목소리는 다소 작아졌다. 전무님은 내가 가장으로서 가장 걱정하고 있던 부분을 정확히 짚었다.

"계약 규모는… 아주 미소합니다. 직원 3명의 월급과 4대 보험 정도만 커버할 수 있는 수준입니다."

"그러니까 그게 어떻게 영리 기업이에요? 윤 수석 본

드려야 할 것 같아요. 모레 오후 전무님 일정이 괜찮으니 그때 미팅 일정 잡아 드릴게요."

"네, 알겠습니다."

이틀 후, 나는 오랜만에 마주한 익숙한 사무실 복도에서 심각한 얼굴로 일에 몰두하고 있는 동료들과 어색한 눈인사를 나누며 전무님 방 앞으로 향했다. 전무님 앞에서 퇴사 사유와 테스트웍스 창업 과정을 설명하려고, 준비해 온 스크립트를 머릿속에 차분히 떠올리며 심호흡을 했다. 그리고 노크를 했다.

"들어오세요."

"안녕하세요, 전무님. 육아휴직이 끝나서 인사드리러 왔습니다."

"윤 수석이네! 내가 얼마나 기다렸는지 알아요? 그런데 박 책임한테 들으니 퇴사한다고요?"

"네, 전무님. 휴직하는 동안 평소에 하고 싶었던 일을 한번 해 보았습니다. 경력단절여성을 교육하고 고용까지 이어지게 하다 보니, 의도치 않게 회사를 설립하게 되었습니다."

나는 준비해 둔 대로, 경력단절여성을 교육시키고 취

는 삼성전자로 돌아가지 않을 사람처럼 경력단절여성들을 교육했고, 이미 테스트웍스라는 법인을 설립해 직원을 고용한 상태였다. 당연히 회사에는 이 사실을 알리지 않았고, 나는 자연스럽게 퇴사할 생각을 하고 있었다. 어떻게 사직서에 사인을 받아 퇴직 절차를 밟을 수 있을지를 고민하던 차에 박 책임에게 전화가 온 것이다.

"제가 전화드린 이유는 육아휴직 기간이 곧 끝나니 회사에 복직하시라는 말씀을 드리려고요."

"네, 그런데 이제는 정말 퇴사를 해야 할 것 같아요. 사실 저도 막 연락드리려던 참이었어요."

"네? 그게 무슨 말씀이세요? 전무님께서는 윤 수석님은 무조건 복귀하셔야 한다고 하세요. 퇴사는 절대 안 된다고 하시고요. 요즘 본사에서 소프트웨어 개발 관련 감사도 나왔는데, 윤 수석님이 오셔서 감사 대응을 도와주셨으면 좋겠다고 하십니다."

"그런데 제가 개인적으로 신상에 변화도 있고요. 퇴사를 진행하면 좋겠습니다."

"아이고, 수석님. 그럼 전무님을 직접 찾아뵙고 말씀

삼성전자 퇴사 실패

"오랜만에 전화드립니다. 그동안 잘 지내셨죠?"
6개월 전 통화 기록이 남아 있는 낯익은 이름으로 전화가 걸려 왔다. 전무님의 스태프로 일하는 박 책임은 늘 그렇듯 친근하고 밝은 목소리로 안부를 물었다.
"네, 오랜만입니다."
'아, 육아휴직 기간이 끝나 가고 있구나.'
박 책임에게 반갑게 인사를 건넸지만, 당황한 기색을 감출 수 없었다. 나는 육아휴직 기간 동안 마치 다시 당시에는 변변한 사무실조차 없어, 고객사 1층 카페에서 근로 계약을 하기 위해 식은땀을 흘리며 계약서를 내밀었다. 정은미 님은 서류를 꼼꼼히 보지도 않고 사인을 했다.

"일할 기회를 주셔서 감사합니다. 열심히 하겠습니다. 그런데 당연히 4대 보험은 되는 거죠?"

나는 서툴게 계약서를 가방에 챙기며 웃으며 대답했다.

"정은미 님은 테스트웍스의 정규직 1호 사원이 되신 거예요. 정규직인데 4대 보험은 당연히 되는 거죠. 우리 한번 열심히 해 봅시다. 그리고 세상을 깜짝 놀라게 해 봐요."

이 한 장의 서류가 앞으로 나를 어떤 길로 이끌지, 그때는 알 수 없었다.

와 계약하는 방식이 좋겠습니다. 저는 윤석원 님처럼 이 분야를 잘 아는 분이 직원들을 관리해 주신다면 더 안심하고 맡길 수 있을 것 같아요."

"네? 저보고 회사를 만들라고요?"

잠시 머리가 멍해졌다. 나는 직접 고용보다는 이들의 취업을 연계하고, 나에게 들어오는 교육이나 테스트 컨설팅 프로젝트로 수익을 내려고 했었다. 정 여의치 않으면 휴직 중인 회사에 복직할 계획이었기 때문이다. 당시 나는 회사를 어떻게 창업하고 운영할지에 대한 구체적인 계획이 없었고, 사무실도 직원도 없는 상태였다. 회사를 설립하고 직원을 고용하는 일은 큰 부담이었고, 책임감도 막중했다.

그러나 이 방식이 고객과 교육생 모두에게 최선이라면, 받아들일 수밖에 없다는 결론에 다다랐다. 그날 저녁 식사 후, 나는 H 부장님에게 2차 벤더로 계약을 맺고 교육생들을 직접 고용하겠다고 확답했다. 그렇게 나는 '테스트웍스'라는 이름의 회사를 만들고, 경력단절여성 3명 중 가장 연장자인 정은미 님과 근로계약을 체결하게 된 것이다.

나는 마음을 졸이며 3개월 동안 자주 전화를 걸어 조언을 아끼지 않았다. 200시간의 교육을 수료했지만, 오랜만에 다시 직장 생활을 시작하고 새로운 직무에 도전하다 보니 업무 습득 속도는 대학생들보다 느릴 수밖에 없었다.

그러나 이들은 반드시 재취업하고 싶다는 열망으로 누구보다 성실하게 일했고, 시간이 지날수록 업무 성과는 기대 이상으로 향상되기 시작했다. 이들을 꼭 재취업시키고 싶다는 나의 간절함이 전해진 걸까. 2개월쯤 지난 어느 점심 식사 자리에서 H 부장님은 이들을 계속 고용하고 싶다고 말했다.

나는 하니웰과 이들이 정식 고용 계약을 체결하면, IT 분야에서 경력단절여성의 재취업을 이끄는 첫 번째 사회적 가치 프로젝트가 성공적으로 마무리된다고 생각했다. 그런데 그 기쁨은 H 부장님의 뜻밖의 제안 앞에서 오래가지 못했다.

"그런데 아시겠지만, 저희는 외국계 회사라 헤드카운트를 늘리는 게 까다롭습니다. 직접 고용은 어렵고, 윤석원 님이 회사를 만들어 이분들을 고용하고 저희

습할 수 있는 기회를 달라고 부탁했다. 그리고 2주 뒤, H 부장님으로부터 연락이 왔다. 교육 수료생 중 3명을 실습생으로 채용하고 싶다는 내용이었다. 나는 기쁜 마음으로 우수한 성적으로 수료한 5명의 이력서를 부장님께 전달했다. 그런데 곧이어 걸려 온 부장님 전화에는 당혹스러운 기색이 역력했다.

"경력단절여성이라고만 하셨지, 저보다 나이 많은 40대라는 말씀은 안 하셨잖아요?"

나는 선입견 없이 일단 면접만 보시라고 간청했고, 부장님은 나이가 너무 많은 한 명을 제외하고는 면접을 보겠다고 하셨다. 결국 3명이 실습생으로 선발되어 하니웰에서 3개월간 인턴으로 근무하게 되었다.

정식 취업에 앞서 하니웰 같은 훌륭한 회사에서 실습할 기회를 얻게 된 것은 정말 반가운 일이었다. 아직 많은 교육생에게 기회가 주어지진 않았지만, 이들이 업무 성과를 내는 모습을 보여 준다면 더 많은 경력단절여성에게 기회가 생길 거라는 확신이 들었다. 그래서 이 3명이 실습 기간을 잘 마치고 정식으로 재취업하는 것이 무엇보다 중요했다.

못했다. 더군다나 직장 생활 대부분을 엔지니어로 살아온 나에게 근로계약서를 작성해 직원과 계약하는 일은 매우 낯설고 어렵게 느껴졌다. 누군가를 고용한다는 것은 곧 책임을 진다는 의미였고, 나는 지금 내가 무언가 큰 사고를 치고 있다는 예감에 사로잡혔다. 교육을 마친 경력단절여성들의 고용을 연계하기 위해 백방으로 뛰어다녔지만, 현실은 쉽지 않았다. 그러던 중 기적처럼 테스팅 관련 컨퍼런스에서 외국계 테스팅 회사인 하니웰의 H 부장님을 만났다.

"윤석원 씨가 200시간 이상 직접 교육한 분들이잖아요. 저희는 외국계 회사라서 역량이 있다면 경력은 크게 상관하지 않습니다."

H 부장님은 마침 본인 부서에 소프트웨어 테스트 업무가 많고, 기존에는 대학생 실습생들을 많이 활용했는데, 실습 기간이 끝나면 학교로 복귀해 관리가 어렵다고 이야기했다.

"이분들은 성실하고 절박하기 때문에 한번 기회를 주시면 쉽게 그만두지 않으실 겁니다."

나는 자신 있게 말씀드리며, 일단 3개월만이라도 실

어쩌다, 창업

"여기에 사인하면 되나요?"

2015년 12월, 정은미 님과 나는 구로디지털단지의 한 카페에 앉아 있었다. 추운 겨울이 성큼 다가와 대부분의 사람들이 따뜻한 옷차림으로 카페의 온기에 추위를 녹이고 있었지만, 나는 처음 써 보는 근로계약서를 정은미 님에게 내밀며 식은땀을 흘렸다.

근로계약서상 '갑'은 나이고 '을'은 정은미 님이었지만, 계획에 없던 직원 고용에 나는 당혹감을 감추지으로 기회조차 주어지지 않는 냉혹한 현실을 받아들여야 했다. 강의 첫날 호기롭게 했던 약속이 본의 아니게 거짓말이 되고 말았다.

쉽지 않을 것 같습니다."라는 답변이 돌아왔다. 그럴 때마다 "제발 인터뷰할 기회라도 주세요."라고 읍소했고, 다행히 몇몇 기업에서 인터뷰를 하겠다는 약속을 받아 낼 수 있었다. 하지만 결과는 모두 부정적이었다.

"열정과 의지는 훌륭한데, 나이가 너무 많아요."

"솔직히 같은 연봉이라면 신입사원을 뽑는 게 나을 것 같아요."

나는 평소 친분이 있던 한 소프트웨어 테스트 기업 대표에게 다시 전화를 걸어 간절히 부탁했지만, 그 역시 난색을 표했다.

"윤 수석님, 한번 생각해 보세요. 윤 수석님도 외주업체와 일해 보셨잖아요. 외주업체 직원이어도 젊은 사람이 일하는 게 더 효율적이잖습니까?"

실력과 열정만 있다면 나이에 상관없이 충분히 일할 수 있을 거라 믿었던 나의 가설은 현실 앞에서 무너지고 말았다. 열심히 하면 반드시 취업할 수 있을 거라는 말도 결국 그저 희망 섞인 위로에 불과했다. 결국 나는 능력과는 무관하게 단지 나이가 많다는 이유만 직무로 복귀하지 못하는 것은 큰 사회적 손실 아닌가. 나는 이분들을 제대로 교육하기 위해 더 많은 시간을 투자하며 교안을 준비할 수밖에 없었다. 당연히 교육의 질은 자연스럽게 높아졌다.

열심히 한 덕분일까. 교육생 중 80%가 국제 자격증을 취득했다는 소식이 들려왔다. 보통 국제 자격증은 현업자들도 50% 정도의 합격률을 보이는데, 경력단절 여성들이 현업 경력 없이도 자격증을 취득했다는 것은 정말 놀라운 결과였다. 이는 자격증 취득을 위한 실라버스를 거의 외우다시피 했다는 말과 다르지 않았다. 대단한 열정과 집념이었다.

나는 이들의 열정에 보답하고자, 평소 알고 지내던 국내 소프트웨어 테스트 기업 대표들에게 전화를 돌렸다. "제가 200시간 동안 교육하고 국제 자격증을 취득한 분들이 계시는데, 혹시 인력이 부족하지 않으신가요? 이분들에게 일할 기회를 주시면 좋겠습니다." 대부분 처음에는 긍정적으로 반응했다. 하지만 "그런데 이분들이 나이가 좀 많습니다. 대부분 40대 이상입니다."라고 덧붙이면, "아, 나이가 너무 많으시네요.

그리 높지 않습니다. 그리고 전문적인 코딩 기술보다는 제품의 스펙을 이해하고 고객의 입장에서 제품을 테스트해야 하기 때문에 개발자보다는 인문학적 소양이 필요합니다. 그래서 비전공자가 이 분야로 취업하는 경우도 많고, 여러분처럼 경력이 단절되었어도 충분히 하실 수 있는 분야입니다. 그 대신 부탁드리고 싶은 것은 절대 수업에 빠지지 마시고, 국제 자격증을 꼭 취득하라는 겁니다. 그리고 일할 기회가 왔을 때 정규직에 집착하지 마시고 단기 프로젝트 계약직 업무도 가리지 말고 해 보시라는 것입니다."

나의 설명에 교육생들의 표정이 한결 부드러워졌다. 그렇게 나는 우리나라 최초의 경력단절여성 대상 소프트웨어 테스터 양성 교육을 담당하는 강사로 첫발을 디디게 되었다.

200시간의 교육이 끝날 즈음, 나는 두 가지 특징을 발견했다. 첫째는 대부분의 교육생이 고학력자라는 점이고, 둘째는 그들의 수업 집중도와 재취업 의지가 매우 강하다는 것이었다. 이러한 고학력 여성들이 육아로 인하여 경력이 단절되고, 그 때문에 사회에 동일한 던졌다. 인사과 직원의 냉소적인 말에도 불구하고 '의미 있고 조금 더 가슴 설레는 일을 하고 싶다.'는 내 생각에는 변함이 없었다. 이것이 바로 내가 평일 오전에 강의를 할 수 있게 된 연유였다.

휴직을 결정한 후 마주한 첫 교실에는 10년 넘게 경력이 단절된 여성들이 모여 있었다. 그들은 신세 한탄을 하며 정말 재취업이 가능한지 여러 차례 되물었다.

"우리 같은 사람들은 마트나 화장품 외판원밖에 일자리가 없다고요."

"IT 분야도 한번 멋지게 도전해 보고 싶은데, 매번 자격증만 따고 끝나서 아쉬워요."

소프트웨어 테스터 양성 교육을 신청한 교육생들은 이미 여성인력센터에서 다양한 교육을 수료한 이가 대부분이었다. 하지만 여러 교육을 이수했어도 양질의 일자리 찾기는 하늘의 별 따기였다. 반복된 실패와 좌절은 새로운 분야에 도전하는 것 자체를 더욱 회의적으로 만들고 있었다.

"여러분이 무엇을 걱정하는지 충분히 이해했습니다. 소프트웨어 테스팅 분야는 개발보다 재취업의 장벽이

서는 이런 사례를 보지 못해서요."

"물론 수석님 같은 분이 육아휴직을 쓰는 건 이례적입니다. 하지만 전무님께서 퇴사하시는 건 꼭 막고 싶어 하셔서요. 전문 인력이 퇴사하는 것보다는 휴직 후 복귀하시는 게 회사에도 더 도움이 될 것 같아 권유하신 겁니다."

생각지도 못한 육아휴직이라니. 나는 전무님을 다시 찾아가서 사직서를 제출하고 싶었지만, 주변의 수석 연구원들 모두가 만류했다. 막상 퇴사해서 계획했던 일을 하다가 잘못될 수도 있고 다시 회사로 돌아오고 싶은 생각이 들 수도 있으니 휴직이 좋겠다는 의견이 대부분이었다.

더군다나 본인들은 육아휴직을 하고 싶어도 쉽지 않은데, 회사에서 먼저 육아휴직을 권하니 얼마나 좋으냐고들 했다. 듣고 보니 그런 것도 같아서 나는 퇴사보다 육아휴직을 택하는 것으로 결정했다.

"수석님, 여러 가지 사유로 휴직하는 분들 대부분이 돌아오세요. 밖이 생각보다 많이 춥고 힘들대요."

휴직계를 내던 날 인사과 직원이 의미 있는 한마디를

"육아휴직이요?"

육아휴직은 전혀 생각하지 못한 옵션이었다. 그저 한시라도 빨리 새로운 일을 시작하고 싶었기 때문이다. 전무님은 곧바로 인사과에 문의해 보겠다고 하셨다.

"인사 담당자에게 내가 연락해 볼게요. 일단 퇴사는 받아들일 수 없고 육아휴직을 해서 가정을 좀 돌보고 다시 돌아와서 회사 일 열심히 하세요."

육아휴직이라니. 당시 남자 직원이 삼성전자에서 육아휴직을 했다는 말은 들어 보지 못했기에 나는 적잖이 당황했다. 아마도 퇴사를 재고하라는 차원에서 하신 말씀이라 생각하고, 나는 내일 다시 전무님을 찾아가 사직 의사를 밝히려고 마음먹었다.

그리고 한 시간쯤 뒤, 낯선 번호로 전화가 걸려 왔다. 나는 인사과 직원일 것이라 짐작하고 받았다.

"수석님, 인사과입니다. 전무님 요청으로 육아휴직 가능 여부를 확인해 봤는데요. 막내 아드님 생일이 만 10세가 되기 일주일 전이네요. 작년에 남성도 육아휴직을 쓸 수 있도록 정책이 바뀌었습니다."

"저 같은 나이 든 남자 직원도 가능한가요? 제 주변에

리 돌아온 지 얼마 되지 않았는데 그만두겠다고 하자 그룹장은 크게 놀라며 만류했다. 가정을 돌봐야 한다는 원론적인 이유를 전했지만, 내 마음은 이미 새로운 여정에 대한 설렘으로 가득 차 있었다.

막상 전무님을 뵙고 퇴사 의사를 밝히는 순간, 속마음은 흔들렸다. '경력단절여성을 가르친다.'는 이야기를 차마 꺼낼 수 없어, 업무 강도로 인해 가정에 충실하기 어렵다는 평범한 사유를 꺼냈다. 전무님은 의아한 표정으로 물으셨다.

"윤 수석, 모시고 오기 쉽지 않았다는 거 알잖아요. 출퇴근이 힘들면 가까운 곳으로 이사 오는 건 어때요?"

"아버지가 잠실에 계셔서 모시고 살아야 해서요. 동탄으로 이사하는 건 현실적으로 힘들 것 같습니다. 특별한 방법이 없으니 퇴사를 허락해 주시면 감사하겠습니다."

전무님은 한참 동안 고민하시더니 흥미로운 제안을 하셨다.

"막내 나이가 어떻게 되지? 요즘은 남자도 육아휴직이 되던데, 알아보는 게 좋겠어요."

교육 첫날, 거짓말을 했다

"소프트웨어 테스터라는 직무를 200시간만 공부하면 업무를 충분히 할 수 있을까요?"
"마흔이 넘은 우리 같은 사람도 정말 취업이 될까요?"
2015년 가을, 나는 거짓말처럼 은평여성인력센터에서 첫 강의를 시작하게 되었다. 내 앞에는 열다섯 명의 경력단절여성들이 눈동자를 빛내며 앉아 있었다.
라일엽 부장의 전화를 받은 날, 나는 그룹장에게 퇴사 의사를 전했다. 재입사가 어려운 삼성전자에 어렵사 쉽지 않은 일이지만, 그만큼 재미있고 의미 있을 것 같았다. 설명할 수 없는 설렘이 마음 깊이 요동쳤다. 그렇게 나는 새로운 가능성을 향한 끌림을 안고 삼성전자 사무실로 들어서고 있었다.

하시더라고요. 고학력자 분들도 많은데…. 그래서 예전에 강의하셨던 소프트웨어 테스터 양성 과정을 제안했더니, 다행히 선정됐어요. 강의를 맡아 주실 수 있을까 해서요."

"와, 이직하신 후에도 좋은 일을 하시네요. 제안해 주셔서 감사해요. 그러면 혹시 주말 과정으로 개설하실 수 있나요?"

"그건 어려워요. 대부분 전업주부라 평일 오전에 수업을 들어야 하거든요."

"제가 새벽 출근에 밤늦은 퇴근이라 평일 오전 강의는 불가능할 것 같은데요."

"정말 아쉽네요. 혹시 삼성전자 퇴사하고 강의해 주시면 안 될까요?"

그녀는 엉겁결에 '퇴사'라는 말이 나왔다고, 무례한 부탁을 해서 죄송하다며 전화를 끊었다. 그런데도 내 심장은 크게 뛰기 시작했다.

'경력단절여성을 교육한다고? 십여 년간 가정에 머물렀던 분들을 IT 전문가로 키워 내고, 실제로 취업까지 돕는다?'

생각이 멈춘 그 순간, 버스는 이미 삼성전자 정문 앞에 멈춰 있었다. 나는 버스에서 내리며 어젯밤에 받아 두고 읽지 않은 문자 메시지를 꺼내 들었다.

"라일엽입니다. 교육 관련해 상의드릴 일이 있는데, 시간 되실 때 전화 부탁드립니다."

라일엽. 몇 해 전 탈북 청년을 위한 IT 교육을 할 때 만난 담당자였다. 2년간 소식이 끊겼던 그녀가 무슨 일로 연락해 온 걸까. 이른 아침이었지만, 나는 호기심을 참지 못하고 곧장 전화를 걸었다.

"여보세요?"

"안녕하세요, 라일엽입니다."

그녀의 목소리는 여전히 밝고 명랑했다.

"윤석원입니다. 이른 시간에 죄송해요."

"아니에요. 삼성전자 들어가신 뒤로 너무 바쁘시다는 얘길 들었어요."

"아, 네. 그런데 무슨 일로 연락하셨나요?"

"사실 제가 은평여성인력센터로 자리를 옮겼어요. 이곳에 와 보니 육아로 경력이 단절된 여성분들이 취업을 원하지만, 대부분 단순 노무직 위주로 일자리를 구성 사업장. 세계 최고의 반도체 회사이자 대한민국에서 손꼽히는 '최고의 직장'이다. 그러나 이 버스에 탄 사람들 중에 과연 몇이나 설렘과 열정을 품고 출근길에 올랐을까.

"뭘 고민해? 그냥 다녀야지. 와이프랑 아이들 생각하면…."

"우리가 지금 이 나이에 갈 데가 어딨어? 이 연봉 줄 곳도 없고…."

어제 회식 자리에서 동료들이 내뱉던 자조 섞인 농담이 떠올랐다. 이토록 안정적이고 화려한 직장에서 핵심 인력으로 좋은 대우를 받으면서도 나는 왜 행복하지가 않을까? 나도 모르게 머릿속으로 수없이 했던 퇴사 시나리오를 다시 꺼내 보았다.

먼저 통장에 남은 잔고와 차곡차곡 쌓아 둔 적금을 떠올렸다. 괜찮지 않을까? 그러나 아직 초등학교에 다니는 두 아들과 전업주부인 아내를 생각하면 결단은 쉽지 않았다. 여러 경우를 곱씹어 본 끝에 나는 한숨을 쉬며 마음속 사표를 다시 집어넣을 수밖에 없었.

'그래. 아이들이 좀 더 클 때까지는 다녀야지.'

그냥 퇴사하시면 안 돼요?

새벽을 뚫고 쏟아지는 햇살이 유난히 따스했던 그날, 나는 평소처럼 아파트 입구에서 대기 중인 출근 버스에 몸을 실었다. 차가운 새벽바람을 헤치고 달려온 버스는 꽉 찬 승객들로 공기마저 탁했다.
그런 만원 버스에서 창가 자리를 잡은 건 행운이었다. 나는 의자에 몸을 기댄 채, 차창 밖으로 스쳐 가는 풍경을 멍하니 바라보았다. 이 버스에는 45명의 승객이 타고 단 하나의 목적지로 향한다. 삼성전자 화

다수로 살아온 내가, 소수를 향해 걸어간 이유

평범한 길에서 만난 낯선 질문 하나

업가치 1000억 원을 인정받는 사회적기업으로 성장할 수 있었다.

사회적기업이라서 여기까지 올 수 있었던 것인지, 사회적기업임에도 여기까지 왔는지 오랫동안 자신에게 물어 왔지만 좀처럼 답을 내릴 수 없었다. 하지만 이제는 우리가 만든 작은 변화들이 결국 더 나은 세상을 만들기 위한 가장 강력한 '임팩트'였다고 분명하게 말할 수 있다. 누군가에게는 생애 첫 발걸음을 내딛는 출발점이 되었고, 누군가에겐 다시 일어설 수 있는 희망이 되었다. 이제 그 가능성을 더 많은 기회로 확장해 가려 한다. 임팩트를 향한 우리의 무한한 도전은 이제 막 시작되었을 뿐이다.

2025년 여름, 윤석원

고 이 책은 바로 그 순간들 사이사이에 놓인 질문과 선택, 가능성과 성장에 대한 기록이다.

나는 삼성전자에서 안정된 커리어를 이어 가던 수석 소프트웨어 엔지니어였다. 하지만 어느 순간, 더 나은 기술보다 더 나은 '세상'에 대해 고민하기 시작했다. 장애인도 경력단절여성도 탈북 청년도 '함께 일할 수 있는' 조직을 만들 수는 없을까. 기술이 누군가를 밀어내는 도구가 아니라, 다시 삶의 안쪽으로 불러들이는 문이 될 수는 없을까. 그 질문 하나로 나의 시선은 다수의 중심에서 소수의 주변으로 옮겨 갔다. 그리고 그곳에서 '가능성'이라는 희망을 마주하게 되었다. 물론 성장 과정은 결코 화려하지 않았다. 우리는 수없이 넘어졌고, 매뉴얼도 없었으며, 때로는 답 없는 시간을 견뎌야 했다. "사회적기업이 되긴 해?"라는 조롱 섞인 말도 많이 들었다. 하지만 그 속에서 사람이 중심이 되고, 경력보다 의지를 먼저 보는 조직의 철학이 자라나기 시작했다. 그 믿음 위에 수많은 실패와 아주 작은 성공들이 차곡차곡 쌓여 우리는 어느덧 기

프롤로그

"세상은 언제나 다수의 언어로 말하지만, 변화는 늘 소수의 도전에서 시작된다."

휠체어를 탄 베트남의 한 젊은이가 자율주행 데이터를 검수하는 모습. 긴장한 얼굴로 처음 이메일을 보내던 탈북 청년 충성이. 그리고 "이 회사가 있어서 제 인생이 바뀌었어요."라고 말하던 경력단절여성의 떨리던 목소리.

나는 그 장면들을 절대 잊을 수 없다. 겉으로는 소소하고 조용한 순간일지는 몰라도, 내게는 삶의 방향을 완전히 바꾸어 놓은 분기점들이었기 때문이다. 그리

3 비전을 말할 때보다, 철학을 지킬 때 인재가 온다
기술의 본질은 사람이고, 사람의 본질은 철학이기 때문이다

- 첫 번째 투자를 받다 • 94
- 연봉 대신 가치를 택한 사람들 • 101
- '디지털 뉴딜'이라는 거대한 파도 • 108
- 혹독한 성장통 • 115

4 멈춰 선 뒤에야 보이는 것들
무너지고, 돌아서고, 그럼에도 다시 시작하는 이유

- 급격히 찾아온 번아웃 • 122
- 바닥의 끝 • 127
- 끝이 아닌 또 다른 시작 • 133
- 경계를 넘어 해외로 나아가다 • 140
- 우리의 경쟁력은 사람이다 • 147
- 변화의 시작 • 154

에필로그 • 158

처음을 만드는 일,
그것이 우리가 선택한 가장 조용한 혁명이었다.

목차

프롤로그 • 6
세상은 언제나 다수의 언어로 말하지만,
변화는 늘 소수의 도전에서 시작된다.

1 다수로 살아온 내가, 소수를 향해 걸어간 이유
평범한 길에서 만난 낯선 질문 하나

- 그냥 퇴사하시면 안 돼요? • 10
- 교육 첫날, 거짓말을 했다 • 15
- 어쩌다, 창업 • 24
- 삼성전자 퇴사 실패 • 30
- 기어코 다시 퇴사하기 • 36

2 길이 없는 곳에서 길이 된 사람들
다름과 연대가 보여 준 또 하나의 가능성

- 회사를 지키기 위한 세 가지 다짐 • 44
- 초려草廬에 깃든 빛 • 51
- 우연한 동행 • 57
- 자폐성 장애인과의 운명적인 만남 • 62
- 편견이라는 거대한 벽 • 74
- 이윤보다 이유가 먼저인 기업 • 85

Calling
콜링

어느 날 대기업 부장에게 찾아온 운명의 시그널
1000억 사회적기업을 만들다

Calling
콜링

윤석원

가장 위대한 사역

초판 1쇄 인쇄 / 2005년 11월 25일
초판 1쇄 발행 / 2005년 11월 30일

지은이 / 한 진 환
펴낸이 / 김 수 관
펴낸곳 / 도서출판 영문
122-070 서울시 은평구 역촌동 10-82
☎ (02) 357-8585
FAX • (02) 382-4411
E-mail • kskym49@yahoo.co.kr

출판등록번호 / 제 03-01016호
출판등록일 / 1997. 7. 24

파본은 교환해 드립니다.
본 출판물은 저작권법으로 보호 받는
저작물이므로 출판사나 저자의 허락없이
무단 전재나 무단 복제를 할 수 없습니다.

정가 7,500원
ISBN 89-8487-187-7 03230
Printed in Korea

토인들의 드럼소리가 들려옵니다. 밤새도록 전쟁의 드럼소리는 계속되었습니다. 가이드는 공포에 몸을 떨었습니다. 그린 선교사도 마음이 불안해졌습니다. 그러나 그는 그 순간에 시편 121:5절의 "여호와는 너를 지키시는 자라 여호와께서 네 우편에서 네 그늘이 되나니." 하는 말씀을 암송하면서 불안한 마음을 달랬다고 합니다. 선교사역을 그렇게 시작했습니다. 그가 수년간 복음을 전하고 안식년을 맞아서 고국으로 가기 위해 이번에는 보트를 타고 강을 내려오게 되었습니다. 그런데 보트가 마을 앞에 이를 때마다 원주민들이 몰려나와서 그린 선교사를 전송합니다. 보트가 시야에 들어올 때 그들은 드럼을 울리는 것이 아니라 우렁찬 찬송을 불렀습니다. "주 예수 이름 높이어 다 찬양 하여라. 금 면류관을 드려서 만유의 주 찬양, 금 면류관을 드려서 만유의 주 찬양." 한 때는 전쟁의 드럼을 울려대는 사람들이 불과 몇 년 만에 여호와 하나님을 찬양하는 거룩한 성도로 바뀌어 있었습니다.

 복음에는 그렇게 위대한 능력이 있습니다. 교회는 그렇게 사람을 바꾸는 능력이 있습니다. 만왕의 왕이 우리와 함께 하시기 때문입니다.

누가 나를 위해 기도하고 있다는 것을 알면 참 든든합니다. 저는 고교 시절 부뚜막에서 어머니가 도란도란 기도하는 소리에 잠이 깨곤 했습니다. 잠결에도 그 소리가 얼마나 청아하게 들리는지요. 그 기도소리가 쟁쟁하면 하루 종일 그렇게 든든할 수가 없습니다. 학원 백 개 다니는 것보다도 더 힘이 됩니다. 사람이 기도해 주는 것도 그렇게 힘이 되는데 만약에 하늘에서 주님께서 나를 위해 기도한다는 것을 안다면, 그 쟁쟁한 기도소리를 들을 수만 있다면, 우리 삶에 그보다 더 큰 힘이 어디 있겠습니까? 로버트 머레이 먹체인은 "만일 내가 그리스도께서 나를 위해 기도하는 음성을 들을 수만 있다면 나는 백만의 적들도 두려워하지 않을 것이다."라고 했습니다.

그러니 보세요. 만왕의 왕께서 우리를 눈동자같이 지키고 계시지요. 우리 자신이 이미 그분과 함께 원수가 손 못 대도록 하늘에 앉힌 자가 되었지요. 그분은 날마다 우리를 위해 하늘에서 중보의 기도로 도와주시지요. 이렇게 우리는 3중 4중의 능력에 둘러싸여 사는데 삶이 무기력하다는 것은 말이 안 됩니다. 교회가 패배주의에 사로잡히는 것은 말이 안 되는 소리입니다.

조지 그린 선교사가 전해 준 체험담입니다. 처음 아프리카의 선교 현지에 떨어졌을 때 그는 조그만 보트를 타고 정글을 가로질러 강을 따라서 올라갔다고 합니다. 해는 지고 사방에 어두움이 깔렸습니다. 그런데 어디선가 정적을 뚫고 원주민니'라는 말은 과거형입니다. 미래에 그렇게 될 것이라는 것이 아니라 이미 그런 위치에 있다는 말입니다.

하나님의 자녀된 성도는 이미 원수 마귀가 손 못 대는 놀라운 권세자가 되었습니다. 누가복음 16:19절을 보십시오. "내가 너희에게 뱀과 전갈을 밟으며 원수의 모든 능력을 제어할 권세를 주었으니 너희를 해할 자가 결단코 없으리라." 여기에 원수는 능력을 가졌지만 우리는 그것을 제어할 권세를 가졌다고 합니다. 흙더미를 가득 실은 덤프트럭은 지축을 흔들며 지나갑니다. 그렇지만 그 큰 덤프트럭도 교통순경 손가락 하나에 꼼짝 없이 서지 않습니까. 덤프트럭은 엄청난 힘을 가졌지만 교통순경은 그것을 제압할 수 있는 권세를 가졌습니다. 마찬가지로 사탄은 엄청난 능력을 가졌지만 하나님의 자녀들은 그것을 능히 제압할 수 있는 권세를 가졌습니다.

둘째로는 로마서 8:34절을 보세요. "그는 하나님 우편에 계신 자요 우리를 위하여 간구하시는 자시니라." 하나님 우편에 계신 그리스도는 우리를 위해 간구하고 계신다고 합니다. 여기 간구는 intercession, 즉 중보기도를 가리킵니다. 만왕의 왕이요 만주의 주께서 우리를 위하여 하늘 보좌에서 드리는 중보의 기도는 얼마나 능력 있는 기도이겠습니까? 그것은 땅위에서 심한 통곡과 눈물로 드리던 기도하고는 다릅니다. 그것은 실패가 없는 기도입니다. 응답 되지 않을 것이 없는 기도입니다.

습니다. "우리에게 이김을 주시는 하나님께 감사하노니"(고전 15:57). "이 모든 일에 우리가 넉넉히 이기느니라"(롬 8:37).

　이것 보면 오늘날 교회는 무언가 잘못되었습니다. IMF 바람이 한번 부니까 '선교사도 철수해야 되겠다,' '교회 재정도 동결이다,' '교역자도 구조 조정해야 되겠다.' 고 야단입니다. '이제는 사람이 안 모인다,' '성장이 스톱했다,' '주일학교가 안 된다,' '중고등부가 예전 같지 않다.' 건물은 얼마나 훌륭합니까? 재정은 초대 교회하고 비교할 수도 없을 만큼 풍성하지 않습니까? 그런데 왜 이토록 무기력합니까? 만왕의 왕이신 그리스도를 알지 못하기 때문입니다. 그분이 지금 교회의 머리로 계신다는 이 놀랍고 영광스러운 사실을 확신하면 무기력한 패배주의는 말끔히 사라질 수 있습니다.

영광스러운 특권

　그리스도께서 승천하심으로 우리에게 주어진 두 가지 특권이 있습니다. 첫째는 에베소서 2:4절에 나타나 있습니다. "긍휼에 풍성하신 하나님이 우리를 그리스도와 함께 살리셨고 또 함께 일으키사 그리스도 예수 안에서 함께 하늘에 앉히시니." 우리도 그리스도와 함께 모든 정사와 권세와 능력을 다스릴 수 있도록 하늘에 앉히었다고 하는 것입니다. 여기 '앉히시

이, 그런 시시한 것은 없지마는 우리에게는 전능하신 왕 그리스도가 계신다. 그 분 이름으로 명하노니 당장 일어나서 걸으라." 거기에 역사가 일어났습니다.

유대교 지도자들이 사도들을 붙잡아다가 공회 앞에 세우고는 온갖 위협을 가할 때 베드로의 대답이 무엇입니까? "만일 병인에게 행한 착한 일에 대하여 질문한다면 너희와 모든 이스라엘 백성들은 알라. 너희가 십자가에 못 박고 하나님이 죽은 자 가운데서 살리신 나사렛 예수 그리스도의 이름으로 이 사람이 건강하게 되어 너희 앞에 섰느니라. . . 다른 이로서는 구원을 얻을 수 없나니 천하 인간에 구원을 얻을 만한 다른 이름을 우리에게 주신 일이 없음이니라."(행 4:9-12)

얼마나 통쾌합니까? 불과 얼마 전까지만 해도 종 하나가 "너도 나사렛 예수당이지?" 하니까 벌벌 떨며 부인하던 베드로가 아닙니까? 그런데 지금은 대제사장과 그 문중들, 관원들, 장로들, 서기관들이 다 모인 그 어마어마한 위세 앞에서도 눈 하나 깜짝 안하고 "당신들 똑똑히 알아라. 나사렛 예수 외에는 구원 받을 이름이 없다." 위에 왕이신 그리스도를 모시고 있으니 도대체가 두려움이 사라져버렸습니다.

무엇이든지 만왕의 왕이신 예수의 이름으로 기도하면 역사가 나타났습니다. 병자를 위해 기도하면 병이 나았고, 귀신을 꾸짖으면 귀신이 도망가고, 하루에 수천 명씩 회개하는 역사가 나타났습니다. 그래서 사도들은 입만 열면 승리를 고백했다. 그는 사탄의 머리를 깨뜨리시고 마지막 원수인 사망을 극복하셨습니다. 만왕의 왕, 만주의 주가 되셔서 모든 정사와 권세와 능력들 위에 높이 되셨습니다. 온 세계 교회의 머리가 되셔서 교회를 붙들어주시고 도와주시고 역사해 주실 수 있게 되었습니다. 승천은 그와 같이 우리 주님이 왕위에 오르시는 대관식 퍼레이드와도 같은 사건입니다.

여러분은 이런 생각 해 본 일이 없습니까? '예수님 당시에 살았던 사람들은 얼마나 영광스러웠을까? 예수께서 죽은 자도 살리시고, 군대 귀신도 쫓아내시고, 바람과 바다도 잔잔케 하시는 것을 직접 눈으로 목격할 수 있었던 그 당대 사람들은 얼마나 축복 받은 사람들인가.' 아니요. 그 주님은 그래도 인간의 연약함 가운데 둘러싸여 있었던 분입니다. 지금 우리 가운데 계신 주님은 그야 말로 전능한 왕이시오, 열방의 통치자로 살아계십니다. 그 분 모시고 사는 우리는 훨씬 더 축복 받은 사람들이요 특권을 누리고 있는 사람들입니다.

그래서 사도들은 예수님의 승천을 목도한 후에 삶이 180도로 달라져버렸습니다. 베드로는 성전에 올라가다가 미문에서 구걸하는 앉은뱅이를 보고는 무어라고 말합니까? "은과 금은 내게 없거니와 내게 있는 것으로 네게 주노니 곧 나사렛 예수 그리스도의 이름으로 걸으라." 얼마 전까지만 해도 "주여 사람들이 이렇게 많은데 우리가 무슨 돈으로 이들을 먹이겠습니까?" 하고 쩔쩔매던 사람들이 이제는 보십시오. "금덩이, 은덩

아 귀하다 그의 이름 갈보리 산의 어린 양
귀한 생명 버리셨네 예수 복된 예수

영화롭게 되심

승천은 예수께서 영화롭게 되셨다는 것을 의미합니다. 에베소서 1:20절을 보십시오. "하나님이 그리스도를 죽은 자들 가운데서 다시 살리시고 하늘에서 자기의 오른편에 앉히사 모든 정사와 권세와 능력과 주관하는 자와 이 세상 뿐 아니라 오는 세상에 일컫는 모든 이름 위에 뛰어나게 하시고 또 만물을 그 발아래 복종케 하시고 그를 만물위에 교회의 머리로 주셨느니라." 예수께서 승천해서 보좌 우편에 앉으신 것은 그분이 하늘과 땅의 모든 권세를 가진 영화로운 왕의 자리에 오르셨다는 것을 의미한다는 말입니다. 예수님이 하늘에 오르셨다는 것은 그분이 공간적으로 저 먼 하늘(sky)로 떠나가셨다는 말이 아니라 바로 만물 위에 왕으로 등극하셔서 만유를 능력으로 다스리게 되셨다는 것을 의미합니다.

사도들이 승천을 목도하고 기쁨으로 충만하게 된 것은 바로 그 사실을 깨달았기 때문입니다. 예수님은 땅위에 계실 때는 인간의 연약성을 지고 계셨습니다. 자주 핍박도 받으시고 방해도 받으셨습니다. 그러나 이제는 그를 방해할 자가 없습니고 o표, x표를 칠 필요가 없습니다. ox를 하려면 우리의 대제사장이신 예수님에 대해서 ox를 해야 하는데 예수님은 x표는 없고 전부 o표고, 부활 승천에 이르면 대문짝 같은 O표입니다. 할렐루야!

이 사실을 깨닫는 순간 나는 정말로 천로역정에 나오는 기독도와 같이 나를 짓누르던 무거운 짐이 한 순간에 사라진 것을 느꼈습니다. 그 해방감, 그 자유, 그 기쁨을 무엇으로 표현할 수 있겠습니까. 베게에 얼굴을 파묻고 울고 또 울었습니다. 가슴이 벅차서 그렇게 울어보기는 처음이었습니다. 그리고는 한 주간 동안을 발이 공중에 붕 뜬 것 같은 시간을 보냈습니다. 구원의 확신은 단지 죽으면 천국 간다는 것에 그치는 것이 아니었습니다. 온 세상이 달라보였습니다. 길가는 사람이 어떻게 그렇게 사랑스러운지요. 콩나물시루 같은 버스간도 그렇게 행복할 수가 없습니다. 분명히 전에는 껄끄럽던 사람인데 미움의 감정이 다 사라져버렸습니다. 전에는 가정교사 자리가 나타나지 않으면 전전긍긍했는데 그 걱정이 다 사라져버렸습니다. 마음속에 한 가지 소원은 어떻게 하면 주님 향한 사랑을 불태울 수 있을까 그것뿐이었습니다. 그 때 제가 늘 불렀던 복음송을 소개합니다.

> 내 사랑하는 그 이름 예수 복된 예수
> 내 귀에 음악 같도다 예수 복된 예수

라고 흘린 것이라는 것을 집요하게 파헤치고 있었습니다. 출애굽 시에 이스라엘 백성들은 양을 잡아 하나님의 사자들 보라고 피를 문밖에 발랐습니다. 하나님의 사자들은 그것을 보았고, 만족했고, 그래서 그냥 넘어갔습니다. 집안의 사람들이 피의 가치를 가지고 이러쿵저러쿵 할 필요가 없었습니다. 대제사장도 짐승의 피를 가지고 오직 하나님 보시라고 혼자 지성소에 들어가서 피를 언약궤 위에 뿌렸습니다. 하나님은 보셨고, 만족하셨고, 그래서 백성들의 죄는 속량함을 받았습니다. 마찬가지로 십자가 위에서 예수 그리스도도 하나님 보시라고 피를 흘리셨습니다. 죄는 하나님께 대한 반역이기 때문에 속죄의 피도 마땅히 하나님 앞에서 흘려져야 합니다. 하나님은 그 피를 보셨고, 만족하셨습니다. 그 증거가 예수님을 다시 살리셔서 하늘로 올리신 것입니다.

그렇다면 다 끝난 것 아닙니까? 피의 가치에 대해서는 내가 판단할 수 있는 것이 아닙니다. 하나님만이 판단하실 수 있는 것이고, 하나님은 충분하다고 하셨습니다. 그렇다면 내가 할 일은 그리스도께서 완성하신 그 사역을 믿고 그저 감사함으로 받아들이면 되는 것입니다. 내가 헤맸던 이유는 그리스도가 완성하신 그 객관적인 사역에 의지하지 않고 자꾸 내 의, 내 공로에 의지하려고 했기 때문입니다. 내 의 가지고 천국 가려고 하는 것은 가랑잎 붙들고 태평양 바다를 건너가려고 하는 것 같은데 그것을 몰랐던 것입니다. 도대체 내 자신을 바라보시련이 와도 '하나님이 정말 나를 사랑하시는가?' '하나님이 정말 살아 계신가?' 하고 신앙이 뿌리 채 흔들립니다. 신앙생활에 기쁨도 없고 감사도 없습니다.

저도 학창시절에 구원의 확신이 없어서 많이 헤맸습니다. 모태에서부터 교회를 다녔고 교회에서는 모범학생에다가 학생신앙운동 위원장까지 했지마는, 사실은 구원의 문제가 해결되지 못했습니다. 노력도 엄청나게 했습니다. 일기장에 체크리스트를 열 가지 만들어 매일 체크했습니다. 첫째, 매일 성경 한 장 읽고 15분 기도할 것. 둘째, 거짓말은 절대로 하지 말 것. 셋째, 여학생을 절대로 곁눈질해서 보지 말 것 등등, 열 가지 체크 리스트를 만들어 놓고 지켰으면 o표, 어겼으면 x표를 하면서 제대로 살아보려고 발버둥을 쳤습니다. 그런데 한 달 후에 일기장을 뒤적여보면 전부 x표고 가뭄에 콩 나듯 o표가 하나씩 섞여있으니 '이래 가지고 내가 어떻게 하나님 앞에 설 수 있겠나?' 하고 절망하지 않을 수 없었습니다.

대학교 2학년 어느 여름날, 친구들은 모두 하기봉사 떠나고 혼자서 하숙집에 틀어박혀 워치만 니의 「정상적인 그리스도인의 생활」을 읽고 있었습니다. 그 책은 로마서 강해서인데 바로 나를 위해 써놓은 책 같았습니다. 저자는 '예수 그리스도가 피를 흘린 것이 우리를 위해서냐 하나님을 위해서냐?'라는 이상한 질문으로 시작하고 있었습니다. 그러면서 예수님이 피를 흘린 것은 우리 보라고 흘린 것이 아니라 하나님 보시를 가지고 땅의 지성소로 나아갈 필요가 없습니다.

여러분, 예수님이 우리 죄를 위해 죽으셨지만 하나님이 과연 그의 대속의 죽음을 충분한 것으로 받으셨는지 어떻게 알 수 있습니까? 예수님이 아무리 죽으셔도 하나님이 그분의 죽음을 인류를 대속하기에 충분한 것으로 인정해야지 그렇지 않으면 아무 소용이 없지 않습니까? 승천이 바로 그 질문에 대한 대답입니다. 하나님이 예수 그리스도를 하늘에 올리시고 보좌 우편에 앉히신 것, 그것은 하나님이 그의 대속의 죽음을 인정하시고 받으셨다는 것을 선언하는 것입니다. 인류를 구원하라고 그 아들을 땅에 보내신 하나님은 이제 다시 그 아들을 하늘에 앉히심으로 그의 대속의 사역을 만족하게 받으셨다는 것을 선언하십니다. 그러므로 승천 사건은 하나님이 구속사역의 완성을 선포하는 큰 도장을 꽝하고 치시는 것과 같습니다.

이것은 얼마나 놀랍고 감사한 일인지요! 다시는 구원의 확신이 없어서 갈팡질팡할 필요가 없습니다. 아직도 죄책이 두렵고, 내가 정말 심판을 받지 않는 것인지 미심쩍고 불안한 사람이 있다면 위엄의 우편에 앉아계신 그리스도를 바라보십시오.

성도들 가운데 구원의 확신이 분명치 않은 사람이 의외로 많습니다. "오늘 죽어도 반드시 천국 간다고 확신하는 분 손 들어 보세요." 하면 삼분의 일이 채 손을 들지 못합니다. 구원을 확신하지 못하니 그 생활은 보나마다 뻔합니다. 조그마한

님께서 엿새 동안 천지만물을 창조하시고 이레 되는 날에 쉬셨다는 것과 같습니다. 사람이 언제 쉽니까? 모든 일을 다 마친 후에 쉽니다. 일이 만족스럽게 마쳐졌을 때에 쉽니다. 그러므로 예수님이 위엄의 우편에 앉으셨다는 말은 죄를 정결케 하는 구속사역을 다 완성했다는 선언과도 같은 행동입니다.

구약시대에 대제사장은 짐승의 피를 가지고 하나님께로 나아갔습니다. 일 년에 한번 이스라엘 12지파의 이름을 가슴에 품고 모든 백성들의 죄를 지고 나아갑니다. 성소를 지나 휘장을 통과해서 지성소로 나아가 언약궤 위, 시은소에 짐승의 피를 뿌립니다. 그렇게 거룩하신 하나님 앞에 피의 제사를 드림으로 백성들의 모든 죄를 속량함을 받을 수 있었습니다. 그러나 이런 대제사장의 사역은 그림자와 같은 것입니다. 예수님이 그 속죄의 사역을 완성하셨습니다. 히브리서 9:12절에 "그리스도는 염소와 송아지의 피로 아니 하고 오직 자기 피로 영원한 속죄를 이루사 단번에 성소에 들어가셨느니라."고 했습니다. 10:12절에는 "오직 그리스도는 죄를 위하여 한 영원한 제사를 드리시고 하나님 우편에 앉으사"라고 했습니다.

여기서 히브리서 저자는 그리스도께서 하나님 우편에 앉으신 것을 하늘의 성소에 들어간 것으로 말씀합니다. 옛날 대제사장이 지성소에 들어간 것은 그림자에 불과한 것이요, 이제 그리스도께서 보혈을 가지고 하늘의 지성소에 들어감으로 그것이 완성되었다고 합니다. 그래서 더 이상 우리는 짐승의 피좌 앞으로 얼마든지 올라갈 수 있다는 것을 보여주신 것입니다. 식사도 같이 하고 잠도 같이 자고 수없이 대화도 나누었던 예수께서 하늘로 올라가셨다는 것은 이제 우리에게도 하늘 가는 사닥다리가 환하게 드리웠다는 것을 보여주는 것이 아니고 무엇이겠습니까.

이것은 얼마나 굉장한 사실입니까. 우리는 절대자에게 도달하기 위해서 해탈을 해야 되는 것도 아니고 윤회를 거듭하면서 억겁의 세월을 기다려야 하는 것도 아닙니다. 예수님이 경계를 다 허물어버리셨습니다. 그리고 우리를 그곳으로 초청하십니다. 나팔소리가 나면 우리는 홀연히 신령한 몸으로 변화될 것입니다. 그래서 공중으로 끌어올려져서 영광스러운 그 나라에 들어갈 것입니다. 할렐루야!

구속사역의 완성

승천은 또한 예수 그리스도의 구속사역이 완성되었음을 증거합니다. 히브리서 1:3절은 "그의 능력의 말씀으로 만물을 붙드시며 죄를 정결케 하는 일을 하시고 높은 곳에 계신 위엄의 우편에 앉으셨느니라."라고 증거합니다. '앉는다'는 것은 일이 완수되었다는 뜻입니다. 일이 남아있으면 서 있지마는 사람이 앉는다는 것은 일이 다 끝났다는 말입니다. 마치 하나

하자면 승천을 두 눈으로 똑똑히 보았기 때문에 그분은 하늘에서 내려오신 분이 분명하고 참 하나님인 것이 분명하다는 말입니다.

그래서 승천 사건을 목도하자 제자들은 든든한 확신 위에 설 수 있었던 것입니다. 사실 제자들 중에는 예수의 부활 소식을 들으면서도 반신반의 하는 자도 있었습니다. 그러나 승천을 목격하자 더 이상 의심의 여지가 없게 되었습니다. 하늘로 가신 그분은 하늘에서 오신 것이 분명했습니다. 이제 그들에게는 태초부터 계셨던 하나님을 삼년 반이나 모시고 살았다는 영광만이 가득했습니다. 그래서 거리로 달려 나아가 담대하게 예수의 승천 소식을 외치지 않을 수가 없었습니다.

신학자 칼 바르트는 "하나님은 하늘에 계시고 우리는 땅에 있다."라고 말했습니다. 창조주와 피조물 사이에는 영원과 순간만큼이나 엄청난 갭이 있다는 뜻입니다. 그러나 성육 사건을 통하여 하나님은 그 갭을 허물어버리셨습니다. 하나님이 사람이 되셔서 땅위에 오신 것입니다. 사도요한이 "말씀이 육신이 되어 우리 가운데 거하시매 우리가 그 영광을 보니 아버지의 독생자의 영광이요 은혜와 진리가 충만하더라."라고 탄성을 발한 그대로입니다.

그런데 하나님은 다시 한 번 이 경계선을 허무십니다. 승천 사건이 바로 그것입니다. 사람이신 예수를 하늘로 올리심으로 땅과 하늘의 경계를 허무십니다. 그것은 우리도 하나님의 보

모든 것이 끝나고 놀라움이 진정되자 제자들의 마음에는 기쁨이 샘물같이 솟기 시작합니다. 도무지 가만히 있을 수가 없었습니다. 그래서 거리로 달려 나아가 "나사렛 예수가 다시 살아나서 하늘로 올리셨다."고 소리 높여 외치기를 시작합니다. 도대체 승천이 무슨 의미로 다가왔기에 그들이 이처럼 흥분하고 있습니까?

신성의 증거

승천은 예수 그리스도의 신성(神性)을 증명해주는 사건입니다. 주님이 하늘로 올라가신 것은 그분의 본래의 아이덴티티가 무엇이었는지를 보여줍니다. 그분은 자신의 주장대로 정말 하나님이셨고, 위로부터 내려오신 분이고, 그럼으로 때가 되매 이제 다시 본래의 처소를 향해 올라가신 것임을 승천은 보여줍니다. 에베소서 4:9-10절은 이렇게 증거합니다. "올라가셨다 하였은즉 땅 아랫 곳으로 내리셨던 것이 아니면 무엇이냐 내리셨던 그가 곧 모든 하늘 위에 오르신 자니 이는 만물을 충만케 하려 하심이라." 여기서 예수님의 성육과 승천은 동전의 양면과도 같은 것임을 가르쳐줍니다. 올라가신 것이 사실이면 내려오신 것도 믿지 않을 수 없고, 내려오신 것이 사실이면 올라가신 것을 못 믿을 하등의 이유가 없다는 것이지요. 말운 헌신이 추억으로 서려있는 곳입니다. 여기서 제자들은 놀라운 광경을 목도하게 됩니다.

  모든 말씀을 마치신 주님은 언덕에 이르러 못자국도 선명한 손을 들어 무리를 축복하기 시작하십니다. 그 축복의 말이 끝나기도 전에 그의 몸은 서서히 공중으로 오르기를 시작합니다. 제자들은 벌린 입을 다물지 못하고 그 광경을 쳐다보고 있습니다. 평화로운 베다니 마을을 발아래로 하고 저만치 공중으로 올린 주님은 이제 햇살을 받아 그 몸이 더욱 찬란한 광채를 발합니다. 그 광경은 아주 천천히 진행되었습니다. 그래서 더욱 선명하게 제자들의 뇌리에 남아있었을 것입니다.

  그들은 주님의 부활의 순간은 목도하지 못했습니다. 그들이 만난 것은 이미 신령한 몸으로 변화되신 주님이셨지 그분이 어떻게 죽음의 사슬을 끊고 일어나시는지는 보지 못했습니다. 그러나 지금 이 승천의 순간은 그들 모두가 뚫어지게 바라보는 가운데 그것도 서서히 진행되는 것이었기에 그들의 흥분은 더했을 것입니다. 신비스러운 구름이 와서 주님의 몸을 가리고 더 이상 보이지 않게 되었을 때 흰옷 입은 두 천사의 소리가 생생하게 들립니다. "갈릴리 사람들아 어찌하여 서서 하늘을 쳐다보느냐 너희 가운데서 하늘로 올리신 이 예수는 하늘로 가심을 본 그대로 오시리라." 이 소리는 그들이 본 광경이 생생한 현실임을 주지시킵니다. 그들이 목격한 것은 결코 어떤 내적 환상이나 착시현상에 의한 것이 아님을 말해줍니다.

었습니다. 본문에도 승천을 지켜보는 제자들의 마음에는 큰 기쁨이 있었다고 합니다. 사도행전을 보면 사도들은 십자가와 부활 뿐 아니라 승천을 소리 높여 증거 합니다. 사도행전 2:33절에 사도 베드로는 "하나님이 오른손으로 예수를 높이시매 그가 약속하신 성령을 아버지께 받아서 너희 보고 듣는 이것을 부어 주셨느니라." 하고 외칩니다. 오순절 성령강림은 예수님의 승천이 있었기에 가능했다는 것입니다. 승천이 도대체 무슨 의미가 있기에 사도들은 이렇게 승천의 중요성을 강조하는 것일까요?

승천, 그 영광의 날

부활하신 지 사십일 째 되던 날 우리 주님은 열 한 제자와 함께 말씀을 나누면서 감람산 기슭을 걷고 계셨습니다. 제자들은 행복감이 넘쳤을 것입니다. 십자가에 죽으셨던 주님이 이제는 원수도 손댈 수 없는 신령한 몸이 되셔서 자기들과 함께 계시니 얼마나 든든했겠습니까. 그 주님이 성경을 풀어주실 때 그 말씀들은 얼마나 은혜로웠겠습니까.

이제 그 일행은 베다니에 다다랐습니다. 베다니는 주님에게나 제자들에게나 잊을 수 없는 곳입니다. 주님이 피곤하실 때마다 자주 쉬어가던 곳이고, 마리아와 마르다 자매의 아름다 우리는 흔히 그리스도의 구속사역을 얘기할 때 승천에 대해서는 생략해버릴 때가 많습니다. 십자가의 죽음, 부활, 그리고는 승천은 빼 먹고 바로 재림으로 건너뛰는 것입니다. 그리스도의 승천하심에 대해서는 별 의미를 부여하지 않습니다. 그것은 승천이 구속사역에 있어서 어떤 의미를 가지는지를 잘 알지 못하기 때문입니다.

구속사의 잊혀진 사건, 승천

가정예배를 드리면서, 아빠가 예수님이 십자가 고난을 받으신 후에 부활 승천하셔서 하늘에 올라가셨다고 하니까 어린 아들이 끼어들었습니다. "난 하나님이 예수님에게 무슨 말을 하셨을지 알아요. '넌 이제 꼼짝 말고 여기 머물러라. 아니면 또 다시 너에게 안 좋은 일이 일어날지 몰라.' 하셨을 거야." 그 아이는 승천을 어떻게 생각하고 있습니까? 그저 예수께서 지상을 떠나 안전한 곳, 어려움이 없는 곳으로 옮겨가신 정도로 생각하고 있지요.

그런 식으로 승천의 의미를 잘 알지 못하기 때문에 우리는 승천에 대해서는 간과해버릴 때가 많습니다. 그러나 예수님의 승천은 그렇게 간과해버려도 좋은 사건이 아닙니다. 승천을 직접 목격한 제자들에게는 그것은 엄청난 의미를 가진 사건이

12. 승천하신 그리스도

예수께서 저희를 데리고 베다니 앞까지 나가사 손을 들어 저희에게 축복하시더니 축복하실 때에 저희를 떠나 (하늘로 올리우) 시니 저희가 (그에게 경배하고) 큰 기쁨으로 예루살렘에 돌아가 늘 성전에 있어 하나님을 찬송하니라

누가복음 24:50-53

이 말씀을 마치시고 저희 보는 데서 올리워가시니 구름이 저를 가리워 보이지 않게 하더라 올라가실 때에 제자들이 자세히 하늘을 쳐다 보고 있는데 흰 옷 입은 두 사람이 저희 곁에 서서 가로되 갈릴리 사람들아 어찌하여 서서 하늘을 쳐다보느냐 너희 가운데서 하늘로 올리우신 이 예수는 하늘로 가심을 본 그대로 오시리라 하였느니라

행 1:9-11

것일세. 자네가 살아야 한다는 것은 나의 뜻이네. 그러나 내가 하나님의 이름을 영화롭게 하기 위해 일하고 있기 때문에 하나님은 반드시 나의 기도를 이루어주시리라 확신하네." 간병인이 병상에 있는 니코니우스에게 이 편지를 읽어주었습니다. 그러자 니코니우스는 자리를 털고 일어났습니다. 그로부터 6년을 더 살면서 그는 루터를 도와 종교개혁의 대업을 훌륭히 수행했습니다.

하나님의 영광에 삼키운 사람이라면 세상의 그 어떤 것도 가로막을 수 없습니다. Soli Deo Gloria!(오직 하나님의 영광!) 그것만을 위해 사는 사람에게는 그 어떤 장애도 장애가 되지 않습니다. 오직 하나님이 그의 편이 되시기 때문입니다.

이제 엘라 골짜기에는 이스라엘 군대의 승리의 함성이 진동하고 있습니다. 그 기쁨에 찬 함성과 함께 아침의 태양이 찬란한 빛을 발하고 있습니다. 역사는 이제 새로운 한 페이지를 넘기고 있습니다. 그리고 그 가운데에는 다윗이 우뚝 서 있습니다. 그는 더 이상 양 치는 목동이 아니라 하나님의 백성들 앞에 우뚝 선 위대한 지도자였습니다. 이 다윗의 이야기가 여러분 모두의 이야기가 되시기를 바랍니다.

신다면 그냥 견딜 수 없이 괴롭습니다."

이 의분을 간직한 사람은 능력있는 사역을 감당할 수 있습니다. 그는 오직 하나님의 영광만을 위해 나섰기 때문에 하나님이 그와 함께 하시는 것은 너무나 당연합니다. 다윗을 보세요. 본문 45절에 "너는 칼과 창과 단창으로 내게 오거니와 나는 만군의 여호와의 이름 곧 네가 모욕하는 이스라엘 군대의 하나님의 이름으로 네게 가노라."라고 선언합니다. 그것으로 전투는 끝입니다. 골리앗을 힐끗 보니 이마가 얼마나 넓은지요. 남들은 거인이라고 떠는데 다윗이 보니 '야, 이마팍이 저렇게 넓은데 눈 감고 던져도 맞겠다.' 그래서 물맷돌을 휙 집어던지니 그 조그만한 돌이 그냥 미사일이 되어서 그 이마에 정통으로 꽂혔습니다.

사울은 다윗에게 자기 갑옷을 입혀보려고 애를 썼습니다. 그럴 필요 없습니다. 내 속에 하나님의 영광을 위하는 거룩한 열정만 있다면 무기는 아무래도 좋습니다. 차돌이든 방망이든 하나님은 미사일로 바꾸십니다.

마르틴 루터에게 오른팔 같은 동역자가 있었는데 바로 프레데릭 니코니우스입니다. 그런데 이 사람이 병으로 죽어가면서 루터에게 고별 편지를 보냈습니다. 그 편지를 읽고 루터는 이렇게 답장을 썼습니다. "나는 자네가 더 살 것을 하나님의 이름으로 명령하네. 교회를 개혁하는데 자네가 필요하기 때문에 하나님은 내게 자네가 죽었다는 소식을 듣게 내버려두지 않을

의분이 곧 능력이다

헨리 마틴은 영국의 명문 캠브리지 대학을 수석으로 졸업하고 세인트존스 대학에 교수로 봉직하고 있다가 부름을 받았습니다. 그는 모든 것 다 버리고 선교사로 인도로 갔습니다. 그는 캘커타의 한 허물어져가는 힌두교 사원에 살면서 선교에 전적으로 헌신했습니다. 그는 그 땅의 백성들이 아무 생각없이 우상숭배 하는 것을 보면서 견딜 수 없이 괴로워서 늘 이렇게 기도했다고 합니다. "하나님, 저들을 위해서라면 차라리 나를 당신을 위한 번제물로 삼으소서."

한번은 한 회교도 친구가 농담 삼아 이런 말을 했습니다. "압바 미르자 왕자가 너무 많은 크리스천을 죽이니까 예수가 모하메드에게 제발 그를 천국에 들어오지 못하게 해 달라고 빌었다." 그 말을 듣고 마틴 선교사가 몇 날을 잠을 이루지 못하는 것을 보고 회교도 친구가 "그게 그렇게 심한 말입니까?" 하고 물었습니다. 마틴 선교사는 이렇게 대답했다고 합니다. "만일 그리스도께서 영광을 받지 못하신다면 나는 참을 수 없습니다. 그리스도께서 이렇게 모독을 받는다면 그런 세상은 내게는 지옥입니다. 왜냐고요? 만약 당신이 두 눈이 뽑힌다면 왜 고통스러운지 이유가 있겠습니까? 그저 몸에 붙어있는 신체의 일부니까 고통스러운 것이지 거기에 무슨 이유가 있겠습니까? 나도 그리스도에 붙어있기 때문에 그분이 모독을 받으하는 이유가 죽은 영혼 살리는 그 일이기 때문에 하는 것이지요. 그렇게 영혼에 대한 집착을 가질 수 있는 것은 하나님의 영광이 드러나기를 원하는 열망 때문입니다. 우상숭배 하던 헛된 입술이 변하여 하나님을 찬양하는 복된 입술이 되기를 원하는 간절한 마음 때문입니다.

우리 주님을 보세요. 성전이 온통 장사꾼으로 뒤덮인 것을 보고 주님은 상을 뒤집어엎고, 채찍을 휘두르면서 장사꾼들을 내어쫓으셨습니다. 열에 들뜬 사람 모양 이리 뛰고 저리 뛰는 주님의 모습을 보면서 의아해 할 수도 있습니다. '주님이 왜 그렇게 흥분하실까? 다혈질인가? 주님이 왜 그렇게 하십니까? 하나님의 집이 인간의 욕심으로 짓밟힘을 받는 것을 보고 감당할 수 없는 의분을 느끼신 것입니다. 마태복음 21:13절에 "내 집은 기도하는 집이라 일컬음을 받으리라 하였거늘 너희는 강도의 굴혈을 만드는도다."라고 외치셨습니다. 제자들은 그 모습을 보면서 "주의 전을 사모하는 열심이 나를 삼키리라."고 했던 시편의 예언을 떠올렸다고 합니다(요 2:17). 우리 주님은 하나님의 집, 하나님의 영광을 사모하는 열심에 삼킴을 당한 분이셨습니다.

우리는 너무 점잖은 것 아닌가요? 내 이익에는 한없이 민감하면서, 내 이름 내는 데는 한없이 열을 올리면서, 주의 영광에는 미지근하기 짝이 없는 우리가 아닌가요?

냐? 너희가 믿은 신이 참 신인지 내가 믿는 여호와가 참 신인지 만 백성이 알도록 오늘 한번 붙어보자." 그것 아닙니까? "내가 만군의 여호와 하나님을 위하여 열심이 특심하오니 이는 이스라엘 자손이 주의 언약을 버렸음이라."(왕상 19:10) 그에게는 갈멜산 제단의 불보다도 더 뜨거운 하나님의 영광을 사모하는 불이 활활 타오르고 있었습니다.

바울 사도가 2차 선교여행을 하다 아덴에 도착했을 때 그에게 충격을 준 것은 헬라문화의 웅장함 때문이 아니었습니다. 사도행전 17:16에 "온 성이 우상이 가득한 것을 보고 마음에 분하여."라고 했습니다. 가득찬 우상, 제단들, 그 앞에 절하는 어두운 군상들을 보면서 그의 마음은 의분으로 들끓었습니다. 어떻게 하나님께 돌아가야 할 영광이 썩어질 금수와 버러지 형상의 우상에게 돌아갈 수가 있는가? 그래서 바울은 아레오바고 광장에서 지칠 줄 모르는 열정으로 복음을 외쳤습니다. 전도의 힘은 거기서 나오는 것입니다.

전도를 의무감에서 하는 사람이 있습니다. 명색이 직분자라고 하면서 한 영혼도 구원하지 못하면 되겠나 하는 의무감에서 합니다. 어떤 사람은 교회 성장을 위해 전도합니다. 그러다 보니 다른 교회에서 문제가 생겨 오는 사람도 덥석덥석 받습니다. 한국 교회의 무 분별한 수평이동은 참 문제입니다. 전도는 결코 교회 몸집 불리기 위해서 하는 것이 아닙니다. 교회의 본질적 사명이기 때문에 하는 것이지요. 교회가 땅위에 존재가 없어서 그냥 박차고 일어선 것입니다. 그런 다윗을 하나님은 주목해 보시고 그들 들어 사용하십니다. 왜냐 하면 그는 온전히 하나님의 편에만 선 사람이기 때문입니다. 다른 이들같이 '골리앗을 죽이면 왕이 사위로 삼는다더라', '엄청나게 재물을 준다더라.' 하는 말에 현혹되는 것이 아니라 오직 여호와 하나님을 사모하고 그 영광만을 위해 가슴이 불타고 있었기 때문입니다.

지금 이 엘라 골짜기의 전투는 그냥 서로 적국이니까 싸우는 것이 아닙니다. 하나님을 모독하는 불신앙의 세력과 하나님의 영광이 짓밟히는 것은 견딜 수 없는 참 신앙의 세력이 싸우는 영적인 싸움입니다. 사무엘서의 저자는 의도적으로 그 점을 부각시키고 있습니다. 그래서 막상 우리가 흥미 있어 하는 전투의 장면은 간단히 처리합니다. 48~49절의 전투장면은 히브리 원어로는 단 36 단어 밖에 되지 않습니다. 그러나 45~47절에 있는 다윗의 말을 위해서는 63 단어를 할애합니다. 초점이 거기에 있기 때문입니다.

하나님이 쓰셨던 사람에게는 한결같이 하나님의 영광에 대한 집착이 있었습니다. 하나님은 당신의 일에 쓰시기 위해서 먼저 사람 속에 거룩한 의분을 심으십니다. 엘리야가 갈멜산 위에서 바알과 아세라의 선지자 850 명과 무모한 싸움을 벌리는 이유가 무엇입니까? "어떻게 사시는 하나님께 돌려야 할 영광을 썩은 우상에게 돌릴 수 있느냐? 어떻게 그럴 수가 있느서 두려워 떠는 이스라엘 군대를 보았습니다. 다윗은 이렇게 외칩니다. "이 블레셋 사람을 죽여 이스라엘의 치욕을 제하는 사람에게는 어떠한 대우를 하겠느냐? 이 할례 없는 블레셋 사람이 누구관대 사시는 하나님의 군대를 모욕하겠느냐?"(26절) 다윗을 벌겋게 달아오르게 만든 것은 하나님의 이름이 땅에 떨어지고 하나님의 군대가 모욕을 받고 있다는 사실이었습니다. 어떻게 이럴 수가 있는가?

이것은 성경에 소개되는 다윗의 기사 가운데 맨 처음으로 나오는 말입니다. 이스라엘의 둘도 없는 성군 다윗의 제일성은 하나님의 이름은 짓밟힐 수 없다는 것이었습니다. 사울 왕 앞에서 그가 하는 말도 마찬가지입니다. "주의 종이 사자와 곰도 쳤은즉 사시는 하나님의 군대를 모욕한 이 할례 없는 블레셋 사람이리이까?"(36절) 골리앗을 향해서도 "너는 칼과 창과 단창으로 내게 오거니와 나는 네가 모욕하는 이스라엘 군대의 하나님의 이름으로 네게 가노라. 오늘 여호와께서 너를 내 손에 붙이시리라."

계속 그 얘기 밖에 없습니다. 하나님의 이름이 짓밟힘을 받고 있는 그 현실이 다윗을 견딜 수 없게 만들었습니다. 하나님의 이름은 곧 하나님의 존재 자체를 가리킵니다. 하나님은 영광스러우시고, 위대하시고, 영원토록 섬김과 찬양을 받으실 분인데, 어떻게 허무한 인생이 그 이름을 모욕하고 그 이름에 침 뱉을 수 있단 말인가. 다윗은 끓어오르는 분노를 억제할 수

골방에서 시작되는 것입니다. 우리 인생 전체도 마찬가지입니다. 준비의 시간, 하나님 앞에서 은밀히 몸부림쳤던 그 모든 것이 내 인생을 결정합니다. 한 때 이름을 날렸던 권투선수 조 프레이저는 이렇게 말했습니다. "챔피언은 링에서 만들어지는 것이 아니다. 링에서는 다만 인정 받을 뿐이다." 진정한 챔피언의 모습을 보려면 화려하게 승자로 우뚝 서는 링 위에서가 아니라 땀과 눈물로 범벅이 된 연습장으로 가야한다는 말이지요.

다윗에게 들판의 고독이 있었던 것을 기억하세요. 흔히 전도사들이 시골 교회는 가지 않으려고 합니다. 거기 한번 잘못 몸 담으면 평생 그런 동네에서 살아야 한다고요. 아닙니다. 시골 전도사, 아무도 알아주지 않는 광야에 묻힌 삶이지만 그러나 그속에 여러분의 미래가 그대로 담겨 있습니다. 그 때 흘린 한 줄기 눈물, 그 때 만난 하나님, 그 때 체험한 그 은혜의 순간들이 훗날에 여러분이 골리앗 앞에 섰을 때 엄청난 용기를 토해내는 능력의 분화구가 될 것입니다.

하나님의 이름은 짓밟힐 수 없다

다윗이 하나님의 마음에 합했던 또 하나의 이유가 있습니다. 전쟁터로 올라 온 다윗은 큰 소리 치는 골리앗과 그 앞에습니까?

그러므로 다윗이 베들레헴 들판에서 양떼를 치던 삶은 너무나 중요합니다. 그곳에서 그는 하나님과 교제하는 법을 배웠습니다. 그곳에서 그는 매일매일 하나님을 의지하는 삶을 살았습니다. 그는 사울에게 음악을 들려주는 임무를 맡았기 때문에 종종 사울의 궁정에 나아갔습니다. 그러면 그곳에 좀 주저앉고 싶은 마음도 있을 법 하지 않습니까? 이미 선지자로부터 기름 부음도 받은 몸인데 그렇다면 빨리 왕위에 다가가기 위해서 유력한 신하도 사귀고 정지작업도 할 만 하지 않습니까? 그러나 다윗은 그렇게 하지 않았습니다. 할 일만 끝나면 그는 지체 없이 들판으로 달려갑니다. 황량한 벌판이지만 그곳에서 하나님과 함께 동행하는 삶, 하나님을 만나는 체험, 그것이 더 소중했기 때문입니다. 그 은혜의 체험을 하나님은 훗날 그대로 다 사용하셨습니다.

우리가 실패하는 원인이 여기에 있지 않을까요? 우리는 지존자의 은밀한 곳에 거하려고 하지 않습니다. 자꾸 사울의 궁정에 거하려고 합니다. 자꾸 왕이 불러주기만을 기다립니다. 신문에 이름부터 실으려고 합니다. 어떻게 하면 두각을 좀 나타내 볼까? 어떻게 하면 신분상승를 좀 해 볼까? 늘 조급합니다.

새벽에 내 영혼의 골방에서 벌리는 보이지 않는 씨름이 하루의 승패를 결정하지 않습니까. 하루의 싸움은 이미 새벽의 나를 사자의 발톱과 곰의 발톱에서 건져내셨은즉." 그는 그속에서 하나님의 손길을 보았습니다. 그것이 중요합니다. 어디 사자 발톱에서 벗어난 사람들이 다 하나님이 구해주셨다고 합디까? 그런데 그렇게 믿어지는 것은 분명 은혜입니다. 이 은혜의 체험이 있어야 합니다.

어떤 분이 이런 소리를 합디다. "목사로서 한국에서 뜨려면 어릴 때 고생 바가지를 해야 한다. 유명한 부흥사들은 전부 다 찢어지게 가난했던 사람들이다. 그래야 할 말이 있다." 일리가 있지만 늘 그런 것은 아닙니다. 가난 속에서 하나님을 만난 경험이 있어야지 그 경험 없으면 아무 것도 아닙니다. 오히려 가난이 사람 성격을 이상하게 왜곡시켜버릴 수도 있습니다. 제가 아는 어떤 집사님은 남편이 늦게 공부한다고 십 년 넘게 실업자 생활을 하면서 어렵게 살았습니다. 네 살 난 아이가 창에서 떨어져 죽는 엄청난 일도 당했습니다. 그런 고난을 당하면서도 신앙은 여전히 미지근하고, 교회에 대해서나 믿음에 대해서 더 냉소적으로 변해가는 것을 보았습니다. 고난 자체가 귀한 것이 아니라 고난 속에서 하나님의 손길을 체험하는 은혜의 체험이 귀한 것입니다.

여러분에게 은혜의 체험이 있습니까? 가난 속에서, 질병 속에서, 실패 가운데서, 생이 비틀거리는 위기 가운데서 하나님을 만나 눈물로 그 앞에 고꾸라져 본 적이 있습니까? 아니면 그 모든 생의 고비를 지나면서도 긴가민가 흐리멍텅하지는 않와 나 여호와는 중심을 보느니라." 하고 다윗을 지목하시지 않았습니까. 사도행전 13:22절에도 "내가 이새의 아들 다윗을 만나니 내 마음에 합한 사람이라. 내 뜻을 다 이루게 하리라." 라고 하셨습니다. 도대체 다윗의 무엇이 그렇게 하나님의 마음에 쏙 들었을까요?

은혜를 체험한 사람

다윗이 사울 왕의 부름을 받고 그 앞에 섰습니다. "네가 과연 싸울 수 있겠느냐?"는 사울의 물음에 다윗은 이렇게 대답합니다. "주의 종이 아비의 양을 지킬 때에 사자나 곰이 와서 양떼에서 새끼를 움키면 내가 따라가서 그것을 치고 그 입에서 새끼를 건져내었고 그것이 일어나 나를 해하고자 하면 내가 그 수염을 잡고 그것을 쳐 죽였었나이다. 주의 종이 사자나 곰도 쳤은즉 사시는 하나님의 군대를 모욕한 이 할례 없는 블레셋 사람이리까? 그가 그 짐승의 하나와 같이 되리이다. 또 가로되 여호와께서 나를 사자의 발톱과 곰의 발톱에서 건져내셨은즉 나를 이 블레셋 사람의 손에서도 건져내시리이다."(삼상 17:34-37)

사자나 곰을 쳐 죽이는 것은 굉장한 일입니다. 그런데 다윗은 그것을 자기 용맹으로 했다고 하지 않습니다. "여호와께서

더라"라고 묘사된 사람입니다(삼상 9:2). 거기에는 요나단도 있습니다. 혼자서 블레셋 사람 스무 명을 죽인 일이 있는 사람입니다(삼상 14:14). 아브넬도 있습니다. 그는 군대장관이고 용사입니다. 그런데도 그 모두가 골리앗의 도전 앞에서 움추려들대로 움추려들고만 있습니다.

아무리 용감한 사람이라도 하나님이 붙들지 않으면 안됩니다. 아무리 과거에 위대한 업적을 남긴 사람이라도 지금 이 순간에 하나님의 손에 붙들리지 않으면 안됩니다. 영적인 싸움은 과거의 추억으로 감당할 수 없습니다. 과거의 역사가 우리의 정체성을 일깨워주고 도전을 주기는 하지마는 그것이 자동적으로 오늘의 승리를 보장해 주지는 않습니다. "순교자의 후예, 순교자의 후예" 골백 번을 외쳐 보세요. 그것이 오늘 내가 순교의 길을 걷도록 능력을 주지는 못합니다. 바로 지금 내가 하나님의 손에 붙들리지 않으면 아무 소용이 없습니다.

그 절대절명의 위기의 순간에 하나님이 자기 백성을 구원하기 위하여 준비시켜 놓은 사람은 뜻밖에도 어린 다윗이었습니다. 하나님의 섭리는 정말 측량할 수가 없지요? 어떻게 쟁쟁한 사람들 다 제쳐놓고 아무도 알아주지 않는 다윗입니까? 아니 지금만이 아닙니다. 사무엘이 사울을 뒤이을 왕을 세우려고 기름을 부을 때도 이새는 다윗을 아예 제쳐 놓았습니다. 그는 후보에도 끼이지 못했습니다. 그런데도 여호와께서는 사무엘을 향하여 "용모와 신장을 보지 말라. 사람은 외모를 보거니

하나님의 백성을 조롱하고 대적하는 골리앗은 바로 사탄을 상징합니다. 그의 신장이 장대하였다는 것은 사탄이 가진 큰 능력을 암시합니다. 그가 한 어마어마한 무장은 정말 우리가 혈과 육으로는 도저히 사탄을 이길 수 없다는 것을 상징적으로 보여줍니다. 베드로전서 5:8절에 "대적 마귀가 우는 사자 같이 두루 다니면 삼킬 자를 찾는다."고 했는데 골리앗이 선민 이스라엘을 향하여 어르렁거리는 소리가 꼭 그와 같습니다.

블레셋 대군이 골리앗을 앞세우고 진격해 온 것은 이스라엘 왕 사울이 악신이 들려서 발작을 한다는 소식을 들었기 때문입니다. 블레셋은 이것이야말로 이스라엘을 짓밟아버릴 수 있는 절호의 기회라고 생각한 것입니다. 영적 전투도 늘 그렇습니다. 우리에게 조그마한 틈만 있으면 사탄은 그것을 놓치지 않습니다. 다윗이 마음이 풀어져서 왕궁 지붕을 어슬렁거리고 있을 때 사탄은 그 틈을 놓치지 않고 벌거벗은 여인을 그의 눈 앞에 들이밀지 않았습니까. 마치 트로이의 목마처럼, 사탄은 우리의 허점을 따라서 침투해 들어옵니다.

이 블레셋의 대군 앞에서 이스라엘은 지리멸렬하고 있습니다. 공포에 질려서 어찌할 바를 모르고 고양이 앞의 쥐와 같이 전전긍긍 하고 있습니다. 그 가운데는 사울 왕도 있습니다. 그도 한 때는 승승장구 했던 사람이고 "이스라엘 자손 중에 그보다 더 준수한 자가 없고 키는 모든 백성보다 어깨 위는 더하

허점을 노리는 사탄의 전술

 오랜 숙적관계인 이스라엘과 블레셋이 베들레헴에서 서쪽으로 약 15km 떨어진 엘라골짜기에 진을 치고 전투를 벌리게 되었습니다. 두 나라가 싸웠던 것이 한 두 번이 아니지만 블레셋은 이번은 좀 다릅니다. 블레셋 대군의 맨 선봉에 골리앗이 서서 진격해 옵니다. 그는 키가 줄 잡아서 2m 80은 되었습니다. 북한 농구선수 이명훈의 키가 2m 30 정도 되니까 그보다 50cm가 더 있는 사람을 한번 상상해 보세요. 엄청난 괴물이지요. 그런데다 머리에는 놋투구를 썼지요. 몸에는 어린갑으로 감쌌는데 이것은 쇠붙이판을 비늘모양으로 다닥다닥 붙여서 만든 고대의 갑옷입니다. 그 무게만 약 60kg 입니다. 다리에는 놋경갑을 찼는데 정강이받이를 가리킵니다. 어깨에는 놋단창을 메었는데 그 창날 무게만도 8kg나 나갑니다. 그리고 그 앞에는 방패를 든 사람이 섰습니다.
 이 산같은 거인이 날마다 이스라엘 진을 향하여 고함을 질러댑니다. "사울의 졸개들아. 한 사람을 택해서 내려보내라. 우리 둘이 싸워서 그가 나를 이기면 우리가 너희의 종이 되고 내가 이기면 너희가 우리의 종이 될 것이니라. 내가 너희를 이렇게 모욕하는데도 잠잠하느냐? 한 사람을 내려 보내라." 찌렁찌렁 울리는 이 소리 앞에서 사울 왕과 온 이스라엘은 두려워 벌벌 떨고 있습니다.

다윗과 골리앗의 이야기는 성경에서도 가장 흥미진진한 기사 가운데 하나입니다. 신자 중에 주일학교 시절을 보낸 사람이라면 누구나 그 박진감 넘치는 얘기를 잊지 못합니다. 융판에 그림을 붙여가면서 들려주시던 선생님의 얘기에 아이들은 다 숨을 죽였고, 그 큰 거인이 어린 소년의 물맷돌을 맞고는 그냥 뒤로 나자빠지는 장면에 오면 우리는 모두 환호성을 올리면 좋아하곤 했습니다.

사실 다윗은 우리가 생각하듯이 그런 어린 꼬마는 아닙니다. 들에서 양을 치다가 사자나 곰이 습격하면 다윗이 그것들을 쳐 죽였다고 했는데 어린아이가 그렇게 할 수는 없지요. 그래도 아이들을 다윗을 아이와 같이 생각하고, 학생들은 학생들대로 그저 씩씩한 소년 정도로 생각합니다. 다 다윗 속에서 자신의 모습을 투영해보기를 원하는 것이지요. 이렇게 다윗은 우리의 우상이었고 우리의 어린 시절은 다윗의 무용담과 함께 추억 속에 남아있습니다.

그런데 제가 이 시간에 다윗을 다시 리바이어벌하는 것은 이 기사가 주는 교훈이 과연 무용담 밖에는 없을까 하는 생각에서입니다. 다윗의 기사가 우리에게 던지는 참된 교훈을 한번 묵상해보기를 원합니다.

11.
솔리 데오 글로리아!

블레셋 사람이 다윗에게 이르되 네가 나를 개로 여기고 막대기를 가지고 내게 나아왔느냐 하고 그 신들의 이름으로 다윗을 저주하고 또 이르되 내게로 오라 내가 네 고기를 공중의 새들과 들짐승들에게 주리라 다윗이 블레셋 사람에게 이르되 너는 칼과 창과 단창으로 내게 오거니와 나는 만군의 여호와의 이름 곧 네가 모욕하는 이스라엘 군대의 하나님의 이름으로 네게 가노라 오늘 여호와께서 너를 내 손에 붙이시리니 내가 너를 쳐서 네 머리를 베고 블레셋 군대의 시체로 오늘날 공중의 새와 땅의 들짐승에게 주어 온 땅으로 이스라엘에 하나님이 계신 줄 알게 하겠고 또 여호와의 구원하심이 칼과 창에 있지 아니함을 이 무리로 알게 하리라 전쟁은 여호와께 속한 것인즉 그가 너희를 우리 손에 붙이시리라 블레셋 사람이 일어나 다윗에게로 마주 가까이 올 때에 다윗이 블레셋 사람에게로 마주 그 항오를 향하여 빨리 달리며 손을 주머니에 넣어 돌을 취하여 물매로 던져 블레셋 사람의 이마를 치매 돌이 그 이마에 박히니 땅에 엎드러지니라

삼상 17:43-49│

솔리 데오 글로리아!●삼상 17:43-49 183

"우리 교단에는 왜 만 명 이상 모이는 교회가 안 생기느냐? 그 원인이 뭐냐?"고 질문했습니다. 우리 교단에는 왜 걸출한 목사가 나타나지 않습니까? 신학생 수가 대 교단보다는 적기 때문에 확률적으로 그럴 수밖에 없는 것입니까? 아닙니다. 도전정신, 모험정신, 개척정신이 결여되어 있기 때문입니다. 지방에 치우쳐 있으니 경험하는 세계가 한정되어 있어서 도전 받을 기회가 적은 것도 우리의 큰 약점입니다. 눈이 핑핑 돌아가는 수도권의 경쟁 체제 속에 몸 담아보면 금방 생각이 달라집니다. 기득권에만 등을 기대려고 하는 애늙은이들이 되지 말고 저 전인미답의 땅 헤브론을 향하여 고개를 드십시오. '이 산지를 내게 주소서' 하고 기도의 칼날을 세우세요. 여러분 모두가 갈렙의 후예들이 되어 위대한 개척의 기치를 높이들 수 있기를 간절히 소원합니다.

시작할 때 그것이 성공하리라고 생각한 사람이 얼마나 되었겠습니까? 그러나 그들은 기어코 의미 있는 사역을 이루어내었습니다.

 신학도 여러분이 앞으로 기성교회에서 목회할 수도 있습니다. 그러나 남들이 하는 패턴, 남들이 가는 길만을 안일하게 따라가지만 말고 개척정신을 가지고 도전할 수 있어야 합니다. 전병욱목사 같이 청년층에 집중하든지, 김종준목사 같이 어린이에 집중하든지, 노인목회에 집념을 가지고 달려들든지, 특화된 목회전략이 있어야 합니다. 시대의 변화를 내다보면서 새로운 사역을 개척해 내고, 새로운 일거리를 창출해낼 수 있어야 합니다.

 그러기 위해서는 신학생 시절에 창의적인 사고, 개방적인 사고를 할 줄 알아야 합니다. 틀에 박힌 사고 외에는 할 줄을 모르는 사람, 폐쇄적인 사람에게서는 기대할 것이 없습니다. 안목을 넓히세요. 여러분을 사로잡는 주제가 있으면 거기에 미친 듯이 몰입하시기 바랍니다. 어떤 목사는 신학생 시절에 서점에 가서 '성장' 자가 들어가는 책이 눈에 뜨이면 미친 듯이 책을 사 모았다고 합니다. 저는 우리 학생들이 자신의 약속의 땅을 발견하고 감격에 젖어서 보따리 싸들고 일주일씩 기도원에 틀어 박혀 있는 사람들이 많이 생기길 바랍니다. 그래서 수업에 안 들어온다면 쌍수를 들고 환영하겠습니다.

 지난 총회 전도부 주최 교회성장세미나에서 어떤 목사님이

곳이 아니라 나를 필요로 하는 곳으로 가라. 셋째, 승진의 기회가 없는 곳으로 가라. 넷째, 모든 조건이 갖추어진 곳은 피하고 처음부터 시작해야 할 황무지를 택하라. 다섯째, 앞 다투어 모이는 곳은 피하고 아무도 가지 않는 곳으로 가라. 여섯째, 장래성이 전혀 없는 곳, 그러나 기쁨으로 일할 수 있는 곳으로 가라. 일곱째, 사회적으로 부러움의 대상이 되지 말고 존경의 대상이 되라. 여덟째, 한가운데가 아니라 가장자리로 가라. 아홉째, 주위 사람들, 가족이나 배우자가 반대하면 틀림없다. 그곳으로 가라. 열째, 왕관이 아니라 단두대, 십자가가 있는 곳으로 가라.

안일한 시대를 역류하는 개척정신이 물씬물씬 풍겨나지 않습니까? 우리 모두가 이 개척정신으로 무장할 수 있기를 바랍니다. 개척정신이라는 게 전부 다 개척교회를 하라는 말이 아닙니다. 새로운 영역을 개척하는 것도 중요합니다. 21세기 포스트모던 시대의 특징이 무엇인지, 이 시대가 어떻게 변해갈 것인지를 주도면밀하게 내다보면서 새로운 전략을 개발해 내고, 도전하고, 모험하는 것입니다.

옥한흠목사가 30년 전 제자훈련 사역을 시작할 때 무슨 이상한 것을 가지고 오느냐고 의혹의 눈으로 바라보는 사람들이 많았습니다. 최일도목사가 다일공동체를 시작할 때 전부 목사가 목회는 않고 무슨 짓을 하느냐고 빈정대었습니다. 송길원목사가 가정사역을 시작할 때, 원주희목사가 호스피스 운동을 걸출한 분은 항상 괴짜 같은 구석이 있습니다.

그런 분인데 신도시에 사람들이 몰려드는 것을 보고 흥분하지 않을 수 없지요. '이건 내 생애에 사람들이 모이는 신도시를 볼 수 있는 처음이자 마지막 기회다.' 라는 생각이 들어서 당장 백일기도한 후에 그 다음 주일날 '목회자가 머물 때와 떠날 때' 라는 제목으로 설교하고 바로 사직서를 내고 망원제일교회를 떠났습니다. 요즈음 다 개척자금 받아서 가는데 그분은 돈 한 푼 없이, 어떤 사람이 몇 억을 지원해 주겠다는 것도 사양하고, 송별예배 헌금으로 나온 돈 450만원 손에 들고 일산으로 가서 개척을 시작합니다. 가진 것은 '한소망교회' 라는 이름 하나뿐입니다. 세 얻을 돈이 없어서 정발산 꼭대기에 교인들을 모아서 산기도 하는 것으로 교회를 시작했습니다. 초등학교 운동장을 빌려서 예배도 드리고, 유치원 한 쪽 방을 공짜로 얻어서 더부살이 신세로 예배도 드렸습니다. 그러면서 오직 기도하고 전도하는 일에 교인들과 함께 열정을 불태웠습니다. 지금 그 교회는 출석교인 5천명을 상회하는 대형교회로 성장했습니다.

류목사는 자기의 개척정신은 자신이 다닌 거창고등학교에서 얻은 것이라고 고백합니다. 전영창 선생이 세운 거창고등학교는 시골에 위치한 학교이지만 교육 철학 하나는 분명한 지방 명문입니다. 거창고등학교에는 직업 10계명이라는 것이 있습니다. 첫째, 월급이 적은 쪽을 택하라. 둘째, 내가 원하는 그런 기득권에 손 벌릴 생각부터 하고 있으면 참 앞날이 암담합니다.

두 번째 불평은 자기들에게 할당된 그 땅은 온통 삼림이라서 경작지가 아니라는 것입니다. 그리고 그 거민들은 철병거를 가지고 있어서 몰아내기도 쉽지 않다 는 것입니다. 말하자면 악조건이라고 불평하는 것이지요. 그 불평을 듣던 여호수아는 한 마디를 합니다. "너희들이 올라가서 스스로 개척하라." 하나님을 믿는다고 하는 사람들의 입에서 조건이 열악해서 힘들다고 하는 불평이 나오는 것은 정말 말이 안 됩니다.

일산 한소망교회의 류영모 목사는 첫 사역을 망원제일교회에서 했습니다. 그 교회는 분열의 아픔이 있는 교회였는데 부임하자말자 오직 전도에만 총력을 기울였더니 4년 만에 백 명 모이던 교회가 육백 명이 넘는 탄탄한 교회로 성장했습니다. 그 때 서울 외곽에 분당, 일산, 중동, 산본 등 신도시가 들어서면서 사람들이 몰려들기 시작할 때였는데 그걸 보면서 그의 마음이 동요되기 시작했습니다. 그분은 사람들이 모이는 곳에 가면 흥분하는 버릇이 있답니다. 신학교 시절에 종로 2가 사거리를 건너려고 신호를 기다리고 있는데 신호가 바뀌니까 저 건너편에서 사람들이 구름떼처럼 밀려옵니다. 이분이 길을 건널 생각은 안 하고 옆에 있는 전봇대를 붙들고 울고 있습니다. 옆에 있던 친구가 왜 우냐고 하니까 대답이 "저 많은 사람들이 다 우리 교인처럼 보여서 감격해서 운다."고 하더랍니다.

인데 이 호기를 그냥 넘길 수 없지.' '당신이 지금 그 자리에 앉아있을 때 같은 지파사람들 좀 봐 주어야지 뭐하고 있냐? 그런 것입니다. 우리 사회에서 신물이 나도록 들어본 소리 아닙니까? 지역주의, 혈연, 학연, 인정, 정실주의, 그런 것 때문에 우리 사회가 온통 멍들대로 멍들었지 않습니까?

어떤 대학 교수가 "위기를 기회로, 기회를 위기로"라는 말을 했다. 우리 사회는 위기를 기회로 알고 열심히 노력해서 IMF를 극복했습니다. 이제 우리에게 필요한 것은 기회를 위기로 아는 겸손입니다. 나에게 권력이 주어지고 금력이 주어지고 기회가 주어졌을 때, 그때를 내가 부패할 수 있는 위기로 알아 겸손해야 한다는 말입니다. 그래서 '위기를 기회로, 기회를 위기로' 하는 말은 정곡을 찌르는 말입니다. 그런데도 요셉 자손은 기회를 정말 기회로 알고 날뛰고 있습니다. 자기들의 기득권 확보에 혈안이 되어있습니다.

개척정신이 결여되면 그렇게 됩니다. 자꾸 기득권에 등을 기대려고 합니다. 신학생 중에도 머리가 잘 돌아가는 사람은 유력한 목사에게 줄을 대어볼 생각부터 합니다. '000전도사 아버지가 교단의 중진 목사인데 내가 그 친구하고 친해 놓는게 좋아.' 그런 생각부터 하고 앉았습니다. '어떻게 하든지 00교회에서 전도사 자리 얻어야 돼. 거기서 내가 인정만 받으면 유학이라도 보내줄지 모르고 선교사로 나가도 지원받기가 좋아.' 그런 계산 하고 앉았습니다. 한창 피가 끓는 청년시절에

후에는 벤처 열풍이 온 나라를 뒤덮었습니다. 지금과 같이 온 사회가 빛의 속도로 움직이는 시대에는 거대한 공룡기업으로는 결코 사회의 변화에 적응하지 못합니다. 오직 기술력, 창의력으로 똘똘 뭉쳐 발 빠르게 움직이면서 틈새시장을 노려야만 살아남을 수 있습니다. 그래서 벤처정신은 모험정신이고 도전정신입니다.

우리 복음사역자들에게도 이런 영적 벤처정신이 필요합니다. 구태의연한 목회 패턴만을 답습하지 말고 시대의 변화를 내다보면서 새로운 영역, 새로운 패턴을 개발해야 합니다. 안일하게 물려주는 것 앉아서 받아먹을 생각만 하지 말고 새로운 땅, 미지의 영역을 찾아 나서는 용기가 있어야 합니다.

만약 개척정신이 없으면 어떻게 되는지가 여호수아 17:14-18절에 적나라하게 나타나 있습니다. 요셉 자손이 여호수아에게 나아와 불평을 늘어놓는 장면입니다. 저는 성령께서 14장에는 개척정신의 화신과도 같은 갈렙을 소개하고 불과 몇 장 뒤에 정반대와 같은 요셉 자손을 소개하는 것이 분명한 의도가 있다고 생각합니다. 개척정신이 결여되면 어떤 모습으로 전락하는지 잘 보라는 것이지요.

요셉 자손의 불평은 두 가지입니다. 첫째는 자기들은 큰 부족인데 왜 한 분깃밖에 주지 않느냐는 것입니다. 열두 지파 가운데 왜 하필 그들만 그런 불평을 하지요? 그것은 여호수아가 바로 요셉 지파이기 때문입니다. '최고 통수권자가 우리 지파

개척정신의 화신

또 한 가지 갈렙의 폭탄선언을 분석해 볼 때 발견하는 것은 개척정신입니다. 정탐보고를 할 때도 그렇고 지금 땅 분배를 할 때도 그렇고, 그는 개척정신이 충일한 사람입니다. 모든 사람들이 부정적인 정탐보고 앞에 암담해 있을 때에도 그는 '우리 앞에 이 광활한 땅이 지천으로 널려있는데 그들은 우리 밥이다. 빨리 올라가서 취하자'고 혼자 흥분해서 어쩔 줄 몰라합니다. 지금도 다른 사람들은 제비나 잘 뽑을 생각에 눈이 벌건데 그는 생각이 딴 데 가 있습니다. '헤브론이 아직 남아있구나. 아무도 아직 여호와의 깃발을 꼽지 않은 땅, 불모의 땅 헤브론이 있구나.' 먹이를 발견한 독수리마냥 그는 발톱을 세우고 헤브론을 향하여 열정을 불태우기 시작합니다.

우리에게 이 개척정신이 있어야 합니다. 새로운 영역에 도전해 보고, 남이 하지 않는 일을 창의적으로 부딪쳐 보고, 새로운 길을 열어 가는 개척정신이 중요합니다.

1996년 가을 정기국회에서 당시 신한국당 대표였던 이홍구 씨가 매우 이색적인 연설을 했습니다. 현대는 다양성과 창의성의 사회이고 이런 창의성을 사업으로 연결시킨 어느 벤처기업가를 우리 시대의 영웅이라고 부를 만하다고 역설했습니다. 그 때 그 자리에 있던 국회의원들을 중심으로 해서 벤처기업에 대한 관심이 일어나기 시작했습니다. 그리고 불과 3, 4년도 열었습니다. 장로님 아들 중에 이태리에서 대상을 받은 성악가가 있는데 그 사람을 내세웠답니다. 사실 그분은 너무 바빠서 잘 나타나지도 않고 새끼 교사들이 다 가르칩니다. 그래도 일 년에 한 두 번씩 발표회 할 때 그 성악가가 나타나서 한 곡 뽑으면 강남 아줌마들이 그냥 뒤로 넘어갑니다.

일 년 지나니까 열댓 명이 모이던 주일학교가 60~70명까지 늘어났습니다. 또 새벽기도 설교에 주안점을 두어서 뜨겁게 전했답니다. 새벽에는 다른 교회 교인들이 많이 앉아있지 않습니까. 그래서 신경 써서 설교 작성해서 열심히 전했습니다. 그랬더니 얼마 지나지 않아 그 교회는 목사님 말씀이 좋다는 소문이 아파트 단지에 쫙 퍼졌습니다. 처음에 60여 명 모이던 교회가 금방 150 명 이상으로 늘어났습니다. 지금은 그 목사는 유명 강사로 떠서 성공사례를 소개하고 다니고 있습니다.

안 되는 이유만 찾고 있으면 백날 해도 안 됩니다. 그러나 되는 이유 찾기 시작하면 얼마든지 됩니다. 같은 골리앗을 두고도 이스라엘 군사들과 다윗은 보는 눈이 정반대였습니다. 이스라엘 군사들은 저런 거인을 우리가 어찌 상대하겠냐고 낙담했지만, 다윗은 저렇게 이마팍이 넓은데 눈 감고 던져도 맞겠다고 여유 만만했습니다. 믿음의 눈으로 보는 사람은 언제나 그렇습니다.

목사들 가운데도 실패로 똘똘 무장되어 있는 사람이 있습니다. 난 안 될 수밖에 없다는 이유로 무장되어 있습니다. 그런 사람은 자꾸 자기에게 암시를 줍니다. '우리 교회는 안 돼. 이래서 안 되고 저래서 안 되고, 나는 이래서 안 되고 저래서 안 되고.' 그런 사람은 죽었다 깨어도 안 됩니다. 목사는 희망을 주는 사람이 되어야 합니다. 교인들이 다 실망하고 낙담해도 영적 지도자인 목사만은 희망을 선포하고 꿈을 전파해야 합니다. 그런데 목사가 낙심해 있으면 그 교회는 소망이 없습니다.

어떤 젊은 목사가 강남에 있는 교회로부터 청빙을 받았습니다. 그 교회는 빌딩 지하에 있는 조그마한 교회였습니다. 주위 친구들이 다 가지 말라고 말립니다. 주차장 하나 없는 교회인데, 그리고 사랑의 교회, 광림교회, 소망교회 등등 기라성 같은 대형교회 틈바구니에서 어떻게 살려고 가냐는 것이지요. 그런데 이 목사 말이 괴짜입니다. "주차장 없으면 걸어서 오는 교인들 만들면 되지. 그리고 대형교회가 커버하지 못하는 영역 있는 것 몰라? 틈새시장이라는 말도 못 들어 봤냐?" 그러면서 끝내 갔습니다.

부임하자마자 어린아이들 전도에 초점을 맞추어 뛰기 시작했습니다. 목사가 토요일마다 초등학교 정문에 서서 땀을 뻘뻘 흘리면서 전도하니까 교사들이 전도하지 않을 수가 없습니다. 나중에는 장로들도 미안하니까 나와서 점심대접이라도 합니다. 자녀에게 유별난 강남이라는 데 착안해서 무료성악교실

다.

약속의 땅임을 확신하는 사람은 모든 것을 믿음의 눈으로 바라봅니다. 갈렙의 말 가운데 자주 나타나는 표현이 "여호와께서 나와 함께 하시면 할 수 있습니다," "여호와께서 우리를 기뻐하시면 할 수 있습니다." 하는 것입니다. 다른 조건은 중요하지 않습니다. '여호와께서 우리를 도와주시기만 하면, 축복해 주시기만 하면' 그것만이 중요합니다.

믿음의 눈으로 바라보는 것이지요. 성경은 그런 자세를 가리켜 "여호와를 온전히 좇았다."라고 표현합니다. 오늘 본문은 두 번이나 갈렙을 가리켜 여호와를 온전히 좇았다라고 평가합니다. 여호와를 온전히 좇는 것은 무슨 대단한 행동을 하는 것이 아닙니다. 믿음의 눈으로 바라보고, 믿음의 눈으로 생각할 때 그것이 여호와를 온전히 좇는 것입니다.

사냥꾼이 토끼를 잡으러갔다가 빈손으로 털레털레 돌아옵니다. "토끼 잡았소?" 했더니 "아이고 말도 마시오. 토끼란 놈이 어찌나 귀가 밝은지 내가 사뿐사뿐 걸어가도 발바닥으로 진동을 느끼고 후딱 도망을 갑니다. 또 뒷다리는 길고 앞다리는 짧으니까 어찌나 언덕을 잘 올라가는지 도무지 따라갈 수가 있어야지요." 그 말을 듣던 마을의 현인이 이렇게 핀잔을 줍니다. "당신은 토끼를 못 잡는 철학은 있는데 잡을 수 있는 논리와 철학은 전혀 없는 사람입니다. 당신 같은 사람은 죽었다 깨어도 토끼를 못 잡습니다."

성이 일어나서 그 땅을 악평을 하고, 우리는 그 땅을 정복할 수 없다고 해도 갈렙은 꿈쩍도 하지 않았습니다. 그는 그 땅이야말로 자손 대대로 하나님의 영광을 찬양하면서, 하나님의 사심을 나타내면서, 하나님의 말씀이 통치하는 거룩한 땅이 될 것을 확신했습니다.

신대륙에 상륙했던 청교도들도 마찬가지입니다. 인디언들이 버티고 있고, 온갖 풍토병들이 기다리고 있고, 그래서 이주자들 절반 이상이 죽어 가는 최악의 위기를 당하면서도 그들은 이 땅이 신앙의 자유를 찾아 온 그들에게 하나님이 주시는 약속의 땅인 것을 확신했기 때문에 절망하지 않았습니다. 삼백 년이 지나자 그들의 믿음이 옳았음이 드러나지 않았습니까?

개척교회 하는 목사들 가운데 어떤 분은 정말 상황이 열악합니다. 축축한 지하에 기본 멤버 한 명도 없이 정말 맨 바닥에서 시작해야 합니다. 이런 교회를 '쓰리 맨' 교회라고 합니다. 맨 손(후원도 없고), 맨 몸(혼자서), 맨 땅(땅 한 평 없이)입니다. 그런데 그 어려움을 극복하고 마침내 일어서는 사람들이 있습니다. 그들의 공통점은 '이곳은 하나님이 내게 주신 땅이다' 하는 확신이 있는 겁니다. 그 확신이 있는 사람은 매사에 자세가 다릅니다. 비록 지하실 교회라도 교회를 보는 눈이 다르고, 지역 주민을 보는 눈이 다릅니다. 그러나 그런 확신이 없는 사람은 조금 해 보다가 안 되면 그냥 보따리를 쌉니

'우리는 그 장대한 사람들에 비하면 메뚜기 같아서 상대도 안 된다'고 하는 사람들에게 '무슨 소리 그들은 우리 밥이다'라고 갈렙은 폭탄선언을 했던 것입니다. 그는 폭탄선언의 전문가입니다. 그 광경을 한번 상상해 보면 정말 통쾌합니다. 모든 사람이 낙담하고 있는 그 자리에서, 또 모든 사람이 요행만 믿고 조마조마하고 있는 그 자리에서, 갈렙은 시류를 뒤집어엎으면서, 혼자 세상을 역류하면서, 담대하게 선언하는 그 장면은 생각만 해도 통쾌합니다. 믿음으로 하는 한 마디는 불신앙자들에게는 언제나 폭탄선언입니다.

갈렙의 말을 가만히 살펴보면 그는 어떻게 그런 폭탄선언을 할 수 있었는지를 발견할 수 있습니다.

약속을 붙드는 믿음의 눈

그에게는 '이 가나안은 하나님이 우리에게 주기로 한 약속의 땅이다.' 하는 확신이 있었습니다. 9절 보세요. "그날에 모세가 맹세하여 가로되 네가 나의 하나님 여호와를 온전히 좇았은 즉 네 발로 밟는 땅은 영영히 너와 네 자손의 기업이 되리라 하였나이다." 하나님이 나와 내 자손에게 주리라고 약속한 약속의 땅이라는 말이지요. 이 언약에 대한 확신이 있기 때문에 갈렙은 누가 무슨 말을 해도 흔들리지 않았습니다. 온 백

제일 고령자입니다. 광야에서 20세 이상 되는 사람은 다 죽었지요. 그 이후로 45년이 흘렀지요. 그러니 제일 나이 많은 사람이라 해 봐야 65세인데 갈렙은 85세입니다. 모든 사람들보다도 스무 살 이상은 더 많은 어른입니다. 또 그는 가나안 정복 전쟁에 있어서는 혁혁한 공을 세운 공로자입니다. 훈장을 달라치면 온 가슴을 뒤덮고도 남을 만큼 공을 세운 정복 전쟁의 산 증인입니다. 그러니 그는 가만히 앉아서도 제일 좋은 땅을 물려받을 수 있는 입장이고 그것이 잘못되었다고 불평할 사람은 아무도 없습니다.

그런데도 그는 헤브론에 올라가서 전쟁을 하겠다고 합니다. 그곳에는 아낙사람들이 있습니다. 골격이 크고 장대한 사람들입니다. 그들의 성읍은 크고 견고합니다. 결코 만만히 볼 수 없는 이 철옹성같은 헤브론을 나이 85세가 된 노인이 가서 정복하겠다고 합니다. 어떻게 하면 제비 잘 뽑아서 좋은 땅을 차지할 수 있을까 만을 생각하며 가슴 조리고 있던 안일한 사람들에게 갈렙의 이 뜻밖의 말은 폭탄선언이 아닐 수 없습니다.

이번뿐이 아닙니다. 45년 전, 열 정탐꾼의 부정적인 보고 앞에 이스라엘 백성들이 전부 낙담할 대로 낙담해 있을 때 그 때도 갈렙은 폭탄선언을 했습니다. 민수기 14:8절에 "여호와께서 우리를 기뻐하시면 우리를 그 땅으로 인도하여 들이실 것이라. 그들의 보호자는 그들에게서 떠났고 여호와는 우리와 함께 하시느니라. 그들을 두려워 말라. 그들은 우리 밥이라."

이스라엘이 가나안 정복 전쟁을 거의 마무리 지을 무렵에 그들에게는 하나의 중대한 과제가 대두 되었습니다. 그것은 정복지를 지파별로 분배하는 문제였습니다. 땅을 분배한다는 것은 그들에게는 기쁨과 감격의 순간이었습니다. 오랜 전쟁을 마감하고 이제 그 전리품을 나누게 되었으니 피비린내 나는 전쟁터를 누볐던 사람들로서는 얼마나 감개무량했겠습니까? 그러나 그것은 동시에 숨 막히는 긴장의 순간이기도 했습니다. 땅은 그 부족의 번영을 보장해주는 존재의 기반과도 같은 것입니다. 그러니 어떤 부족이 어떤 땅을 배정 받느냐 하는 것은 그야말로 초미의 관심사가 아닐 수 없습니다. 월드컵 조 추첨을 할 때 쪽지 하나 꺼내서 읽을 때마다 함성이 터지는가 하면 죽음의 조에 걸린 나라는 고개를 떨구듯이 아마 그 때 그 땅 추첨의 현장에도 함성이 터지기도 하고 안타까운 한숨소리가 들리기도 했을 것입니다.

갈렙의 폭탄선언

　그 긴장된 자리에 갈렙이 나타났습니다. 그리고는 여호수아를 향하여 폭탄선언을 합니다. "나에게 헤브론 땅을 주소서. 그러면 내가 올라가서 그 땅을 정복하겠나이다." 그것이 왜 폭탄선언입니까? 갈렙은 이스라엘 중에서 여호수아와 함께

10.
이 산지를 내게 주소서

때에 유다 자손이 길갈에 있는 여호수아에게 나아오고 그니스 사람 여분네의 아들 갈렙이 여호수아에게 말하되 여호와께서 가데스 바네아에서 나와 당신에게 대하여 하나님의 사람 모세에게 이르신 일을 당신이 아시는 바라 내 나이 사십 세에 여호와의 종 모세가 가데스 바네아에서 나를 보내어 이 땅을 정탐케 하므로 내 마음에 성실한 대로 그에게 보고하였고 나와 함께 올라갔던 내 형제들은 백성의 간담을 녹게 하였으나 나는 나의 하나님 여호와를 온전히 좇았으므로 그 날에 모세가 맹세하여 가로되 네가 나의 하나님 여호와를 온전히 좇았은즉 네 발로 밟는 땅은 영영히 너와 네 자손의 기업이되리라 하였나이다 이제 보소서 여호와께서 이 말씀을 모세에게 이르신 때로부터 이스라엘이 광야에 행한 이 사십 오년 동안을 여호와께서 말씀하신 대로 나를 생존케 하셨나이다 오늘날 내가 팔십 오세로되 모세가 나를 보내던 날과 같이 오늘날 오히려 강건하니 나의 힘이 그때나 이제나 일반이라 싸움에나 출입에 감당할 수 있사온즉 그날에 여호와께서 말씀하신 이 산지를 내게 주소서 당신도 그 날에 들으셨거니와 그 곳에는 아낙 사람이 있고 그 성읍들은 크고 견고할지라도 여호와께서 혹시 나와 함께 하시면 내가 필경 여호와의 말씀하신대로 그들을 좇아내리이다 여호수아가 여분네의 아들 갈렙을 위하여 축복하고 헤브론을 그에게 주어 기업을 삼게 하매 헤브론이 그니스 사람 여분네의 아들 갈렙의 기업이 되어 오늘날까지 이르렀으니 이는 그가 이스라엘의 하나님 여호와를 온전히 좇았음이며 헤브론의 옛 이름은 기럇 아르바라 아르바는 아낙 사람 가운데 가장 큰 사람이었더라 그 땅에 전쟁이 그쳤더라

여호수아 14:6-15

이 산지를 내게 주소서 ●수 14:6-15   167

제 4 부

사명을 위한 약속

10. 이 산지를 내게 주소서(수 14:6-15)

11. 솔리 데오 글로리아!(삼상 17:43-49)

12. 승천하신 그리스도(눅 24:50-53, 행 1:9-11)

만약 여러분 중에 나는 죽어도 용서할 수 없다고 하는 사람이 있다면 결론은 하나입니다. 그 사람은 하나님의 용서를 체험해 본 일이 없는 사람입니다. 구원의 은혜를 체험해 본 일이 없는 사람입니다. 임금의 탕감을 받고 눈물범벅이 되었다가 갑자기 험악한 얼굴로 돌변하는 사람을 도무지 이해하지 못하겠다고 하십니까? 용서하지 않고 있는 당신이 바로 그 사람이라는 것을 알아야 합니다. 그래서 본문의 비유에도 임금은 친구를 용서하지 않은 신하를 다시 감옥에 집어넣어버렸습니다. 그는 임금의 용서를 받을 자격이 없는 사람이기 때문입니다. 그러므로 우리가 하나님의 용서를 받는 것은 일종의 집행유예와 같습니다. 다른 사람의 죄를 용서하면 내가 받은 용서가 더 견고해지고 확실해질 것이지만, 다른 사람을 용서하지 못하면 내가 받은 용서도 무효가 되어버리는 집행유예와 같습니다.

이 시간 여러분의 마음에 용서의 기적이 일어나기를 바랍니다. 대상이 누구인지는 여러분 자신이 잘 아시지요? 그를 향해 걸어두고 있는 마음의 빗장을 풀어버리시기를 바랍니다. 그래서 진정한 승리자가 되시기를 바랍니다. 나아가서 이 살벌한 세상에 용서를 선포하는 평화의 도구가 다 되시기를 바랍니다.

게 그런 잔인한 짓을 할 수 있냐고 여론이 비등합니다. 그런데 이라크의 테러단체는 '미국이 저지른 전쟁의 만행을 생각해 보라. 그 보복일 뿐이다.' 라고 합니다. 그러면 미국은 '우리는 그냥 전쟁 일으켰나? World Trade Center에서 비행기 테러를 당해 죽어간 무고한 5천 명을 생각해 보라. 그 테러집단에 대한 응징일 뿐이다.' 라고 하겠지요. 그러면 이라크는 '우리가 그냥 테러했냐? 미국이 왜 이스라엘을 돕나? 그 응징이다.' 라고 할 것입니다. 그러면 이스라엘은 '너희가 우리 백성들에게 테러 했지 않나?' 할 것이고, 아랍은 '그전에 너희가 우리 땅을 빼앗았지 않느냐?'고 하겠지요. 그렇게 거슬러 올라가기 시작하면 수천 년의 역사를 들추어야 됩니다. 전부 과거 일에 대한 보복, 또 그에 대한 보복, 보복의 연속입니다.

 보복의 문제점은 결코 멈추지 않는다는 것입니다. 국가 간에도 그렇고 개인 간에도 그렇습니다. 한 쪽이 복수하면 다른 쪽이 보복하고, 그러면 또 복수하고, 또 보복하고, 그럴 때마다 강도가 점점 더 잔혹해집니다. 그래서 복수의 악순환은 에스컬레이터처럼 점점 더 심각한 고통의 단계를 향해 치닫게 됩니다. 이 파멸의 악순환을 끊는 길은 용서밖에는 없습니다. 미국이든 아랍이든 어느 한 쪽이 무조건적으로 '우리가 잘못 했다. 우리는 더 이상 싸우기를 원치 않는다. 우리에게 행한 일도 다 용서하고 잊겠다.' 하고 선언하기 전까지는 문제는 해결되지 않습니다.

됩니다. 신약에 나오는 용서라는 단어의 본래 뜻은 '자신을 풀어주다,' '멀리 놓아주다,' '자유케 하다' 라는 의미입니다. 용서로 인해 자유를 얻는 사람은 바로 자기 자신입니다. 용서의 최대 수혜자는 바로 용서하는 자기 자신입니다.

둘째로, 용서는 상대방을 변화시키는 힘이 있습니다. 빅토르 위고의 소설「레미제라블」을 아시지요. 경찰이 사제관에서 은잔을 훔친 장발장을 끌고 와서 신부의 집 문을 두드립니다. 그를 평생 감옥에 처 넣으려고 끌고 온 것입니다. 그런데 신부의 입에서 나온 말은 너무나 뜻밖입니다. "다시 오셨군요. 참 다행입니다. 제가 은잔 하고 촛대까지 드렸던 걸 잊으신 모양이지요? 그것도 은이라서 족히 이백 프랑은 나갈 텐데. 깜박 잊고 놓고 가셨나요?" 은잔은 장발장이 훔친 것이 아니라 자기가 준 것이라는 신부의 말에 경찰들은 아무 소리 않고 떠났습니다. 그 순간 아예 말을 잃고 떨고 선 장발장에게 신부는 촛대를 주며 한 마디를 건넵니다. "그 돈을 정직한 사람이 되는 데 쓰시기로 저와 약속한 것을 절대 잊지 마십시오."

이 핵폭탄과도 같은 용서의 위력 앞에 장발장의 그 얼어붙었던 마음은 여지없이 허물어져 내렸습니다. 그 때부터 그는 180도로 달라진 인생을 살게 됩니다. 장발장은 감옥에서 19년을 살았지만 감옥이 사람을 변화시키지 못합니다. 용서만이 어둡고 병든 마음을 치료할 수 있습니다.

김선일씨 처형 사건으로 온 나라가 들끓고 있습니다. 어떻

용서의 능력

용서에는 놀라운 능력이 있습니다. 첫째는 용서하는 자에게 큰 평안과 자유함을 안겨줍니다. 여러분, 어떤 사람과 대판으로 부딪치고는 그 사람이 미워서 말도 하지 않고, 마주치지도 않고, 외면해버리고, 그렇게 지내본 일이 있습니까? 그러면 정말 괴롭습니다. 그 사람 생각만 해도 심장이 벌렁벌렁 뛰고, 잠도 안 오고, 얼굴은 벌겋게 달아오르는데 견딜 수가 없습니다. 그럴 때 해결책이 무엇입니까? '아예 무시해 버리자.' 늘 마주치는데 그럴 수도 없어요. 해결책은 내가 먼저 용서해버리는 것입니다. 그러고 나면 마음이 말할 수 없이 자유롭고 평안해집니다.

용서하지 않으면 나는 과거의 감옥에 갇혀 살게 됩니다. 내가 받은 상처 때문에 계속 그 기억에 머물러 있습니다. 그 사람을 원망하고 미워하고 있으면 괴롭고 답답한 것은 나 자신입니다. 그 사람은 별 고통도 없이 잘 지내고 있는데, 잘 돌아다니고 잘 살고 있는데, 나는 아픈 상처 때문에 괴로워하고, 잠도 잘 자지 못한다면 그 파괴된 관계의 최대 피해자는 바로 나 자신입니다. 그것은 내 삶의 통제권을 그 사람에게 넘겨주어 버린 결과가 됩니다. 왜 그렇게 살아야 합니까?

해결책은 내가 먼저 용서해 버리는 것입니다. 그러면 나는 그 아픈 상처로부터 해방됩니다. 고통의 포로로부터 놓여나게 채마저 드리우고 있습니다. 한 눈에도 그가 얼마나 하나님을 사랑하는지, 그리고 하나님도 그를 얼마나 사랑하시는지가 느껴집니다. 디어 목사는 저 사람이 도대체 누군지 궁금해서 견딜 수가 없어 살며시 다가가서 그의 옆얼굴을 보았습니다. 그 순간 그는 소스라치게 놀라지 않을 수가 없었습니다. 그는 다름 아닌 자기가 미워하는 바로 그 집사였기 때문입니다.

그러자 환상은 사라지고 다시 도로가 나타났습니다. 디어 목사는 차를 갓길에 세워놓고 얼굴을 핸들에 묻고 한참을 엎드려 있었습니다. 뜨거운 눈물이 펑펑 쏟아졌습니다. 그도 분명히 하나님을 사랑하는 사람인데, 간절히 예배하는 사람인데 내가 그를 그렇게 미워했던가 하는 자책감에 견딜 수가 없었습니다. 그래서 하나님께 진심으로 회개하고 그 길로 바로 그 집사의 집을 방문했습니다. 자신의 잘못을 고백하면서 용서를 구했습니다. 목사가 용서를 구하는데 뻣뻣할 집사가 있겠습니까? 그 집사는 더욱 납작해져서 목사님께 용서를 구했습니다. 그 후 두 사람은 그 교회 안에서 누구보다도 가까운 사이가 되어 주의 일을 잘 감당했다고 합니다.

형제 속에 있는 주님을 사랑하는 마음을 보십시오. 그도 기도하면서 눈물을 흘리는 사람입니다. 말씀을 받고 마음이 뜨거워지는 사람입니다. 그걸 보십시오. 그것보다 더 큰 공통점이 어디 있습니까? 의견이 다른 것은 대화를 통해서 하나씩 하나씩 풀어 가면 됩니다.

사람을 멀리해서는 안 됩니다. 이 지구도 저 높은 우주에서 보면 당구공보다도 더 매끄럽게 보인다고 합니다. 우리는 교리가 다르다, 교파가 다르다 하지마는 하나님이 보시기에는 뭐가 그리 큰 차이가 있겠습니까?

잭 디어 목사는 미국 댈러스 신학교의 구약학 교수로 봉직하다가 지금은 달라스 근교 포트워스에서 모범적인 목회를 하시는 분입니다. 그 교회에 늘 목사의 발목을 잡는 집사가 한 사람 있었습니다. 어느 주일날 디어 목사는 예배 직전에 이 집사와 충돌하고 말았습니다. 얼마나 화가 나는지 불같이 언성을 높이며 다투었습니다. 그러고 나니 설교가 제대로 될 리가 없지요. 디어 목사는 '더 이상 이 사람은 안 되겠다. 교회를 내보내야 되겠다.'고 결심을 했습니다. 그리고는 그를 어떻게 내 보내는 것이 좋을는지 궁리를 하기 시작했습니다.

며칠 후에 그는 댈러스로 차를 몰고 갈 일이 생겼습니다. 운전을 하면서도 '어떻게 그런 사람이 있나?' 하면서 그 집사를 생각하고 있는데 갑자기 그에게 한 환상이 나타났습니다. 도로가 사라지고 눈앞에 아름다운 예배당 정경이 펼쳐졌습니다. 본당에는 사람들은 하나도 없는데 은은한 예배 음악이 울려 퍼지고 있습니다. 보기만 해도 하나님의 임재가 충만하게 느껴지는 광경입니다. 그런데 자세히 보니 강단 앞에 한 사람이 무릎을 꿇고 있는 것이 보입니다. 조용히 강단을 우러러 보고 있는 그의 뺨에는 눈물이 번져나고 있는데 그 머리 위에는 황금빛 광권태기인지 그건 모르겠습니다. 어쨌든 앞으로는 남편이 함부로 굴 때 '저건 본 모습이 아니다. 본심으로 저러는 것이 아니다.' 그런 눈으로 남편을 바라보세요." 그 말에 깨닫는 바가 있어서 부인이 그런 눈으로 남편을 보려고 노력을 했답니다. 그러니까 어느 순간부터 남편이 불쌍하게 보이기를 시작합니다. 그동안 내가 잘못한 것은 없을까 하는 생각도 들고요. 그래서 그 가정이 극적으로 회복되었습니다.

시각을 달리 하는 것이 중요합니다. 행위와 사람을 구별해야 합니다. 그런데 우리는 어떻습니까? 의견만 조금 달라도 사람을 죽으라고 미워합니다. 교인들이 더 심한 것 같아요. 미국 복음주의자들은 게이나 레즈비언 같은 동성연애자들 집회에 몰려가서는 "에이즈나 걸려 죽으라"고 데모를 해 댑니다. 어떤 천주교 신자는 낙태 시술하는 병원에 총질을 해 대기도 했습니다. 동성연애가 아무리 잘못 되었어도 그래서는 안 됩니다.

어떤 사람이 개와 고양이를 한 울에 넣어서 잘 지내는지 실험을 해 보았답니다. 그랬더니 우리가 생각하는 것보다는 곧잘 지내더랍니다. 이번에는 새와 돼지와 염소를 가지고 실험을 해 보았더니 약간의 적응기를 거치자 이들 역시 잘 지내더랍니다. 마지막으로 장로교인과 침례교인과 천주교인을 한 울에 넣었더니 울안에는 살아남은 자가 없었다고 합니다. 교리가 다르다고 사람을 미워해서는 안 됩니다. 교파가 다르다고

며 "아버지여 저희를 사하여 주옵소서. 자기들의 하는 일을 알지 못함이니이다."라고 기도하십니다. 예수님은 그들의 행위와 그들 자신을 구별하셨습니다. 그렇게 볼 수 있는 눈을 가져야 합니다. 그들의 행위는 무서운 죄악이지만 주님은 그것만 보신 것이 아니라 그 사람들의 영혼을 보셨습니다. 자기들이 하는 일이 무엇인지도 알지 못하는 어두운 영혼들, 불쌍한 영혼을 보셨습니다. 죄 때문에 왜곡되고 변질된 영혼들을 보셨습니다. 그들을 죄 때문에 희생된 불쌍한 희생물로 보셨습니다. 그럴 때 그 원수 같은 사람들도 불쌍히 여기고 용서할 수 있었습니다.

어떤 상담가에게 한 부인이 이혼 상담을 해 왔습니다. 그 부인은 연방 남편에 대한 험담과 비난을 쏟아내었습니다. 상담가가 물었습니다. "두 분이 어떻게 결혼하셨지요?" "연애했습니다." "그러면 서로 사귈 때도 그 사람이 그렇게 형편없는 사람이었습니까?" "아니지요. 그 때는 얼마나 친절하고 싹싹한 사람이었는지 모릅니다." 상담가가 다시 묻습니다. "결혼하고 나서는 어땠습니까?" 부인이 대답하기를 "결혼 하고나서도 처음 얼마 동안은 정말 좋았습니다."

그 말을 듣고 상담가는 정색을 하고 말합니다. "부인, 그 친절하고 싹싹했던 것이 당신 남편의 본 모습입니다. 지금 형편없는 사람이 된 것은 변질된 것입니다. 무슨 이유로 변질되었는지 그것은 잘 모르겠습니다. 직장 스트레스 때문인지, 결혼져버릴 수 있는 것이었습니다. 그런데도 7개월을 다른 방에서 자면서 남편은 남편대로 아내가 다가와 주기를 기다리고, 아내는 아내대로 남편이 방문을 열고 곁에 눕기를 기다리면서 잠을 이루지 못합니다. 그러나 어느 쪽도 먼저 사과하지는 않습니다. 나이가 들면서 이 냉전은 잠잠해 지기는 했지만 이들은 그 때 일이 다시 입 밖에 나올까봐 늘 전전긍긍합니다. 한 번 터지면 바로 어제 다친 것처럼 다시 피가 흐를 것을 알기 때문입니다.

항상 그것이 문제입니다. 저쪽이 먼저 항복해 오기를 기다립니다. 그래서 문제가 해결되지 않는 것입니다. 용서와 관련해서 잘못된 말 두 가지가 있습니다. 하나는 "용서하자. 그러나 잊지는 말자." 잘못된 말입니다. 참된 용서는 다 잊어버리는 것입니다. 또 하나는 "상대가 변해야 용서하지." 아닙니다. 참된 용서는 무조건적으로 먼저 용서해버리는 것입니다. 하나님의 용서를 체험한 사람은 그렇게 할 수 있습니다.

시각을 달리 하라

또 한 가지 용서의 기적을 일구어내는 확실한 방법이 있습니다. 그것은 죄는 미워하지마는 죄인은 불쌍히 여기는 것입니다. 예수님이 그랬습니다. 십자가 위에서 원수들을 바라보

기다리지 말고 먼저 용서하라

이런 용서는 언제나 무조건적으로 먼저 행하는 특징이 있습니다. 우리는 항상 상대방이 먼저 용서를 빌면 용서하겠다고 합니다. '당신이 먼저 용서를 구해야지.' '아니, 당신이 잘못했으니까 먼저 빌어야지.' 서로가 그러고 있습니다. 그래서 상대방이 무슨 눈짓으로나, 행동으로나 신호를 보내는지, 얼굴에 미안한 표정이라도 짓는지 부지런히 살핍니다. 나는 언제나 용서할 준비가 되어 있다고 하면서 절대 먼저 용서하지는 않습니다. 그것은 용서의 빚진 자의 태도가 아닙니다.

노벨문학상을 받은 가브리엘 마르케즈의 소설 가운데 "콜레라 시대의 사랑"이라는 것이 있습니다. 현대인의 가정이 얼마나 사소한 것으로 붕괴되어 가는지를 잘 그리고 있는 소설입니다. 어느 날 아내가 세면대에 비누를 꺼내 놓는 것을 잊었습니다. 남편이 역정을 내자 아내도 지지 않고 대꾸합니다. "당신이 좀 챙기면 안 돼요?" 그 소리에 남편은 더 열이 올라서 "한 번 두 번이면 내가 말도 안 해. 비누 없이 샤워한 지가 벌써 일주일째야." 그 때부터 냉전이 시작되었는데 장장 7개월을 부부는 입을 닫아버렸습니다. 밥도 말없이 먹고 잠도 다른 방에서 잤습니다.

만약에 어느 한 쪽이라도 "여보, 그만합시다. 계속 이럴 순 없소. 미안해요, 내가 잘못했어." 했다면 그 장벽은 금방 무너

뛰쳐나와 버렸습니다. 그리고는 가지고 갔던 내의며 양말을 땅바닥에 내동댕이치면서 욕설을 퍼붓습니다. "뭐, 다 용서받았다고? 내가 용서하겠다는 말을 꺼내기도 전에 다 용서받았단다. 제 혼자서 다 용서받아 버렸단다. 나쁜 놈, 자기가 지은 죄가 어떤 죈데 용서를 받아?" 청년은 장기 기증을 유언으로 남깁니다. 마침내 청년이 사형을 받고 그 장기를 실은 앰뷸런스가 사이렌을 울리며 달려가는 것을 TV에서 중계합니다. 부인은 그 장면을 보면서 마음의 괴로움을 이기지 못해서 약을 먹고 자살하는 것으로 소설은 끝을 맺습니다.

그 부인의 잘못이 무엇입니까? 그녀는 자기 자신의 아량으로 용서해 주려고 했습니다. 청년이 뼈를 깎는 참회의 눈물을 흘릴 때 그걸 보고 자신이 아량을 베풀어서 용서를 한번 고려해 보려고 생각했습니다. 용서를 자신이 베푸는 시혜로 생각한 것이지요. 보통 사람들은 다 그렇게 생각합니다. 그러나 오늘 말씀을 보니까 용서는 내가 짜내는 것이 아니라 강물처럼 위로부터 부어지는 것입니다. 용서를 내가 베푸는 시혜로 생각하면 정말 몇 번 용서해주었는지 바를 정자를 그어가며 헤아리게 됩니다. 그러나 하나님께로부터 받은 그 큰 용서를 바라보는 사람은 헤아릴 필요가 없습니다. 나는 용서 안 해줄 권리가 없다는 것을 알기 때문에 몇 번 용서했는지 헤아릴 필요가 없습니다. 그래서 무한정으로 용서하는 기적이 가능하게 됩니다.

청년은 당황해서 기어코 안겨주려고 하고, 그렇게 밀고 당기고 하다가 그만 소녀는 넘어지면서 머리를 부딪쳐서 뇌출혈로 죽고 맙니다. 청년은 성폭행 하려다 살인까지 한 파렴치범으로 몰려 사형을 언도 받습니다.

 청년은 감옥에서 예수를 영접하여 열심히 신앙생활을 하게 됩니다. 그런데 문제는 죽은 소녀의 어머니였습니다. 나날을 고통 속에서 지나던 이 부인을 이웃교회의 여전도사님이 전도를 해서 마침내 그녀도 교회에 출석을 하게 되었습니다. 교회 출석은 시작했지만 마음에 고통은 여전한 것을 보고 한번은 여전도사님이 제안을 합니다. 그 청년을 용서해 주면 마음에 평안이 있을 테니까 용서해 주지 않겠느냐고 권합니다. 처음에는 어림도 없다고 했지만 이왕 죽을 사람인데 용서해 주면 안 되겠느냐는 말에 설복이 되어 어렵게 결단을 했습니다.

 그래서 부인은 청년을 면회하러 갑니다. 청년은 고개를 들지 못하고 있는데 부인이 먼저 말을 꺼냅니다. "청년도 예수 믿게 되었다면서요? 나도 교회 나가기 시작했어요." 그랬더니 그 청년이 고개를 번쩍 쳐들고는 하늘을 향해 외칩니다. "할렐루야, 하나님 감사합니다. 이 못난 죄인은 하나님께서 이미 다 용서해 주셨지만 사모님이 마음에 걸려서 지금까지 구원해 달라고 기도했는데 이제 교회 나가신다고 하니 너무나 감사합니다." 그 모습을 지켜보는 부인의 얼굴이 차갑게 굳어지기 시작합니다. 청년을 무섭게 노려보더니 그냥 자리를 박차고 변하는 것을 한번 상상해 보세요. 그것이 어울릴 법한 일인지.

이 비유가 무얼 말한다는 것을 우리는 잘 압니다. 여기서 임금은 하나님을 가리키고 신하는 바로 우리들입니다. 우리는 하나님으로부터 말할 수 없는 은혜를 입었습니다. 탕자같이 아버지를 떠났던 우리들, 지옥 밑바닥에 떨어져야 할 우리들을 하나님께서는 다 용서해 주시고 자기 자녀로 삼아 주셨습니다. 이것은 빚 1조 원 면제받은 것 하고도 비교할 수 없는 크나 큰 은혜입니다. 우리도 도무지 갚을 수 없는 용서의 빚을 진 사람들입니다. 그렇다면 이제 인생을 살면서 다른 사람들을 보는 눈도 좀 달라져야 하지 않겠습니까? 우리가 도대체 용서 못 해줄 사람이 어디 있겠습니까?

이 비유의 포인트는 용서는 내 자신의 힘으로 하는 것이 아니라는 것입니다. 내가 받은 그 큰 용서를 생각할 때 그 힘으로 하는 것이지 단순히 나의 인간적인 의지로 하는 것이 아니라는 것입니다.

기독교 중견 작가인 이청준의 소설 "벌레인간"을 TV에서 각색한 것을 본 일이 있습니다. 동네 포장마차에서 장사하던 한 순박한 청년이 언제부터인가 늘 포장마차 앞을 지나가는 한 소녀를 동경하게 되었습니다. 그 소녀가 고교를 졸업하는 졸업식 날 이 청년은 두근거리는 마음으로 꽃다발을 준비해서 소녀에게 선물하려고 합니다. 그런데 웬 낯선 청년의 이 돌출 행동에 놀란 소녀가 그것을 받지 않으려고 뒷걸음질을 치니까고 애원을 합니다. 그 애원하는 모습이 측은했든지 임금은 너무나 뜻밖에도 빚을 다 면제해 주었습니다. 이 생각도 못한 은혜를 입고 궁정을 나오는데 그저 날아갈 것만 같습니다. 마치 사형을 받아야 마땅한 사람에게 무죄가 선고된 것과 같습니다. 온 세상천지가 그렇게 달라 보일 수가 없고 하늘이 그렇게 푸를 수가 없습니다.

그런데 길에서 마침 자기에게 100 데나리온, 우리 돈으로 약 200만원 빚진 친구를 맞닥뜨렸습니다. 그 친구는 제발 조금만 기다려달라고 사정을 하는데 이 신하는 험악한 얼굴로 그 친구 멱살을 붙들고 "내 돈 한 푼이라도 다 갚지 않으면 죽을 줄 알아라"고 하면서 그 친구를 감옥에 쳐 넣어버렸습니다. 이 소식을 들은 임금은 대노해서 그 신하를 다시 감옥에 쳐 넣어버렸다는 이야기입니다.

이 신하의 잘못이 무엇입니까? 그는 임금이 베풀어 준 크나큰 은혜 때문에 살게 된 사람입니다. 그렇다면 자신도 마땅히 이 은혜의 눈빛으로 세상을 보아야 했습니다. 만약 그런 일이 없었다면 자기 친구에게 한 일을 아무도 잘못이라도 할 수 없지요. 채권자로서 마땅히 그렇게 할 수 있습니다. 그러나 자기는 왕의 큰 용서 때문에 살고 있는 사람이라는 것을 조금이라도 인식한다면 자기 친구에게 그럴 수는 없습니다. 1조 원이나 되는 돈을 탕감 받고 감격해서 눈물범벅이 되어 있다가 갑자기 자기 돈 2백 만 원 안 갚는다고 죽일 듯이 험악한 얼굴로 돌

것이 그처럼 어렵습니다.

  이것은 용서의 횟수뿐 아니라 용서의 질에도 관계가 됩니다. 일전에 대법원에서는 한 청년에게 사형을 확정 판결했습니다. 흥청망청 방탕하게 살면서 카드빚이 7천만 원 졌는데 그것 안 갚아준다고 어머니와 할머니를 목을 졸라 살해하고 아버지와 형도 죽이려고 하다가 잡힌 사람입니다. 그 전에도 부모가 4천만 원 갚아주었는데 이번에는 안 되겠다고 하니까 그런 짓을 했습니다. 그래서 이런 패륜아는 용서할 수 없다고 해서 대법원에서 사형을 언도했습니다. 기독교적인 관점에서는 이 사형언도를 어떻게 보아야 할까요? 예수님의 무한정으로 용서해 주어라는 말씀 속에는 그런 패륜아도 포함되는 것일까요?

용서의 빚진 자

  일흔 번씩 일곱 번이라도 용서해 주어라는 뜻밖의 대답에 난감해 하는 베드로의 마음을 아시고 주님은 즉각 한 비유를 말씀하십니다. 옛날 어떤 임금에게 신하가 한 사람 있었습니다. 이 신하는 임금에게 일만 달란트, 우리 돈으로 약 1조 원의 빚을 지고 있었습니다. 자기 소유 다 팔고 처자식 노예로 다 팔아도 갚을 수 없는 빚입니다. 그는 임금에게 조금만 봐 달라 그는 "일곱 번까지 하면 됩니까?" 라고 묻습니다. 그 당시 랍비들은 인간이 베풀 수 있는 용서의 횟수를 최대 세 번이라고 가르쳤습니다. 그러니까 베드로가 일곱 번이라고 한 것은 큰맘 먹고 아주 파격적으로 선을 높인 것입니다. 그런데 예수님의 대답은 전혀 뜻밖입니다. "일흔 번씩 일곱 번이라도 할지니라." $7 \times 7 = 49$, 490번이라도 해야 한다고 하십니다.

베드로의 입이 딱 벌어졌을 것입니다. 자기는 용서의 한계가 알고 싶어서 질문을 했는데 예수님은 '한계가 뭐냐? 490번이라도 용서해 주어라' 고 하십니다. 여러분, 490번이나 용서한 사람이 491번째부터 용서 안 해 주는 사람이 있겠어요? 그러니 이 말은 무한정으로 용서해 주어라는 말이지요. 사람이 무슨 힘으로 무한정 용서해 준단 말입니까? 그러기 위해서는 내 감정을 죽이고 또 죽여야 할 텐데 그것이 가능이나 하겠습니까?

어떤 목사에게 애를 먹이는 교인이 한 사람 있었답니다. 얼마나 목사를 괴롭히는지 말도 못하는 사람입니다. 그런데 그 목사는 성경을 읽다가 그 사람을 용서해야겠다는 결심을 하게 되었습니다. 그래서 한 달간 작정을 하고 그를 용서할 힘을 달라고 새벽마다 간절히 기도했습니다. 마지막 날이 되었는데 이제는 정말 용서할 수 있겠다 싶은 마음이 들었습니다. 그래서 주께 감사하면서 자리를 일어서는데 마음 한 구석에서 '그래도 괘씸한데' 하는 생각이 일어나더랍니다. 한 달간을 기도한 것이 한 순간에 그냥 다 허물어져버렸습니다. 용서한다는

무한정 용서하라?

어느 날 베드로가 심각한 표정으로 예수님에게 다가와서는 이런 질문을 합니다. "주님, 형제가 내게 죄를 범하면 몇 번이나 용서해야 합니까? 일곱 번까지 하면 됩니까?" 베드로가 갑자기 왜 이런 질문을 하는지는 금방 이해가 됩니다. 열 두 명이나 되는 제자들이 함께 공동생활을 할 때 서로 부딪치는 일들이 많았을 겁니다. 도무지 맘에 안 드는 친구들도 있었을 겁니다. 그럴 때 신자는 도대체 몇 번이나 용서해야 하는 것일까 하는 의문이 자연스럽게 생겼을 것입니다.

자기도 예수님의 제자는 다른 불신자들보다는 더 많이 용서해 주어야 한다는 것을 잘 압니다. 그러나 무한정 용서할 수는 없지 않겠습니까? 그러니 무슨 선이 있어야겠다고 생각한 것이지요. 가령 예를 들어서 예수님이 '신자는 세 번까지는 용서해 주어야 한다.'고 선을 그어 주시면 그 세 번까지는 죽을 힘을 다해서 용서하고, 그리고 그 다음부터야 용서 안 해 주어도 내 잘못은 아니니까 일이 분명해지지 않겠습니까? 그런데 이 선을 모르니까 계속 용서를 하자니 내 감정을 죽이느라고 죽을 지경이고, 그렇다고 용서를 안 해 주려니 신자로서 이래도 되는가 하는 께름칙함이 있고, 이러지도 못하고 저러지도 못하는 것입니다.

그래서 베드로는 지금 심각하게 이 질문을 하고 있습니다.

9. 일흔 번씩 일곱 번이라도

그 때에 베드로가 나아와 가로되 주여 형제가 내게 죄를 범하면 몇 번이나 용서하여 주리이까 일곱 번까지 하오리이까 예수께서 가라사대 네게 이르노니 일곱 번 뿐 아니라 일흔 번씩 일곱 번이라도 할지니라 이러므로 천국은 그 종들과 회계하려 하던 어떤 임금과 같으니 회계할 때에 일만 달란트 빚진 자 하나를 데려오매 갚을 것이 없는지라 주인이 명하여 그 몸과 처와 자식들과 모든 소유를 다 팔아 갚게 하라 한대 그 종이 엎드리어 절하며 가로되 내게 참으소서 다 갚으리이다 하거늘 그 종의 주인이 불쌍히 여겨 놓아 보내며 그 빚을 탕감하여 주었더니 그 종이 나가서 제게 백 데나리온 빚진 동관 하나를 만나 붙들어 목을 잡고 가로되 빚을 갚으라 하매 그 동관(同官)이 엎드리어 간구하여 가로되 나를 참아 주소서 갚으리이다 하되 허락하지 아니하고 이에 가서 저가 빚을 갚도록 옥에 가두거늘 그 동관들이 그것을 보고 심히 민망하여 주인에게 가서 그 일을 다 고하니 이에 주인이 저를 불러다가 말하되 악한 종아 네가 빌기에 내가 네 빚을 전부 탕감하여 주었거늘 내가 너를 불쌍히 여김과 같이 너도 네 동관을 불쌍히 여김이 마땅치 아니하냐 하고 주인이 노하여 그 빚을 다 갚도록 저를 옥졸들에게 붙이니라 너희가 각각 중심으로 형제를 용서하지 아니하면 내 천부께서도 너희에게 이와 같이 하시리라

마태복음 18:21-35

오늘 본문의 하나님을 보십시오. 지금 엘리야가 하는 짓이 바른 것입니까? 엄청난 기도의 응답을 몇 번씩이나 받은 사람이 말도 안 되는 넋두리나 하고 있는 것이 잘하는 짓입니까? 그래도 하나님은 이 어처구니없는 종을 향하여 얼굴 한 번 붉히지 않습니다. 오히려 그를 어루만져 주시고 열심히 타이르십니다. 이 하나님이 내 하나님 아버지이심을 믿으십시오.

저는 전도사 시절 새벽기도 시간에 자주 이 위로의 하나님을 만났습니다. 그 때 저의 기도의 파트너는 지금은 천국에 계신 서 장로님이셨습니다. 그 분은 교인들이 하나씩 둘씩 떠나고 나면 그 때부터 톤이 한 옥타브 올라갑니다. 얼마나 쟁쟁하게 기도하시는지요. 그러면 저도 질세라 부르짖기 시작합니다. 그 때는 신학교에 친구도 별로 없었습니다. 경제 사정도 막막합니다. 가정에서는 아버지가 신학 하는 것을 계속 반대합니다. 처음 시작하는 전도사 생활은 생소하기만 합니다. 정말 무얼 어떻게 해야 할지 내일 일을 알 수 없는 나날이었습니다. 그러나 부르짖기만 하면 제 마음 속에 들려오는 것은 '그래, 내 아들아 내가 너를 불렀지 않느냐? 내가 너와 함께 하마' 하는 속삭임이었습니다. 그 음성 저는 잊을 수가 없습니다. 주님의 위로는 아침 이슬같이 촉촉이 제 가슴을 적셔 왔습니다.

여러분도 이 위로의 하나님을 만나시기를 바랍니다. 그래서 실의와 좌절의 로뎀나무가 소망과 축복의 호렙산으로 바꾸어지기를 기원합니다.

다. 그런데 하나님은 그 속에 계시지 않았습니다. 그 다음에 지진이 무섭게 일어났는데 그 속에도 하나님은 계시지 않고, 불이 일어나는데 그 속에도 하나님은 계시지 않았습니다. 마지막으로 세미한 음성이 들리는데 뜻밖에도 하나님은 그 속에 계셨습니다. 무슨 뜻입니까? 엘리야는 기적과 이적을 통해 하나님이 그 백성을 뒤집어엎는 역사를 할 줄 알았습니다. 그러나 하나님은 그것은 네 생각이지 내 생각은 너의 생각하고는 다르다고 하십니다.

그리고는 말씀하십니다. "너는 다메섹에 가서 하사엘에게 기름 부어 아람 왕이 되게 하고, 예후에게 기름 부어 이스라엘 왕이 되게 하고, 엘리사에게 기름 부어 너를 대신하여 선지자가 되게 하라. 하사엘의 칼을 피하는 자를 예후가 죽일 것이요 예후의 칼을 피하는 자를 엘리사가 죽이리라." 무슨 뜻입니까? '엘리야야, 내가 너를 통해 일했듯이 나는 하사엘을 통해 일하고 예후를 통해 일하고 엘리사를 통해 일할 것이다. 네 때에 변화가 나타나지 않는다고 해서 낙심하지 말라. 거룩한 역사는 계속되고 있음을 기억하라.'

엘리야의 문제가 그것이었습니다. 자기 때, 자기 방법에만 집착했습니다. 나를 통해서만 이루어져야 한다고 집착했습니다. 그것이 안 되니까 낙심했습니다. 그것은 잘못된 아집이고 인간적인 욕심입니다. 하나님은 내 때가 있다, 내 방법이 있다고 하십니다. 하나님의 일을 할 때 우리가 이런 점을 조심해야 합니다.

무기력은 깨끗이 사라지고 그야말로 영감이 펄펄 솟는 사람이 은혜의 사람이 되었습니다.

여러분, 영적인 침체가 계속될 때는 좋은 기도원 같은 곳을 찾아서 특별하게 엎드리는 것도 필요합니다. 오정현 목사는 사랑의 교회 청빙을 받았을 때 제일 먼저 무척산기도원을 찾았다고 합니다. 옛날 청년 시절 처음 목회자로의 소명을 받았을 때 하나님과 더불어 씨름했던 그 장소를 찾아 엎드렸다고 합니다. 지금 가보니 시설이 너무 낙후되어서 그래서 시설 보수하라고 천만 원을 선뜻 내어놓았다고 합니다. 좀 특별하게 하나님의 임재 앞에 설 수 있는 곳을 찾아서 거기서 하나님을 만나고, 그 영광의 빛 앞에서 내 영혼에 힘을 얻고, 다시금 일어서는 변화의 역사가 있어야 합니다.

아집을 버려라

마지막으로 하나님은 엘리야의 잘못된 아집을 고쳐 주십니다. 엘리야는 자기가 놀라운 기적을 행했는데 왜 이스라엘이 변하지 않는지 그것 때문에 낙심하지 않았습니까. 하나님은 그것이 잘못된 아집이라고 하십니다.

엘리야 앞에 크고 강한 바람이 산을 가르고 바위를 부수며 지나가는데 그는 당연히 하나님이 그 속에 계실 줄 알았습니신 손으로 모세를 덮어서 얼굴은 보지 못하고 등을 보게 하신 곳입니다.

그러니까 이 굴은 하나님의 영광이 임재했던 지성소 중의 지성소입니다. 하나님이 엘리야를 이곳으로 인도하셨습니다. 그것은 하나님의 특별 처방을 의미합니다. 영적으로 희미해진 엘리야, 어두워진 엘리야를 회복시키기 위해서 하나님은 그 옛날 놀라운 임재의 영광을 보여주셨던 곳에 그를 세우시고 그에게 특별히 나타나 주시는 것입니다. 그리고는 "엘리야야, 네가 어찌하여 여기 있느냐?" 하고 묻습니다. 그런 후에 엘리야의 대답을 기다리십니다. 또 묻고 답하고 묻고 답하고 하십니다. 왜 그렇게 합니까? 하나님의 의도는 바로 엘리야로 하여금 하나님과의 영적 교제를 회복시키려고 하는 것입니다. 어두워진 그의 영안을 다시 열어주시려는 것입니다. 모세를 만나셨고 그에게 영광의 임재를 보여주심으로 사명의 길을 가게 했던 하나님께서 이제 다시 한번 그곳에서 엘리야를 만나시고 그를 일으켜 부름 받은 길을 가게 하시는 것입니다.

이 하나님의 열심을 한 번 보세요. 어떻게 하든지 자기 종의 어두운 눈을 열어서 다시 한 번 믿음의 사람이 되도록 하시는 하나님을 보세요. 저는 이 장면에 오면 마치 하나님이 잠자는 종을 마구 흔들어 깨우시는 것 같은 느낌을 받습니다. 하나님의 집착이 얼마나 놀라운지요. 이 하나님의 특별 치료를 받은 후에 엘리야는 완전히 딴 사람이 되었습니다. 그를 뒤덮었던

이라고 믿습니다. 하나님이 천사들을 보내어서 반찬도 갖다 주고 전화도 걸어주시는 거예요. 그 손길들 없으면 목회 못합니다.

그런 다음 하나님은 엘리야를 호렙산으로 인도하십니다. 왜 하필 호렙산입니까? 호렙산은 바로 시내산이지요. 호렙산은 큰 산맥의 이름이고 그 중에 속한 한 산의 이름이 시내산입니다. 시내산은 엘리야 때로부터 6백 년 전에 하나님께서 불붙는 가시떨기 가운데 나타나셔서 모세를 부르시고 대화하시고 출애굽의 위대한 사명을 주셨던 곳입니다. 또한 빽빽한 구름과 나팔소리 가운데 하나님이 임재하셔서 모세를 불러올리시고 그와 더불어 말씀하시고 십계명을 내려주신 거룩한 산입니다.

그런데 하나님은 엘리야를 이 산 중에서도 아주 특별한 곳으로 인도하십니다. 9절 보니까 "엘리야가 그 곳 굴에 들어가 거기서 유하더니" 하고 했습니다. 우리말로 '그 곳 굴' 인데 히브리 원어를 보면 여기에 정관사가 있습니다. '그 굴' 입니다. 그 굴이라고 하면 앞에 언급 된 굴을 의미하는데 열왕기상에는 아무리 뒤져보아도 굴이 나오지 않습니다. 굴은 출애굽기 33:22 이하에 나옵니다. "내 영광이 지날 때에 내가 너를 반석 틈에 두고 내가 지나도록 내 손으로 너를 덮었다가 손을 거두리니 네가 내 등을 볼 것이요 얼굴은 보지 못하리라." 이 반석 틈이 바로 그 굴입니다. 모세가 하나님의 영광의 등을 목격한 곳입니다. 하나님의 얼굴을 보면 죽을 테니까 하나님이 그 크밀함과 자상함으로 엘리야를 돌보십니다. 하나님은 엘리야의 번 아웃이 육체적으로 지칠 대로 지친 영향이 크다는 것을 잘 아시기 때문에 지금 몸부터 회복시켜 주시는 것입니다.

떡과 물이 우리에게 의외로 큰 위로를 줄 때가 있습니다. 저는 총각 강도사 시절에 교회 일층 모퉁이 방에서 동생과 함께 자취를 한 적이 있습니다. 남자 둘이서 사니까 형편이 없지요. 보다 못해 어떤 때는 집사님, 권사님이 반찬을 갖다 주십니다. 우리는 그것을 그릿 시냇가에서 떡과 고기를 물어다주던 까마귀를 생각해서 까마귀라고 암호를 정했습니다. 누가 문을 똑똑 두드리면 "까마귀 왔다," "두 마리나 왔다." 하고 속삭입니다. 찬합을 열어보면 생선 조림도 있고 두텁떡도 있습니다. 그러면 그 날은 정말 행복합니다.

설교 죽 쑤고 나면 한 주간 내내 얼마나 맥이 빠지는지 모릅니다. 그런 주간에는 꼭 전화 온다. 다른 일로 얘기하다가 마지막에 전화 끊으면서 "목사님, 지난 주 말씀 너무너무 감사했습니다. 꼭 저에게 하시는 말씀 같았습니다." 맥이 빠져서 주저앉아 있다가도 그 소리 듣고 나면 다시 피가 도는 것 같습니다. 그리고 다음 주일 낮예배 시간에 나가보면 등록교인마저 있습니다. 그렇게 죽을 쑤었는데 다 도망가고 없을 것 같은데 꾸역꾸역 와서 다 앉아있고 새로 등록교인마저 있습니다. 그냥 눈물이 왈칵 쏟아질 것 같지요. 저는 이 모든 것이 오직 연약한 목사 한 사람을 붙들어주기 위해 하나님이 하시는 일

말입니다. 만일 낙담하고 있다면 거기에 내 업적, 내 이름이 스며들어있지는 않은지 살펴보아야 합니다.

위로자 하나님

이렇게 심신이 지칠 대로 지쳐서, 주위 형편이 너무 열악해서, 사역에 아무 진척이 없어서 로뎀나무 아래에 주저앉아 있는 엘리야는 바로 다름 아닌 나 자신인 것을 발견합니다. 그런데 중요한 것은 이렇게 주저 앉아있는 엘리야를 하나님은 어떻게 다루시는가 하는 점입니다. 사역의 길을 이탈해서 마음대로 탈영해버린 엘리야를 하나님은 책망하시고 징책 하실만한데 전혀 그렇게 하지 않으십니다. 오히려 당신의 종을 어루만져 주시고 회복시켜 주십니다.

하나님은 먼저 천사를 보내 엘리야를 먹이십니다. 머리맡에 숯불에 구운 떡과 물을 준비해놓고는 엘리야로 하여금 먹게 합니다. 그런 다음 푹 자게 합니다. 충분히 재운 후에 다시 깨워서는 먹게 합니다. 아마 엘리야가 곤히 자는 동안에 천사는 그의 잠든 얼굴을 자상하게 지켜보고 있었을 거예요. 그런 다음에 "자, 이제 그만 일어나서 좀 먹어. 갈 길이 먼데 좀 더 먹고 기운을 차려야 해." 하며 먹여주십니다. 어느 친구가 이렇게 하겠습니까? 꼭 어린 아들을 돌보시는 엄마의 손길같이 하나님은 세 잘못된 성공주의는 이기주의적인 집착으로 나타나기도 합니다. '내 때에 이루어져야 한다,' '나에 의해서 이루어져야 한다.'는 식입니다. 헨리 발리(Henry Varley)는 19세기 말 영국의 유명한 설교자였습니다. 그가 이런 고백을 했습니다. 한번은 교회 부흥을 위해 기도하고 있는데 그 기도가 "하나님, 내 설교를 통해서 교회가 부흥되는 것이 아니라면 차라리 부흥되지 않는 것이 좋겠습니다." 하는 마음이 드는 것이 아니겠습니까. 그는 깜짝 놀라 '아니 이럴 수가 있나' 했지만 자기 중심을 들여다보니 솔직히 다른 사람의 사역에 대해서는 기뻐하는 마음이 없는 것을 발견했습니다. 그것을 발견하고는 엄청난 죄의식에 사로잡혔다고 합니다. '내가 정말 하나님의 영광을 구하는 것인가 내 영광을 구하는 것인가?' 그래서 그는 필사적으로 부르짖었습니다. "하나님, 이 못된 이기심으로부터 나를 건져주지 않으면 차라리 내 생명을 가져가버리시옵소서." 그는 한 번도 그런 극단적인 기도를 한 적이 없지만 그 순간만큼은 그렇게 극단적으로 부르짖지 않을 수 없었다고 합니다.

여러분, 사역의 위해서 목표를 설정하고, 전략을 세우고, 최선의 노력을 다해서 뛰십시오. 그러나 그 결과는 하나님께 맡기십시오. 우리가 아무리 심고, 물을 주어도 자라게 하시는 분은 여호와이십니다. 그 분의 주권을 인정하고 때로는 기다릴 줄도 알아야 그것이 참된 믿음입니다. 낙심할 필요가 없다는

다. 서울에 중견교회 목회자 모임이 있는데 모두가 2천여 명 모이는 교회의 목사들이랍니다. 그 모임에서는 "우리는 이렇게 하니까 잘 되더라," "이렇게 해서 재미 봤다" 등등의 얘기가 만발하답니다. 그래서 담임목사가 거기만 갔다 오면 부목사들이 죽어난답니다. 들은 얘기를 자기 교회에 그대로 적용시켜서 부목사들을 혹사하는 거지요. 어떤 교회는 부목사는 9명인데 교회 심방용 승합차는 8대 밖에 없답니다. 일부러 그렇게 한 것이지요. 그래서 교회 제일 늦게 출근한 부목사는 하루 종일 자기 차로 심방하든지 아니면 택시 타고 다니면서 심방해야 합니다. 한번 죽도록 고생하고 나면 다음부터는 부목사들이 새벽기도 마치고 집에도 안 가고 승합차에 올라타서 지킨다고 합니다. 그 정도 되면 교회가 아니라 기업입니다.

　분당 신도시가 한창 조성될 때 거기에 각 교단별로 많은 목사들이 개척교회 하겠다고 뛰어들었습니다. 자연히 치열한 경쟁 구도가 형성되었습니다. 그런 가운데 얼마나 스트레스를 받았으면 4~5년 동안에 젊은 목사들이 8명이나 간경화, 고혈압 등으로 세상을 떠났습니다. 그 죽음이 순교입니까? 만일 그분들이 한 생명이라도 더 구원할 일념으로 뛰다가 세상을 떠났으면 정말로 그것은 하늘의 별과 같이 빛날 아름다운 죽음이고요, 그것이 아니고 하루 빨리 대 교회를 일으켜 세워야겠다는 성공주의에 사로잡혀 그렇게 되었다면 그것은 그냥 과로사이고요.

있는 환경은 단 하나, 하나님입니다. 그래서 그 하나님의 손만 움직일 수 있다면 우리는 두려워 할 것이 없습니다.

사역에 대한 실망감

또 한 가지 엘리야를 낙심케 했던 이유는 사역의 결과에 대한 실망감 때문이었습니다. 자기는 불이 제단을 태워버리고 하늘에서 비가 쏟아지는 기적을 보이면 백성들이 다 회개할 줄 알았습니다. 온 나라가 여호와께로 돌아올 줄 알았습니다. 그런데 웬걸 아무 변화가 없습니다. 왕은 여전히 악하고 백성은 여전히 캄캄하고 아무 것도 달라지는 것이 없습니다. 그래서 낙담하게 된 것입니다.

사역의 결과가 눈에 보이지 않을 때 낙심이 되는 것은 인지상정입니다. 그러나 그것도 어느 정도이지 지나치게 낙담하고 짜증을 부리면서 '이럴 바에야 차라리 죽어버리는 것이 낫겠다.'는 식으로까지 한다면 문제가 있습니다. 사역에 대한 아집이 있어서 그렇습니다. 힘껏 일하고 그리고 결과는 하나님께 맡겨야지, 내가 이만큼 했으니까 결과도 꼭 이 정도는 되어야 한다는 식으로 고집하는 것은 종의 태도가 아닙니다.

사역의 결과에 대한 지나친 집착은 목사의 성공주의 가치관 때문에 생기는 것입니다. 목사들의 성공 신드롬은 못 말립니장을 경영하는 목장주가 있었는데 이 사람이 다른 사업을 해보려고 두 화차분의 소를 팔았습니다. 그런데 현금은 손에 쥐었는데도 길이 잘 열리지를 않습니다. 속에서는 자꾸 "너 그 돈 신학교 갖다 주어라. 신학교 갖다 주어라." 하는 소리가 들립니다. 그 성령의 음성을 거부할 수가 없어서 결단을 하고는 달라스신학교 사무실을 찾았습니다. 자초지종을 얘기하고 수표를 내어놓았습니다. 눈이 휘둥그레진 사무원이 보니 학교가 빚지고 있는 금액과 거의 비슷한 액수였습니다. 당장에 교수와 이사들이 기도하고 있는 방을 박차고 들어가서 수표를 학장에게 건넸습니다. 학장은 그 수표를 보더니 입이 있는 대로 벌어져서 아까 기도한 해리 아이런사이드 교수를 향해 큰 소리로 이렇게 외쳤답니다. "여보게 해리, 하나님이 진짜 소떼를 팔았어!" 달라스신학교 초창기에 있었던 일인데 그 학교는 이런 비슷한 체험이 많습니다.

우리 형편만을 바라보면 낙담하지 않을 수 없습니다. 그러나 눈을 들어 전능하신 하나님을 바라보십시오. 온 세상이 그분의 것인데, 그분이 새끼손가락으로 조금 교통정리만 하셔도 내 문제 금방 해결될 것인데 왜 낙심하겠습니까? 믿음의 사람 허드슨 테일러 선교사는 늘 이렇게 말했습니다. "우리를 둘러싸고 있는 환경은 단 하나뿐입니다. 그것은 바로 하나님입니다." 그렇습니다. 환경, 환경 탓하면서 비관하지 마세요. 좋은 환경, 나쁜 환경이 따로 있는 것이 아닙니다. 우리를 둘러싸고 사역 중에서 가장 중요한 사역은 아버지와 더불어 교제하는 것입니다. 요한복음 6:29에도 "하나님의 보내신 자를 믿는 것이 하나님의 일이니라."고 했습니다. 그렇게 우리 영혼이 아버지와 함께 거하기만 하면 형편이 어떻든지 그것 때문에 침몰하지는 않습니다.

미국 텍사스 주에 위치한 달라스신학교는 강해설교로 유명한 참 좋은 학교이지만 초교파 신학교입니다. 그래서 재정적으로 지원해 주는 교단이 없기 때문에 종종 재정난을 겪고는 합니다. 한번은 학교가 극심한 어려움을 당해 큰 위기를 맞게 되었습니다. 마지막까지도 빚을 해결하지 못해서 결국 그 날 정오까지 채무를 해결하지 못하면 학교가 채권단의 손에 넘어가게 되었습니다. 이사들과 교수들은 한 자리에 모여 하나님께 간절히 기도하고 있었습니다. 돌아가면서 기도하는데 해리 아이런사이드(Harry Ironside) 교수의 차례가 되었습니다. 기도하려는데 문득 시편 50:10절의 말씀이 떠오릅니다. "이는 삼림의 짐승들과 천산의 생축이 다 내 것이며." "내가 가령 주려도 네게 이르지 않을 것은 세계와 거기 충만한 것이 내 것임이로다." 그는 이 구절을 가지고 큰 소리로 부르짖어 기도했습니다. "하나님, 천산의 생축이 다 당신 것이라고 하지 않았습니까? 그 중에 조금만 팔아서 우리 학교 도와주십시오. 학교가 지금 넘어가게 생겼습니다."

그런데 그 며칠 전에 이웃 도시인 포트워스 근교에서 큰 목되어 있습니까?

 그가 이렇게 갑자기 영적으로 추락하게 된 것은 연이어 터진 성공 때문입니다. 놀라운 기도 응답이 몇 번 연이어 터지면서 그는 성공의 박수갈채에 매혹되어 자기도 모르게 일에만 몰두하게 되었을 가능성이 높습니다. 정신없이 일에만 빠져들면서 자기 내면을 가꾸는 일에 등한하게 되었을 것입니다.

 목사도 잘못하면 그렇게 됩니다. 교회가 부흥하고 사람들이 몰려들면 신이 나서 더욱 사역에 몰두합니다. 새신자 심방하고, 리더들 훈련시키고, 갖가지 프로그램 진행하고, 이벤트 하고, 정신없이 돌아갑니다. 엄청나게 일을 벌입니다. 그러는 가운데 막상 목회자 자신의 영혼은 자기도 모르는 가운데 점점 피폐해져 가는 것입니다. 그 많은 소위 '하나님의 일' 때문에 막상 하나님 자신은 놓치게 됩니다. 그리고 나면 하나님을 바라보는 것이 아니라 형편만을 바라보는 사람으로 전락합니다.

 예수님의 사역의 패턴을 보세요. 소경이 눈을 뜨고 앉은뱅이가 일어나고, 그래서 사람들이 물밀듯이 몰려들 때 그는 어떻게 했습니까? 여세를 몰아 대대적인 집회를 열기라도 했습니까? 누가복음 5:16절에 보면 "예수는 물러 가사 한적한 곳에서 기도하시니라"고 기록합니다. 그분은 그 어떤 사역의 성공보다 더 중요한 것이 바로 하나님 아버지와 더불어 교제하는 일임을 잘 아셨습니다. 모든 사역은 아버지와의 교제에서부터 출발하는 것이고 그것에 근거해야 하는 것을 잘 아셨습니다.

두려움

엘리야가 낙담하고 있는 두 번째 이유는 두려움 때문입니다. 그는 이세벨이 죽이겠다고 칼을 들이미는 데 놀라서 정신없이 도망쳤고 낙심해서 로뎀나무 아래 주저앉아 버린 것입니다. 하나님의 종이 왜 이렇게 두려움에 사로잡힙니까? 2절에 이렇게 말합니다. "이세벨이 사자를 엘리야에게 보내어 이르되 내가 내일 이맘때에는 정녕 네 생명으로 저 사람들 중 한 사람의 생명 같게 하리라. 아니하면 신들이 내게 벌 위에 벌을 내림이 마땅하도다 한지라. 저가 이 형편을 보고 일어나 그 생명을 위하여 도망하여."

여기서 '보고'라는 말의 히브리 원어 '와야르'는 '보다'라는 '라아'의 미래형일 수도 있고, '두려워하다'라는 '야레'의 미래형일 수도 있습니다. 70인역은 후자를 채택했습니다. 그렇게 읽으며 '저가 이 '형편'을 두려워하여 일어나 도망하였다'가 됩니다. 엘리야는 형편만을 보고 두려워했습니다. 그 순간에 위로 하나님을 바라보지 못했어요. 그것이 문제였습니다. 어디 이세벨이 죽이겠다고 달려든 것이 한 두 번입니까? 그가 혼자 남아 싸운 것이 한 두 번입니까? 갈멜산에서도 450명을 앞에 두고 혼자서 싸웠고, 마른하늘을 향해 비를 명할 때도 혼자 기도했지 않습니까? 그런데 유독 지금에 와서는 왜 나 혼자밖에 남지 않았다고 하면서 이렇게 큰 두려움의 포로가 아웃(burn out) 밖에는 없었습니다.

그럴 때는 무조건 쉬어야 합니다. '이걸 영적으로 이겨야 한다,' '기도로 이겨야 한다.' 그런 소리 말고 우선 푹 좀 쉬어야 합니다. '건강한 육체에 건강한 정신' 이라는 말이 꼭 맞습니다. 하나님도 보세요. 엘리야를 무조건 푹 쉬게 하지 않습니까. 먹을 것도 든든히 공급해 주시고요.

목회자는 건강관리를 잘 해야 합니다. 사역에 롱런하기 위해서는 일과 휴식 사이에 적절한 리듬을 타야 합니다. 규칙적으로 운동도 해야 하고 때로는 건전한 취미 생활 하나 쯤은 가지는 것도 좋습니다. 빌 하이벨스는 번 아웃을 경험한 후에는 취미 생활을 하나 개발했는데 요트를 타고 바다로 나가는 것을 좋아한다고 합니다. 그렇게 모든 것을 잊고 바다냄새를 맡으며 바람을 가르다보면 어느 듯 새로운 의욕이 용솟음친다고 합니다. 척 스윈돌은 할리 데이비슨 모터사이클을 타고 도로를 질주한다고 합니다. 취미에 중독이 되어서 교인들 구설수에 오를 정도가 되면 곤란하지만 적당한 취미생활은 목사를 리프레쉬 하는데 꼭 필요합니다. 밤낮 몸 돌보지 않고 혹사하다가 쓰러지면 그야말로 교회에 엄청난 짐이 아닙니까. 그것이 죽도록 충성하는 게 아닙니다.

피곤은 이렇게 우리에게 부정적인 감정을 일으킵니다. 상황을 사실 이상으로 비관적으로 보게 만듭니다. 때로는 이상한 고독감이 엄습해서 견디기 어렵게 만듭니다. 이런 감정은 순식간에 확대되고 증폭되어서 때로는 자신도 추스를 수 없는 지경으로까지 우리를 몰아갑니다. 그래서 엘리야같이 '내가 이 사역을 계속할 수 있을 것인가?' 하는 지경에까지 이르게 됩니다.

빌 하이벨스 목사는 자신의 탈진의 경험을 이렇게 소개한 적이 있습니다. 어느 날 집무실에서 주일설교를 준비하고 있는데 갑자기 온 몸의 힘이 빠져나가는 듯 한 무력감이 들더랍니다. 도무지 주체할 수가 없어서 평생 처음으로 책상에 엎드려 엉엉 울었답니다. 자기는 주일 설교 후에 많은 교인들과 대화하면서 그들의 아픔을 함께 나누는데 그러는 동안에 자신 속의 감정적 습기가 다 말라버리는 것을 느낀다고 합니다. 그런데도 월요일 아침이면 그 메마른 심령을 가지고 교회 사무실로 나가서 수요예배를 위한 메시지를 준비하고, 저녁에는 대여섯 시간 이상 끄는 당회를 진행하고, 화요일에는 스텝 회의와 설교준비를 합니다. 수요일부터 주일까지는 다시 여러 설교 준비와 교회의 행정을 다루는 격무에 시달립니다. 그런 생활의 끝없는 반복이 자기 안에 있는 감정을 얼마나 메마르게 하는지를 깨닫지 못하고 정신없이 마지막 남은 에너지까지 퍼내 가며 코피가 나게 뛰었다는 것입니다. 결국 남는 것은 번다. 그것도 보통 기도가 아니라 거짓 선지자들과 대결하는 기도, 하늘에서 불이 떨어지기를 간구하는 기도, 그런 힘을 다해 부르짖는 기도는 육체적으로도 기력을 소진시키는 매우 힘든 일입니다. 그런 다음에 바알의 선지자들을 처단하는 엄청난 일을 했고 아합의 병거 앞에서 30km나 달렸습니다. 물론 성령의 능력으로 한 것이지만 저는 그 일이 그의 육체에도 상당한 영향을 미쳤으리라고 생각합니다.

그런 다음에 그는 쉬지도 않고 남쪽 브엘세바로 140km를 여행을 했고, 거기에 사환을 남겨둔 채 다시 32km를 걸어 광야로 들어갔습니다. 타는 열기 속에서 피곤을 무릅쓰고 여행을 계속했던 것입니다. 마침내 그는 기진맥진하게 되었습니다. 그래서 로뎀나무 아래에 이르러서는 "주여, 이제는 넉넉하오니 내 생명을 취하옵소서." 하는 지경에까지 이르게 되었습니다.

육체적인 곤고함이 우리 영혼을 낙심의 자리로 몰아갈 때가 종종 있습니다. 많은 목사들이 주일 하루 동안 강행군을 하고 나면 저녁에 마음이 텅 빈 것 같은 허전함에 시달립니다. 주중에도 하루에 열 집씩 심방하고 돌아오면 이상하게 울적한 마음에 사로잡힙니다. 정신적 배터리가 다 소진이 되어서 어떤 것도 생각하기 싫어집니다. 아내에게 대꾸도 하기 싫어져서 그냥 입을 닫아버립니다. 왠지 내 자신이 왜소해 보이고 자신감이 사라지고 우울해집니다.

는, 그야말로 하늘 문을 열고 닫은 기도의 사람입니다. 하늘을 향하여 부르짖자 하늘에서 불어 떨어져서 제단을 태워버린 능력의 종입니다.

그런 선지자 중의 선지자인 엘리야가 어떻게 이렇게 돌변할 수 있습니까? 그런데 그것이 인간입니다. 하늘까지 오르다가도 금방 지옥 밑바닥으로 곤두박질 칠 수 있는 것이 인간입니다. 우리도 전도사고 목사고 하지마는 얼마든지 엘리야 같은 자리에 떨어질 수 있습니다. 나는 이제 끝났다고 하는 절망감이 우리를 사로잡을 때가 있습니다. 그것이 공부 때문일 수도 있고, 교회 사역 때문일 수도 있고, 부부생활일 수도 있고, 다른 가정 문제 때문일 수도 있습니다. 막다른 골목에서 기진맥진하여 더 이상 부르짖을 힘도 없고 일어 설 기력도 없습니다. 그래서 '하나님, 이제 내 생명 적당히 끝내 주셔도 좋겠습니다.' 하는 지경에 이르기도 합니다. 번 아웃(burn out), 탈진되는 것입니다.

육체적 곤고함

엘리야가 왜 그런 자리로 떨어졌는지를 분석해보면 몇 가지 이유를 발견합니다. 우선 그는 몹시 지쳐 있었습니다. 그는 지금까지 기도 사역을 계속해 왔습니다. 기도란 힘든 과제입니와께서 지나가시는데 여호와의 앞에 크고 강한 바람이 산을 가르고 바위를 부수나 바람 가운데 여호와께서 계시지 아니하며 바람 후에 지진이 있으나 지진 가운데도 여호와께서 계시지 아니하며 또 지진 후에 불이 있으나 불 가운데도 여호와께서 계시지 아니하더니 불 후에 세미한 소리가 있는지라 엘리야가 듣고 겉옷으로 얼굴을 가리우고 나가 굴 어귀에 서매 소리가 있어 저에게 임하여 가라사대 엘리야야 네가 어찌하여 여기 있느냐 저가 대답하되 내가 만군의 하나님 여호와를 위하여 열심이 특심하오니 이는 이스라엘 자손이 주의 언약을 버리고 주의 단을 헐며 칼로 주의 선지자들을 죽였음이오며 오직 나만 남았거늘 저희가 내 생명을 찾아 취하려 하나이다 여호와께서 저에게 이르시되 너는 네 길을 돌이켜 광야로 말미암아 다메섹에 가서 이르거든 하사엘에게 기름을 부어 아람 왕이 되게 하고 너는 또 님시의 아들 예후에게 기름을 부어 이스라엘 왕이 되게 하고 또 아벨므홀라 사밧의 아들 엘리사에게 기름을 부어 너를 대신하여 선지자가 되게 하라 하사엘의 칼을 피하는 자를 예후가 죽일 것이요 예후의 칼을 피하는 자를 엘리사가 죽이리라 그러나 내가 이스라엘 가운데 칠천 인을 남기리니 다 무릎을 바알에게 꿇지 아니하고 다 그 입을 바알에게 맞추지 아니한 자니라

열왕기상 19:1-18

지금 엘리야는 광야의 로뎀나무 아래에서 한없이 나약하고 비참한 사람이 되어 있습니다. 낙담하다 못해 죽어버릴 생각마저 하고 있습니다. "여호와여, 이것으로 족합니다. 이제 저는 더 이상 할 수가 없습니다. 저는 끝났습니다. 내 생명을 취하소서."

엘리야가 어떻게 그럴 수가 있습니까? 그는 영적으로 캄캄한 암흑기에 아합과 이세벨의 폭정에 대항해서 감히 도전장을 내밀었던 용기 있는 사람입니다. 한번 기도하자 3년 6개월 동안 비가 오지 않았고, 다시 기도하자 하늘에서 폭우가 쏟아지

8. 목회자를 쓰러뜨리는 복병들

아합이 엘리야의 무릇 행한 일과 그가 어떻게 모든 선지자를 칼로 죽인 것을 이세벨에게 고하니 이세벨이 사자를 엘리야에게 보내어 이르되 내가 내일 이맘 때에는 정녕 네 생명으로 저 사람들 중 한 사람의 생명 같게 하리라 아니하면 신들이 내게 벌 위에 벌을 내림이 마땅하니라 한지라 저가 이 형편을 보고 일어나 그 생명을 위하여 도망하여 유다에 속한 브엘세바에 이르러 자기의 사환을 그곳에 머물게 하고 스스로 광야로 들어가 하룻길쯤 행하고 한 로뎀 나무 아래 앉아서 죽기를 구하여 가로되 여호와여 넉넉하오니 지금 내 생명을 취하옵소서 나는 내 열조보다 낫지 못하니이다 하고 로뎀 나무 아래 누워 자더니 천사가 어루만지며 이르되 일어나서 먹으라 하는지라 본즉 머리맡에 숯불에 구운 떡과 한병 물이 있더라 이에 먹고 마시고 다시 누웠더니 여호와의 사자가 또 다시 와서 어루만지며 이르되 일어나서 먹으라 네가 길을 이기지 못할까 하노라 하는지라 이에 일어나 먹고 마시고 그 식물의 힘을 의지하여 사십 주 사십 야를 향하여 하나님의 산 호렙에 이르니라 엘리야가 그 곳 굴에 들어가 거기서 유하더니 여호와의 말씀이 저에게 임하여 이르시되 엘리야야 네가 어찌하여 여기 있느냐 저가 대답하되 내가 만군의 하나님 여호와를 위하여 열심히 특심하오니 이는 이스라엘 자손이 주의 언약을 버리고 주의 단을 헐며 칼로 주의 선지자들을 죽였음이오며 오직 나만 남았거늘 저희가 내 생명을 찾아 취하려 하나이다 여호와께서 가라사대 너는 나가서 여호와의 앞에서 산에 섰으라 하시더니 여호

순간이 있습니까? 이 나라를 생각하면서 자다가도 벌떡 벌떡 일어나 본 순간이 있습니까? 이 병든 교회들을 어떻게 할 것인지 그 생각에 뜬 눈으로 밤을 새운 적이 있습니까? 친구와 밤을 새워가며 토론도 하고 열변을 토하고 그러다가 끝에는 눈물로 엎어져본 적이 있습니까?

성령의 사람은 꿈을 꿉니다. 이상을 보고 장래 일을 말합니다. 좀 스케일을 넓히세요. 사례가 적어서 안 되겠고, 개척교회라서 곤란하고, 시골교회라서 안 되겠고, 그런 계산이나 하고 있다면 정말로 소망이 없습니다. 겨우 리포터 하나 때문에 전전긍긍하고, 새벽기도 출석 체크 했니 안 했니, 식당의 밥이 좋니 안 좋니 그것 가지고 따지고 있으면 너무 스케일이 좁지 않습니까? 성령 받은 사람은 희어져 추수하게 된 밭을 바라보며 밤잠을 이루지 못하는 사람입니다.

여러분은 세 개의 불 중에 지금 어느 단계에 와 있습니까? 어느 불이 필요합니까?

무 것도 보이지도 않습니다. '큰 일 났다. 어떻게 하나?' 하는데 마음 한 구석에서 '야 이 녀석아, 움직이지 않겠다고 한 게 언젠데 비 온다고 일어서냐?' 하는 소리가 들립니다. 그냥 주저 앉아버렸습니다. 그 때부터 진짜 부르짖기를 시작했습니다. 자기 속의 감추어져 있던 죄가 주마등처럼 떠올라서 눈물, 빗물이 범벅이 되도록 울면서 회개하고 또 회개했습니다. 그날 그는 성령을 경험했다고 합니다.

여러분은 앞날의 사역을 위해서 무엇을 준비하려고 합니까? 무엇보다 성령 충만을 위해서 매달리십시오. 사모하고 찾고 두드리십시오. 그것보다 중요한 것이 없습니다.

애국지사 남궁억은 특히 나라꽃인 무궁화를 보급하는데 힘을 기울였던 사람입니다. 그는 사회운동도 많이 했지만 동시에 민족을 사랑한 진실한 그리스도인이었습니다. 그가 하루는 말씀을 읽는데 얼마나 가슴이 뜨거워지는지요. 어두움 가운데 있는 이 민족, 이 백성의 환상이 보이는데 견딜 수가 없습니다. 살포시 잠이 들었는데 잠자는 것이 아니라 계속 상한 심령들이 보입니다. 새벽 2시에 잠이 깨었습니다. 한 선율이 그의 입술에서 흘러나왔습니다. "삼천리반도 금수강산 하나님 주신 동산. 이 동산에 할 일 많아 사방에 일꾼을 부르네. 일 하러 가세 일 하러 가 삼천리강산 위해" 찬송가 371장은 그렇게 해서 우리에게 주어졌습니다.

여러분, 어두운 영혼들을 생각하면서 잠을 이룰 수 없었던 꺾으신 하나님은, 두 번째 불을 통해 그를 치료하시고 새롭게 세우셨습니다. 이제 세 번째 불을 통해 그를 능력으로 무장시키십니다.

우리도 이 위로부터 내리는 능력을 입어야 합니다. 불을 받아야 합니다. 어떤 집사는 성령이 임하니까 심령에 불이 타서 직장 동료 한 사람을 붙들고 새벽 4시까지 전도했다고 합니다. 그 사람은 전에도 전도하면 마음 문을 열듯이 하다가도 결정적인 순간이 되면 도망가고 또 도망가고 하던 사람인데 그래서 그날은 새벽 4시까지 붙들고 늘어졌답니다. 그 다음 날은 아예 직장 하루 휴가내고 붙들고 씨름을 했습니다. 어느 전도사가 그렇게 하겠습니까? 성령의 사람이 되니까 그렇지요.

정필도 목사님의 신학생 시절 얘기입니다. 한번은 너무 갈급해서 그냥 수업 빼어먹고 짐 싸서 서울 근교의 어느 기도원을 찾았답니다. 능력 받지 않으면 내려가지 않겠노라고 작심을 하고 금식기도에 들어갔습니다. 사흘이 지났는데도 아무 변화가 없습니다. 나흘째 되는 날부터는 기도원 뒤에 있는 큰 바위 위에 올라앉아 기도하기를 시작했습니다. "하나님, 성령 충만 안 주시면 움직이지 않겠습니다." 캄캄한 밤이 되었는데 갑자기 비가 쏟아지기를 시작합니다. 처음에는 금방 그치겠지 했는데 계속 쏟아집니다. 일이 안 되려니까 비까지 오나 싶어서 일어서려는데 바위가 너무 미끄럽습니다. 잘못 굴러 떨어지면 밑은 벼랑인데 큰일입니다. 칠흑 같은 어두움 때문에 아신 덕분이라고 하십니다.

여러분 가운데 사역에 실패해서 낙심하는 분이 계십니까? 우리를 붙잡아 일으켜 주시는 이 두 번째 불, 은혜의 불을 만나시기를 바랍니다.

세 번째 불: 능력을 점화하는 성령의 불

세 번째 불이 있습니다. 베드로의 삶을 뒤바꾸어놓은 최후의 불입니다. 그것은 사도행전 2장에 나오는 성령의 불이었습니다. 마가의 다락방에서 다른 성도들과 함께 간절히 기도하고 있는데 성령이 그에게 임한 것입니다. 성령의 능력이 그를 사로잡으니까 그는 이미 예전의 베드로가 아니었습니다. 이 불이 임하니까 "은과 금은 내게 없거니와 내게 있는 것으로 네게 주노니 곧 나사렛 예수 그리스도의 이름으로 걸으라." 하는 놀라운 확신의 사람이 되었습니다. 이 불이 임하니까 수천 명 군중 앞에서도 담대하게 외칩니다. "너희들이 십자가에 못 박아 죽인 예수를 하나님이 다시 살리셨다. 그 분 외에는 구원의 길이 없다." 이 불이 임하니까 감옥 속에 갇혀서도 태평스레 잠을 잡니다. 여종 하나가 고발해도 벌벌 떨던 베드로가 내일 죽을지도 모르는 위급한 상황인데도 태평스레 감옥에서 잠을 잡니다. 첫 번째 불을 통해 베드로의 교만한 자아를 수 있어야 합니다.

"주님, 내가 주님을 진심으로 사랑합니다." 그렇게 대답할 수 있다면 여러분은 다시금 일어설 수 있습니다. "주님, 세상의 그 어떤 성공도, 그 어떤 출세도, 그 어떤 부귀영화도 주님과는 바꿀 수 없습니다. 십자가의 길이라도 주님 위한 길이라면 달게 가겠습니다." 그렇게 대답할 수 있다면 여러분은 다시 사명자의 길을 갈 수 있습니다.

명성교회 김삼환 목사님은 젊은 시절 목회생활에 고생을 많이 한 분입니다. 여러 차례 실패의 쓴 잔을 마셨습니다. 한번은 시골교회에 시무하고 있을 때입니다. 갑자기 비가 억수같이 쏟아졌습니다. 예배당 지붕이 새어서 빗물이 뚝뚝 떨어지다가 지붕에 구멍이라도 났는지 갑자기 흙더미와 함께 물줄기가 그냥 쏟아져 내리는 것이 아니겠습니까. 급한 김에 김 목사님은 그 자리에 엎드려 자기 등으로 그 쏟아지는 흙이며 빗물을 받았습니다. 금방 온 몸이 흙탕물로 범벅이 되었는데 그는 그대로 엎드려 정말 빗물보다 더 뜨거운 눈물을 줄줄이 흘리며 간절한 기도를 드렸다고 합니다. "하나님, 저는 더 이상 목회 성공에 연연해하지 않겠습니다. 그저 이 몸 하나 던져서 주의 집에 비가 새면 내 몸으로 막고, 무너지면 이 몸뚱이로 받치고 그렇게 살겠습니다." 시간 가는 줄 모르고 그렇게 엎드려 있었다고 합니다. 김 목사님은 친히 고백하기를 지금 목회의 성공은 하나님이 그 날의 그 중심을 기쁘게 보시고 축복하문에 낙심하고 있었습니다. 자기 비겁함을 바라보면서 절망하고 있었습니다. 그런데 주님은 "아니다, 나를 향한 네 사랑을 고백해 보아라."고 하십니다. 베드로가 떨리는 목소리로 "주여 그러하외다. 내가 주를 사랑하는 줄 주께서 아시나이다."라고 고백하자마자 "내 어린 양을 먹이라"고 부탁하십니다. 사랑만 있으면 얼마든지 사명을 감당할 수 있다는 말이지요. 사랑만 있다면 얼마든지 할 일이 있다는 말씀이지요. 이 순간이 베드로의 생애에서 극적인 두 번째 전환기가 됩니다. 그는 무기력함을 딛고 일어설 용기를 얻게 되었습니다. 혼돈과 좌절의 세월이 말끔히 걷히고 다시금 내일의 사명을 바라보게 되었습니다. 그래서 그는 다시금 일어서서 부름 받은 길을 향하여 힘찬 발걸음을 내딛기 시작합니다.

여러분도 이 두 번째 불을 경험해야 합니다. 목회생활에 실패가 거듭될 때가 있습니다. 성장도 안 되고, 교인들은 아무 변화가 없고, 오히려 대적자들만 생기는 것 같고, 시련이 계속될 때가 있습니다. 이것은 꼭 목사가 잘못해서 그런 것은 아닙니다. 로버트 슐러나 빌 하이벨스 같은 유능한 목회자에게도 그런 위기의 때가 있었습니다. 엘리야 선지자에게도 그런 순간이 있었지 않습니까. 그 고독한 실패와 좌절의 순간에 조용히 귓전을 울리는 물음이 있습니다. "김 목사야, 네가 나를 사랑하느냐?" 그분은 절대로 내 능력을 묻지 않습니다. 나의 사랑을 물으십니다. 그 질문 앞에 정말 여러분의 중심을 고백할 이것은 부름받기 이전의 삶으로 회귀하는 것을 의미합니다. 사람 낚는 어부가 되라는 영광스러운 부름을 받고 이날까지 열심히 달려왔는데 이제는 고기나 잡겠다고? 지독한 패배주의가 느껴지지 않습니까? "나 까진 게 뭘 하겠다고. 나같이 비겁한 놈이, 나같이 무능한 놈이 사람 낚는 어부가 되겠다고? 다 헛소리야. 분수에 맞게 살아야지. 그래, 고기나 잡고 살자." 그는 자포자기 하고 있습니다. 그날따라 고기 또한 한 마리도 낚이지를 않습니다. 생의 목적을 잃어버리고 낙심하고 방황하는 그의 현실을 그대로 반영이나 하듯이 그의 배는 텅 비어 있고 썰렁하기까지 합니다.

그런 베드로에게 주님이 물으십니다. "요한의 아들 시몬아 네가 나를 사랑하느냐?" 이것은 예수님이 베드로의 속을 몰라서 하시는 말씀이 아닙니다. 주님이 베드로가 무슨 생각을 하는지, 주님을 사랑하는지 아닌지 왜 모르시겠어요? 이것은 패배주의에 사로잡혀있는 베드로를 일으켜주시려고 하는 겁니다. '시몬아, 네가 나를 사랑하고 있지 않느냐? 너는 나 없이는 살 수 없지 않느냐? 그것을 바라보아라. 그것을 고백해 보아라.' 하시는 말씀이지요. 이것이 얼마나 중요한지 예수님은 똑 같은 질문을 세 번씩이나 하십니다. 성경에 세 번씩이나 똑 같은 질문을 한 예가 없는데 여기서는 주님께서는 다지고 또 다지듯이 사랑을 물으십니다.

이것이 중요합니다. 베드로는 이 날까지 자기의 무능함 때로 유능한 왕은 한결같이 악한 왕이라는 사실입니다. 병거를 믿고, 군대를 믿고, 애굽을 믿습니다. 믿는 구석이 있으니까 하나님을 의뢰하지 않습니다. 그 교만이 꺾어져야 합니다. 자아가 무너져야 합니다. 베드로 같이 통곡하면서 충격적으로 꼬꾸라지는 순간이 있어야 합니다. 하나님이 병을 주시든지, 참담한 실패를 주시든지, 환란을 주시든지 어떻게 하시든지 간에 나를 꺾으셔야 합니다. 내가 꺾여야 주님이 오십니다.

두 번째 불: 좌절의 늪에서 일어섬

베드로의 생을 변화시킨 두 번째 불이 있습니다. 밤새도록 헛되이 그물질만 하고 몸도 마음도 지칠 대로 지쳐버린 베드로를 주님은 갈릴리 해변으로 인도하십니다. 거기에는 숯불이 타오르고 있었고 조촐한 식탁이 마련되어 있었습니다. 그 숯불 앞에서 주님이 묻습니다. "요한의 아들 시몬아 네가 나를 사랑하느냐?" 이것이 왜 전환기가 될 수 있습니까?

주님을 부인한 후 베드로는 혼돈과 좌절의 세월을 보내고 있었습니다. 자신에 대해서 그렇게 자신만만하던 사람이 일순간에 허물어져버릴 때 그 충격이 얼마나 컸겠습니까? 그는 생의 방향성을 완전히 상실해버렸습니다. 그것이 3절에서 잘 드러납니다. "시몬 베드로가 나는 물고기 잡으러 가노라 하매."

새인의 기도 보세요. "하나님이여 나는 다른 사람들 곧 토색, 불의, 간음을 하는 자들과 같지 아니하고, 이 세리와도 같지 아니함을 감사하나이다. 나는 이레에 두 번씩 금식하고, 또 소득의 십일조를 드리나이다." 여기서 강조된 단어가 하나 있는데 '나' 라는 단어입니다. 우리말 번역에는 두 번밖에 나오지 않지만 원문에는 구절마다 나옵니다. "하나님이여 나는 다른 사람들 곧 토색, 불의, 간음을 하는 자들과 같지 아니하고, 나는 이 세리와도 같지 아니함을 감사하나이다. 나는 이레에 두 번씩 금식하고, 나는 또 소득의 십일조를 드리나이다."

이것이 정말 기도일까요? 하나님 앞에서 자기 의 자랑하고, 자기 공로 내세우고, 자기 업적 과시하는 것이지 무슨 기도입니까? 기도의 주어는 하나님이 되어야 합니다. "하나님, 저를 불쌍히 여겨주세요. 하나님, 당신 뜻대로 살게 해 주세요." 하나님이 되어야지 내가 될 수가 없습니다. 하나님 앞에 나를 벌거벗은 채로 내어놓고 수술받기를 원하고, 치료받기를 원하고, 하나님의 자비와 긍휼만을 간절히 기다리는 사람, 그 사람은 반드시 은혜와 축복을 받습니다. 그러나 어떤 사람은 기도는 많이 하는 것 같은데 도통 변화되지 않는 사람이 있습니다. 주어가 '나' 인 기도를 하고 있기 때문입니다. 하나님 앞에서도 끝까지 나를 포기하지 않고 나를 붙들고 있는 사람은 은혜를 기대할 수가 없습니다.

흥미 있는 것은 이스라엘 역사를 보면 정치 외교 군사적으를 모르는 모양이지. 옛날에 저 마리아 상을 조각할 때 어떤 조각가에게 의뢰했는데 그 사람이 마리아 상의 모델을 찾다가 찾아낸 사람이 바로 그 여자였다네. 자신을 모델로 저 마리아 상이 만들어진 후부터 그 여인은 하루도 빠짐없이 저 상 앞에 나와 기도한다네."

그 부인은 종교의 이름으로 사실은 자기 자신을 숭배하고 있었던 것입니다. 교만은 이렇게 자기 숭배에 빠져있는 것입니다. 이런 사람은 이중 잣대를 가지고 있습니다. 다른 사람을 비판할 때는 엄격하지만 자기 자신을 향할 때는 기준이 달라집니다. 나는 절대로 잘못될 리가 없기 때문에 나에 대한 비판은 용납되지가 않는 것이지요.

이런 사람은 절대로 다른 사람을 받아들이지 않습니다. 내가 최고고, 내가 제일이기 때문에 다른 사람이 내 속을 비집고 들어올 틈이 없습니다. 조금만 내 자아를 건드려도 그냥 받아 버립니다. 이런 사람이 목회를 하면 밤낮 부딪칩니다. 당회 할 때도 부딪치고, 제직회 할 때도 부딪치고, 심방 가서도 부딪치고, 그래서 대적이 생기고 원수가 생기고, 결국 교회가 깨어지고, 도무지 목회가 되지 않습니다. 여러분, 신대원 공동체 생활을 하면서 자꾸 다른 형제와 부딪칩니까? 교만해서 그렇습니다. 그것 꺾어지지 않으면 평생 목회가 어려울 겁니다.

더 심각한 것은 이런 사람은 진정으로 하나님을 의지하지 않습니다. 누가복음 18장에 성전에 올라가서 기도하던 바리로는 자기를 지탱하고 있던 존재의 밑바닥이 꺼져버리는 것을 느꼈을 것입니다. 그가 밖으로 뛰쳐나가 통곡을 했던 것도 그 충격 때문입니다. 그 통곡은 주님을 부인한 데 대한 회개의 눈물이라기보다는 믿었던 자기 자신이 허무하게 무너져버린데 대한 충격과 허탈감 때문에 터트린 눈물이지요.

그날 밤을 전환점으로 베드로의 인생은 급격하게 변하기 시작합니다. 예수님을 부인한 것은 잘한 일이 아닙니다. 그러나 그 사건을 통해서 자신이 얼마나 연약한 존재인지를 깨달은 것은 귀중한 소득이라 아니할 수 없습니다. 베드로가 훗날 위대한 사도로 세워지게 된 것은 이 첫 번째 불앞에서 꺾임의 경험이 없었다면 불가능한 일입니다.

여러분은 이 첫 번째 불을 통과하셨습니까? 자기를 신뢰하고 자기를 자랑하는 교만이야말로 신앙생활의 제일의 적입니다. 15세기의 경건한 설교자였던 사보나롤라가 한번은 성전 뜰을 산책을 하다가 한 부인이 마리아 상 앞에서 기도하고 있는 것을 보았습니다. 진지하게 기도하는 모습에 깊은 인상을 받았습니다. 그런데 그 다음 날에도 보니까 그 부인이 그 자리에 있고 또 그 다음 날에도 있고, 그야 말로 비가 오나 눈이 오나 빠짐이 없이 마리아 상 앞에서 기도하는 것입니다. 그래서 동료 사제에게 말했습니다. "어떤 부인이 하루도 빠지지 않고 마리아 상 앞에서 기도하는데 참 신앙이 깊은 사람이야." 그랬더니 동료 사제가 껄껄 웃으며 말합니다. "자네 그 스토리

한 여종이 뚫어지게 바라보더니 "너도 나사렛 예수의 제자가 아니냐?" 하고 고발합니다. 놀란 베드로가 "나는 아니라"고 부인하니까 조금 있다가 다른 종이 고발을 하고, 세 번째는 겟세마네 동산에서 베드로의 칼에 귀가 떨어져 나갔던 말고의 친척 되는 사람이 "네가 동산에 있던 것을 내가 보았는데 아니라고 하느냐?"고 고발을 합니다. 이 세 번째 고발 앞에 베드로는 저주하면서 맹세하기를 "나는 그런 사람은 알지 못한다."고 부인합니다. 그러자 새벽닭의 울음소리가 들려왔습니다. 그 소리는 잠자던 베드로의 양심을 깨웠습니다. 그는 밖으로 뛰쳐나와 눈물을 쏟으면서 통곡하고 또 통곡했습니다. 도대체 그 마당에서 무슨 일이 일어났습니까?

베드로의 교만과 자기신뢰가 산산조각이 나 버렸습니다. 우리가 잘 알듯이 그는 12명 제자들 가운데서도 항상 엘리트 의식이 가득 차 있는 사람이었습니다. 3년 동안 그는 모든 일에 항상 앞장이었습니다. 주님에 대한 사랑과 충성에도 최고라는 것을 조금도 의심하지 않았습니다. 바로 지난밤에도 그는 자신 있게 말하지 않았습니까. "모두가 주를 버릴지라도 나는 버리지 않겠나이다." "내가 주를 위하여 옥에도 가고 죽는 자리까지 가겠나이다."

이런 베드로가 대제사장 집 뜰에서 완전히 무너져버린 것입니다. 이 날까지 자기를 자랑하고 자기를 신뢰하던 그 믿음이 얼마나 헛된 것인지를 충격적으로 깨닫게 됩니다. 아마 베드

그 전환기로 말미암아 그에게 찾아온 갖가지 변화를 파악하면 우리는 그 사람을 진정으로 이해할 수 있습니다.

이 시간은 사도 베드로에게서 그런 점을 확인하려고 합니다. 성경에 베드로의 생애가 산발적으로 나타나 있지마는 그러나 자세히 살펴보면 그에게 세 번의 큰 전환기가 있었음을 발견합니다. 그 전환기를 기점으로 그는 눈에 띄게 변해가는 것을 볼 수 있습니다. 흥미로운 것은 베드로의 인생을 뒤흔들어 놓은 전환기에는 모두 불이 관계되어 있다는 사실입니다. 마치 삶의 중대한 기로에 선 그에게 그 변화의 길목을 비추어 주듯이 불이 인상 깊은 상징으로 활활 타오르고 있는 것을 봅니다.

첫 번째 불: 무너진 자만의 아성

첫 번째 불을 봅시다. 요한복음 18:18절에 "그 때가 추운고로 종과 하속들이 숯불을 피우고 서서 쬐니 베드로도 함께 쬐더라." 라고 증거 합니다. 이 장면은 우리가 잘 압니다. 예수께서 잡히시던 날 밤에 대제사장 집 뜰에서 하인들이 불을 피워놓고 희희낙락 하고 있었습니다. 아마 예수 잡은 무용담을 늘어놓으면서 시간 가는 줄 모르고 떠들어대고 있었겠지요. 그런데 마침 얼른거리는 불빛 사이로 베드로의 얼굴이 보이자 사람이 한 평생을 사는 데는 대개 몇 번의 큰 전환기가 있습니다. 한 평생이 늘 평탄한 대로를 가는 것은 아니고 반드시 몇 차례 중대한 전환기를 맞습니다. 그 전환기를 분수령으로 그 사람은 많은 변화를 경험하게 됩니다. 사고도 변하고, 성격도 변하고, 가치관도 달라지고, 인생을 보는 눈이 근본적으로 달라집니다.

예를 들어 바울사도를 생각해 보세요. 그에게는 다메섹 도상에서 예수 그리스도를 만나던 순간이 그의 인생의 중대한 전환기였습니다. 그 때를 기점으로 사는 목적도 변하고 사는 방식도 변하고 모든 것이 변했습니다. 바울의 전기를 쓰려는 사람은 반드시 전 후편으로 나누어 써야 합니다. 전편은 핍박자 사울, 후편은 핍박 받는 자 바울, 그 둘은 결코 혼합될 수 없는 질이 다른 삶이었습니다.

모세에게도 이런 전환기는 뚜렷합니다. 그의 전기는 바로의 궁정에서 화려하게 왕자로 지내던 40년입니다. 중기는 미디안 광야에서 양을 치며 목동으로 지내던 40년입니다. 후기는 이스라엘 백성을 인도하면서 출애굽의 지도자로 쓰임 받던 40년입니다. 그의 평생은 120년이라는 긴 세월이지마는 사실은 이 세 번의 전환기로서 다 요약될 수 있다고 해도 과언이 아닙니다.

그러므로 어떤 인물의 됨됨이를 파악하려고 할 때는 그에게 어떤 결정적인 전환기가 있었는지를 살피는 것이 좋습니다.

7. 세 개의 불

시몬 베드로와 또 다른 제자 하나가 예수를 따르니 이 제자는 대제사장과 아는 사람이라 예수와 함께 대제사장의 집 뜰에 들어가고 베드로는 문 밖에 섰는지라 대제사장과 아는 그 다른 제자가 나가서 문 지키는 여자에게 말하여 베드로를 데리고 들어왔더니 문 지키는 여종이 베드로에게 말하되 너도 이 사람의 제자 중 하나가 아니냐 하니 그가 말하되 나는 아니라 하고 그 때가 추운고로 종과 하속들이 숯불을 피우고 서서 쬐니 베드로도 함께 서서 쬐더라

저희가 조반 먹은 후에 예수께서 시몬 베드로에게 이르시되 요한의 아들 시몬아 네가 이 사람들보다 나를 더 사랑하느냐 하시니 가로되 주여 그러하외다 내가 주를 사랑하는 줄 주께서 아시나이다 가라사대 내 어린 양을 먹이라 하시고 또 두 번째 가라사대 요한의 아들 시몬아 네가 나를 사랑하느냐 하시니 가로되 주여 그러하외다 내가 주를 사랑하는 줄 주께서 아시나이다 가라사대 내 양을 치라 하시고 세 번째 가라사대 요한의 아들 시몬아 네가 나를 사랑하느냐 하시니 주께서 세 번째 네가 나를 사랑하느냐 하시므로 베드로가 근심하여 가로되 주여 모든 것을 아시오매 내가 주를 사랑하는 줄을 주께서 아시나이다 예수께서 가라사대 내 양을 먹이라

요한복음 18:15-18, 21:15-17

제 3 부
사명을 위한 연단

7. 세 개의 불(요 18:15-18, 21:15-17)

8. 목회자를 쓰러뜨리는 복병들(왕상 19:1-18)

9. 일흔 번씩 일곱 번이라도(마 18:21-35)

모든 보좌를 버리시고 종이 되신 분, 십자기 위에서 죽기까지 하신 분, 그 주님의 십자가의 사랑이 내 가슴에 강같이 흘러넘칠 때 가능합니다.

  우리는 장차 하나님의 심판대 앞에서 엄청난 희비가 교차되는 것을 목격할 것입니다. 어떤 사람은 평생 쌓은 인생의 공든 탑이 한 순간에 허물어져버리는 불쌍한 사람도 있을 것입니다. 자신이 지상에서 자랑하던 많은 보화들이 한 순간에 불타서 잿더미가 되어버리는 것을 목격해야 할 안타까운 사람도 있을 것입니다. 또한 그 빛나는 보좌 앞에서 "잘 하였도다 착하고 충성된 종아" 하는 주님의 영광스러운 칭찬을 받을 사람도 있을 것입니다. 주님께서 친히 내 눈에서 눈물을 씻어주시며 의의 면류관, 영광의 면류관을 씌어주시는 행복에 겨운 순간을 맞는 사람도 있을 것입니다. 여러분은 어디에 설 것입니까? 우리 모두 마지막에 웃는 진정한 승자가 되기를 바랍니다.

리키면서 말합니다. "저 닭장 같은 기숙사에 그런 젊은이들이 한 방에 네 명씩 빽빽이 들어차 있습니다. 교수님, 저들을 전도할 수 있는 무슨 좋은 방법이 없겠습니까? 저는 방안은 떠오르지 않고 자꾸 눈물만 납니다."

어쩌다가 한 사람이 등록을 하면 제자 훈련을 시키는데 젊은이들이 얼마나 뺀들뺀들 한지요. 그 한 사람 제대로 사람 만들어보려고 얼마나 고심하는지 모른답니다. 도무지 깨어지지 않는 그들이 밉다가도 기도만 하면 그 영혼이 불쌍해서 눈물이 나고, 눈만 뜨면 밉고. 요즈음은 새사람 하나 등록하면 가슴이 철렁 한답니다. 저것을 어떻게 사람 만드나 해서 심장병이 생길 것 같답니다. 그 목사님은 토요일마다 교회 뒷동산 공동묘지에 올라가서 기도를 한답니다. 얼마나 기도를 많이 했는지 올라가는 길이 반들반들 해졌습니다. 그 교회 전도사들 같이 데리고 가는데 전도사가 하는 말이 "우리 목사님이 얼마나 기도를 많이 하셨는지 공동묘지에 올라보면 거기가 꼭 안방같이 포근합니다."라고 합니다.

신학 3년 동안 한 영혼을 사랑하는 법을 배워야 합니다. 교회 성장학도 좋고 설교 방법도 배워야 하지만 가장 중요한 것은 한 영혼을 얼싸안고 밤을 새우는 예수님의 마음을 배우는 것입니다. 처음도 마지막도 그것입니다. 목회란 그 일을 하는 것입니다. 어떻게 그런 섬김의 삶이 가능합니까? 주님의 십자가를 가슴에 품어야 합니다. 하나님과 동등한 분이셨지만 그리고 목마르고 벗은 것을 보지도 못했는데 우리보고 하지 않았다고 하십니까?' 하니까 주님이 뭐라고 대답하십니까? "이 소자 중 지극히 작은 자에게 하지 아니한 것이 내게 하지 않은 것이니라."

주님은 멀리 계시지 않습니다. 오늘도 내가 마주치는 노숙자 한 사람, 장애인 한 사람, 바로 그들과 함께 계십니다. 그들을 얼싸안지 않는 사람은 주님을 사랑하지 않는 사람입니다. 종교는 웅장한 건물이 아닙니다. 거룩한 의식도 전부가 아닙니다. 정통교리가 전부가 아닙니다. 종교는 삶입니다. 버림받은 한 영혼을 얼싸안는 섬김의 삶입니다.

목회자의 길을 노크하고 있는 신학도 여러분의 비전이 무엇입니까? 대교회의 목사님이 부럽습니까? 인기 있는 부흥 강사가 우러러 보입니까? 여러분이 한 영혼, 한 영혼에 대한 애끓는 마음이 없이 외형적인 성공에만 시선이 끌리고 있다면 여러분은 오늘 이 주님의 말씀으로 자신의 마음 밭을 갈아엎어야 합니다.

저는 언젠가 구미에 있는 교회에서 집회를 인도한 적이 있습니다. 그 담임목사님은 교회를 개척해서 열심히 사역하고 있었습니다. 그 분이 하는 말이 구미에는 윤락가가 없답니다. 젊은 남녀 공원들이 그런 성적인 욕구는 다 자체로 해결하기 때문에 윤락가가 있을 필요가 없답니다. 그러니 얼마나 문란하겠습니까? 차를 타고 가는데 그 목사님이 직원 기숙사를 가다 되었고 기진맥진해서 할 수 없이 포기하고 옛날 성으로 돌아오게 되었습니다. 그런데 성에 거의 다 왔는데 길섶에서 또 거지 한 사람이 뛰쳐나와 구걸을 합니다. 성주는 자기도 죽을 고생을 해서 그런지 동정심이 생겼습니다. 그래서 "안타깝지만은 나도 아무 것도 가진 것이 없다. 그러나 보아 하니 몸은 내가 네보다는 건강한 것 같으니까 저기 시냇가에 가서 물 한 그릇 떠다 주마." 하고서 차고 있던 다 깨어진 쪽바가지로 물을 떠다 주었습니다. 그 물을 먹여주는 순간 그 거지가 찬란한 주님의 모습으로 변화되었습니다. 그리고는 하시는 말씀이 "네가 내게 먹여준 그 쪽바가지가 바로 성배니라."

 이것은 단순히 이야기가 아니라 성경에 그대로 있는 것입니다. 마태복음 25장을 보면 심판날에 주님은 오른편에 모인 사람들에게 "복되도다 영원한 나라를 상속할 자들이여 너희는 내가 주릴 때에 먹여주었고 내가 목마를 때에 마셔 주었고 내가 벗었을 때에 입혀 주었느니라."고 하십니다. 그들이 놀라서 "우리가 언제 주님을 먹여 주었고 마셔 주었고 입혀 주었습니까?" 하고 물으니 주님이 대답하십니다. "이 소자 중 지극히 작은 자 하나에게 한 것이 내게 한 것이니라." 또 주님은 왼편에 모인 사람들에게도 "화 있을진저 영원한 불에 들어갈 자들이여 너희는 내가 주릴 때에 먹여주지 않았고 내가 목마를 때에 마셔 주지 않았고 내가 벗었을 때에 입혀주지 않았느니라."고 하십니다. 그 사람들이 화를 내면서 "우리는 주님이 주

무슨 큰일을 이루는 사람이고 큰 업적을 남기는 사람입니다. 재벌이 되든지, 정권을 휘젓든지, 대학자가 되든지, 큰 영향력을 미치고 큰 조직을 움직이는 역사에 남을 만한 사람이 큰 자입니다. 그러나 주님은 말씀하십니다. '너희들이 세상에서 큰 자가 누구냐고 하지 않고 천국에서 큰 자가 누구냐고 물었느냐? 그래 그 말 잘 했다. 천국에서 큰 자는 세상에서 큰 자하고 다르다. 천국에서 큰 자는 보잘 것 없는 한 영혼을 영접하는 자, 소외된 한 사람을 사랑하는 자, 한 생명을 섬기는 자, 그가 천국에서는 큰 자니라.'

네촌감삼의 책에 이런 얘기가 나옵니다. 중세시대에 한 성주가 있었는데 그가 큰 은혜를 받고 가슴이 뜨거워졌습니다. 무엇으로 주님의 사랑에 보답을 할까 고민하다가 성배를 찾아 교회에 바쳐야겠다는 결심을 하게 되었습니다. 예수님이 최후의 만찬 때 사용한 성배가 이 세상 어딘가에는 남아있을 것이고 그것을 찾아 교회에 바치면 큰 은혜가 될 것이라는 생각에서였습니다. 단단히 무장을 하고 길을 나섰습니다. 조금 가는데 길섶에서 웬 남루한 옷차림의 병자가 뛰쳐나오더니 동냥을 해달라고 구걸합니다. 마음이 급한 이 성주는 "내가 거룩한 사명을 띠고 출발하는데 네 까짓 게 길을 가로 막느냐?"고 하면서 뿌리쳤습니다.

그로부터 10여 년 성주는 죽을 고생을 하면서 온 세상을 헤매었지마는 성배는 없었습니다. 갑옷은 덕지덕지한 누더기가 다. 그러므로 본문에서 '나를 낮춘다'는 것은 사람과 비교하는 것이 아니라 하나님 앞에 나를 세워보는 것을 의미합니다. 거룩하신 지존자 앞에서 나의 연약함과 불결함을 진정으로 깨닫는 것을 말합니다. 그렇게 심령이 가난한 자가 되어서 주님의 의로만 옷 입기를 열망하는 것을 말합니다. 주께서는 그런 사람을 천국에서 큰 자라고 하십니다.

한 영혼을 영접하는 자

5절을 보십시다. "또 누구든지 이런 어린아이 하나를 영접하면 곧 나를 영접함이니." 주님을 영접하는 것은 얼마나 위대한 일입니까. 하늘나라에서 얼마나 큰 보상을 받겠습니까. 그런데 주님은 작은 어린아이 하나를 영접하는 것이 바로 나를 영접한 것이라고 하십니다. 현대인에게는 영 실감이 나지 않는 말이지요. 요즘은 어린아이가 왕이지 않습니까? 그러나 예수님 당시는 어린아이는 작고 보잘 것 없는 자의 대명사였습니다. 사람을 계수할 때 여자와 아이는 수에도 치지 않았습니다. 그런 보잘 것 없는 자 하나를 영접하는 것이 하늘나라에서는 큰 자라고 말씀하십니다.

이 주님의 시각에 핀트를 잘 맞추어야 합니다. 여러분은 어떤 자를 큰 자로 생각합니까? 세상 사람들이 생각하는 큰 자는 주님은 큰 자라고 하십니다.

 이렇게 자기를 낮추는 것과 열등감 하고는 어떤 차이가 있습니까? 열등감은 다른 사람하고의 비교의식에서 기인합니다. 다른 사람보다 나은 것 같으면 교만하고, 못 난 것 같으면 자학하고 비관하면서 열등감에 사로잡힙니다. 그것은 잘못된 병적인 태도입니다. 다른 사람하고 비교할 필요가 없습니다. 하나님은 나를 이 세상에서 하나 밖에 없는 존재로 창조하셨습니다. 나를 향하신 하나님의 고유한 뜻과 목적이 있고 나는 그 하나님의 목적대로 충성하면서 살아드리면 됩니다. 에베소서 2:10절에 "우리는 하나님의 만드신 바라"고 했는데 '만드신 바' 라는 말은 헬라어로 '포이에마' 입니다. 영어로는 masterpiece, 즉 걸작품이라는 뜻입니다. 우리 한 사람 한 사람은 다 하나님의 걸작품입니다.

 어떤 30대 청년은 암에 걸려 죽을 고비를 넘기고 지금은 무교동에서 포장마차를 하면서 토스트를 구워 파는데 연 수입이 1억이랍니다. 앞으로 체인점을 전국적으로 100개를 열 계획을 가지고 있답니다. 그 청년은 아침에 일어나면 '3뻐'를 열 번 제창하고 하루일과에 들어간다고 합니다. 3뻐는 '살아있어서 기뻐,' '일이 많아서 바뻐,' '이 세상에 하나밖에 없는 나 예뻐.' 입니다. 여러분도 3뻐 열 번씩 제창하고 하루를 시작하면 아마 그 하루는 가장 의미 있는 날이 될 것입니다.

 열등감은 이런 하나님의 뜻을 알지 못하는 병적인 것입니에 성공했어요. 그런데 그 큰 녀석이 소파에 나란히 앉기라도 할 때면 그저 아빠 어깨에 기대보려고 애를 씁니다. 길을 갈 때도 내 손을 잡아야 안심이에요. 아무리 덩치가 커도 아이는 아이인 모양입니다. 그렇게 타자를 의존하는 것이 자기를 낮추는 것입니다. 교만한 자기자랑을 버리고, 어리석은 자기신뢰를 버리고 하나님만을 의지하는 것, 그것이 자기를 낮추는 것입니다. 천국에서는 그런 자가 큰 자라고 하십니다.

물론 말로만 자기를 낮추는 사람이 있습니다. 기도할 때 '나는 죄인입니다' 하는 고백을 입에 달고 있는 사람들이 있습니다. 습관적이고 상투적인 말이지요. 바리새인들은 입만 열면 자신들을 의롭다고 자랑했는데 우리는 입만 열면 죄인이라고 자랑합니다. 내가 무엇이라고 말하느냐가 중요하지 않습니다. 나 자신을 정말로 그렇게 보고 있느냐가 중요합니다. 여러분, 말씀의 거울 앞에 나 자신을 비추어 볼 때 나라는 존재가 너무나 혐오스러워서 절망해본 적이 있습니까? 영과 혼과 관절과 골수를 찔러 쪼개는 말씀 앞에서 내 자신의 모든 치부가 벌거벗은 것 같이 드러나서 밤을 새우면서 통곡해본 적이 있습니까?

크리스천은 자기 자신에 대해서는 절망할 대로 절망한 사람입니다. 내가 의지하던 모든 것들은 한갓 모래성 같은 것임을 진정으로 깨닫고 내 모든 기대를 주님께 걸고 주님을 의지하고 주님만 바라보는 사람, 그가 크리스천입니다. 이런 사람을 속에는 교만이 목구멍까지 차도 겉으로는 "전 부족합니다, 잘 모릅니다."라고 합니다. 그러나 어린아이는 그런 것도 못합니다. 아무 앞에서나 있는 대로 뽐내고 자랑합니다."나 이것 가졌어. 우리 아빠가 사 줬다." "우리는 내일 에버랜드 간다." 하고 상대방이 마음의 상처를 입지나 않을지에 대해서는 아랑곳하지 않고 마냥 떠들어댑니다.

그러므로 여기서 낮춘다는 것은 겸손하게 행동하는 매너를 의미하는 것이 아닙니다. 출세욕에 사로잡혀 있는 사람의 마음 중심에는 자기신뢰가 있습니다. '내가 그래도 괜찮은 사람이야, 나 정도만 되어도 훌륭하지' 하는 생각이 바탕에 깔려 있습니다. 그러니까 자기 확대에 열을 올리는 것이지, 내가 당장이라도 벼락 맞아 죽을 죄인이라는 것을 생각한다면 자기 확대가 어디 있습니까? 나라는 존재가 안고 있는 문제들을 안고 씨름하기가 바쁘지요. 그것 때문에 고민하고, 그것 때문에 투쟁하고, 그것 때문에 눈물 뿌리고 하지요.

출세욕의 근저에 깔려있는 자기신뢰, 자기자랑, 자기의존, 이것은 자기를 높이는 것입니다. 그러나 어린아이는 다릅니다. 자기신뢰가 아니라 부모를 신뢰하고, 자기의존이 아니라 부모를 의존합니다. 아이들 보세요. 조그만 일에도 부모 얼굴 먼저 쳐다봅니다. 아이들에게는 부모 말이 최곱니다. "우리 아빠가 그랬다." 하면 끝입니다.

제 아들 녀석은 키가 아빠 같지 않게 큽니다. 제가 품종 개량

되는 것이 좋겠어."하고 권할 때 그것이 신빙성 있는 소명의 증거입니다.

유명한 강해설교자 로이드 존스 목사에게 어떤 농부가 찾아와서 흥분하면서 말합니다. "저는 간밤에 꿈에 P와 C 두 글자를 선명하게 보았습니다. 바로 'Preach the Christ!' 라는 말 아니겠습니까? 하나님께서 저를 목사로 부르시는 것이 분명하지요?' 로이드 존스의 대답은 이랬습니다. "아니요, 그것은 'Plow the corn!' 이라는 말입니다. 계속해서 농사를 지어라는 뜻이지요."

소명이라는 것이 굉장히 주관적일 수 있습니다. 그러므로 객관적인 인정이 더 중요할 수가 있습니다. 교회공동체가 그 사람에게 있는 영혼에 대한 사랑, 복음에 대한 열정을 보고서 일치하게 사역자의 길을 권한다면 그것이 객관적이고 정확한 진단이라고 할 수 있습니다.

그리스도의 의에 목마른 자

이제 본격적으로 천국에서 큰 자에 대해 말씀하십니다. 4절을 보세요. "이 어린아이와 같이 자기를 낮추는 그이가 천국에서 큰 자니라." 여기서 낮춘다는 것은 겸손을 의미합니까? 어린이는 겸손하지 않습니다. 어른은 겸손한 체라도 합니다.

니다.' 하는데 속에는 무엇을 꿈꾸고 있습니까? '이게 아직까지는 미개척분야야. 의학공부 6년 하는 것보다는, 사시 치고, 유학 가서 고생하고, 하는 것 보다는 이게 확률이 나아. 웬만한 교회만 하나 얻어 걸려도 몇 백 명 위에서 행세할 수 있는데 이 길이 훨씬 낫지.' 그 가치관, 그런 옛 사람의 소욕이 깨어지지 않으면 천국에 들어갈 수 있을지를 걱정하라고 주님은 경고하십니다.

참 소명과 세속적 욕망을 교묘히 포장해 놓은 것을 어떻게 구별합니까? 그것은 소명이 오면 일단은 피해보는 것입니다. 그래서 목회를 안 하면 도저히 살 수 없다는 확신이 들 때 그것이 참 소명입니다. 예레미야도 "내가 다시는 여호와를 선포하지 아니하며 그 이름으로 말하지 아니하리라 하면 나의 중심이 불붙는 것 같아서 골수에 사무치니 답답하여 견딜 수 없나이다."(렘 20:9)라고 했습니다. 스펄전은 젊은 목회자 후보생들에게 "만일 여러분이 목회를 안 하고도 견뎌낼 수 있다면 그렇게 하십시오."라고 조언했습니다. 양 극단을 놓고 비교해 보십시오. 한쪽은 세상에서 더 이상 높이 오를 수 없을 정도로 찬란한 성공과 영예를 얻는 길, 다른 한쪽은 개척교회 하면서 말할 수 없이 눈물 흘리며 고생하는 길. 그래도 나는 목회 길을 선택하겠다는 확신이 들면 그것은 진정한 소명입니다.

이런 내적인 소명 외에 외적인 소명도 중요한 시금석이 됩니다. 말하자면 주위에서 사람들이 한결같이 "자네는 목사가 바늘귀로 들어가는 것보다 어렵다."고 하신 말씀 꼭 그대로입니다.

교회에서도 어떤 성도들 보면 아무리 해도 믿음이 자라지 않습니다. 성경공부도 하고, 성가대 봉사도 하고, 교사도 하고, 세월이 오래 지나도 도무지 성장이 없습니다. 아는 것은 많지요, 그러나 신앙의 자세가 영 아닙니다. 그런 사람들은 대부분 출세욕이 무섭게 꿈틀거리고 있는 사람들입니다. 그런 사람들은 말씀을 들어도 늘 그런 쪽으로만 듣습니다. 축복이니, 기적이니, 응답이니 하면 은혜를 받습니다. 그러나 고난이나 헌신이나 희생을 얘기하면 한 귀로 듣고 한 귀로 흘려버립니다. 귀에 아예 자동 정화장치가 되어 있어서 기계적으로 그렇게 합니다.

그런 사람은 성경공부도 자기 확대의 한 방편으로 생각합니다. 교회에서는 성경 많이 아는 사람이 리더도 하고, 장도 하고 하니까, '이쪽 바닥에서는 큰 소리 치려면 이런 것 많이 알아야 해.' 그래서 열심히 공부합니다. 껍데기는 다 갖추었는데 속에는 세속적인 가치가 빙산과 같이 요지부동으로 자리잡고 있습니다. 그런 사람을 향하여 주님은 "거기에서 돌이켜서 어린아이들과 같이 되지 아니하면 천국에 들어가지 못한다."고 경고하십니다.

신학교의 문을 두드리는 사람 가운데는 그런 사람이 없겠습니까? '내가 말씀의 사역자가 되겠습니다. 주의 종이 되겠습급을 찾고, 천국에서조차 위아래를 추구한다면 너희들의 가치관에 근본적인 문제가 있다. 너희 사고를 완전히 돌이켜서 그 세속적인 가치관을 끊어버리지 않으면 너희는 천국에서 큰 자는 고사하고 아예 그 나라에 들어갈 수조차 없다는 것을 알아라.' 하고 말씀하시는 것입니다.

이것은 예수님의 일관된 가르침입니다. 하루는 부자 청년이 예수님을 찾아와서는 "내가 어떻게 하여야 영생을 얻으리이까?" 하고 묻습니다. "네 재물을 가난한 자들에게 주고 너는 나를 좇으라." 하고 주님이 대답하시니까 이 청년은 어깨를 축 늘어뜨리고 맥없이 돌아갔습니다. 그 청년의 문제가 무엇이었습니까? 재물이 문제였습니까? 영생을 얻기 위해서는 우리는 늘 빈털터리가 되어야 합니까? 그것이 아니고 재물을 통해 출세해 보겠다는 그 욕망이 문제였습니다. 그 사람은 입술로는 "주여, 주여" 하지마는 그의 진정한 주인은 돈이었습니다. 복음서를 보면 예수님을 찾아왔다가 문제를 해결 받지 못하고 돌아간 사람은 이 사람 밖에 없습니다. 그는 고상한 주제를 가지고 찾아왔습니다. 다른 사람들은 다 병 고쳐 달라, 귀신 쫓아 달라하는 육의 문제를 가지고 찾아왔는데 이 사람만은 영생의 문제를 들고 찾아왔습니다. 그런데 아이러니 하게도 다른 사람들은 다 문제를 해결 받았는데 이 청년만은 문제를 해결 받지 못하고 돌아갔습니다. 자기 확대의 종이 되어 있었기 때문에 그렇습니다. "부자가 하늘나라에 들어가기는 낙타가니다. 성품은 구원의 열매이지 조건은 아닙니다.

그러면 이것은 어린이의 어떤 특징을 가리키는 말씀입니까? "너희가 돌이켜 어린아이들과 같이 되지 아니하면"이라고 할 때의 '돌이킨다'는 말은 헬라어 스트레포(strepho)인데 180도로 방향을 전환하는 것, turn around 하는 것을 가리킵니다. 주님은 큰 자 되기를 원하는 출세욕에 사로잡혀 있는 제자들에게 거기서부터 완전히 방향을 전환해서 어린아이같이 되지 아니하면 결단코 천국에 들어가지 못한다고 경고하십니다.

어린아이는 자기 확대(self-advancement)에 관심이 없습니다. 어른들같이 자기 확대를 위해 혈안이 되어서, 삶의 목표를 오직 거기에 두고 아등바등 살지 않습니다. 어린아이에게 "너 커서 무엇 될래?" 하면 "경찰관," "소방수 아저씨," "만화가," "맥도널드 주인" 하고 대답합니다. 그 직업이 돈을 얼마나 버는지, 권세가 있는지 없는지, 지위가 있는지 없는지, 그런 것은 상관없이 그저 멋있게 보이는 것, 자기가 좋아하는 것을 말합니다. 어떤 아이는 "대통령" 하지마는 그건 어른들이 주입한 것입니다. 옆에서 보고 영향을 받은 것이지 본래 아이들은 그렇지 않습니다. 아이들은 자기 확대의 노예가 아닙니다. 예수님은 아이들의 바로 그런 특징을 가리켜 말씀하고 계십니다.

주님은 '천국에서는 과연 누가 클까?' 하고 있는 제자들에게 '너희가 나를 따라 나섰으면서도 계속 서열을 따지고, 등러면서 그들은 남이 안 하는 것, 미개척분야에 투자한다고 생각했겠지요. "주님, 우리는 당신에게 모든 것 다 겁니다. 높이 되실 때 우리도 한 자리 주는 것 잊지 마세요."

주님은 이런 제자들에게 대답하십니다. "너희들이 큰 자 되기를 원하느냐? 그러면 어떤 자가 정말로 큰 자인지 말해 주마." 여러분도 큰 자를 원하십니까? 그렇다면 오늘 말씀을 주의 깊게 들으십시오. 그래야 하나님과 핀트를 맞출 수 있습니다.

출세욕을 십자가에 못 박아라

3절을 보십시오. "너희가 돌이켜 어린아이들과 같이 되지 아니하면 결단코 천국에 들어가지 못하리라." 어린아이들과 같이 되지 아니하면 아예 천국에 들어가지도 못한다고, 예선 탈락이라고 하십니다. 어린아이가 어떠하기에 그런 말씀을 하십니까? 어떤 사람은 이것을 어린이가 가진 성품을 지칭하는 것으로 해석합니다. 어린이의 순진성, 천진난만함, 때 묻지 않음, 착함, 유순함, 그런 것을 가리킨다고 생각합니다. 그러나 그런 식으로 해석하면 우리가 좋은 성품을 가지지 않으면 천국에 못 간다는 말이 됩니다. 그건 구원론에 맞지 않습니다. 천국은 믿음으로 가는 것이지 성품이 좋아야 가는 것은 아닙

알지 못하면 심판대 앞에서 낭패를 당할 수 있습니다.

그 중에 '누가 크냐?' 하는 문제가 있습니다. 한번은 제자들이 예수께 나아와서 "천국에서는 누가 크니이까?" 하고 묻습니다. 제자들은 평소에 이 문제에 관심이 많았습니다. 한번은 야고보와 요한의 어머니가 살랑살랑 다가와서 하는 말이 "예수님, 당신이 높이 되실 때에 우리 아들 하나는 주의 우편에, 하나는 좌편에 앉게 해 주옵소서."라고 부탁합니다. 하나는 좌의정, 하나는 우의정 되게 해 달라는 청탁이지요. 아마 이 사람이 치맛바람의 원조가 아닌가 싶습니다. 다른 제자들도 마찬가지입니다. 마태복음 17장을 보면 예수님이 십자가의 죽음을 예언하시는 숙연한 자리에서도 제자들은 누가 더 수제자인지 그것 가지고 다툽니다. 누가복음 22장에는 최후의 만찬을 나누는 자리인데 그 때도 제자들은 누가 더 수제자인지 그것 가지고 신경전을 벌립니다. 체면도 없고 염치도 없는 사람들입니다. 그만큼 '누가 크냐?' 하는 것은 그들의 초미의 관심사였습니다.

이것은 제자들이 세상 사람들과 별 다를 바 없는 가치관을 가지고 있었다는 것을 보여줍니다. 세상은 어떻게 하든지 남들 위에 군림하기를 원하고, 높아지기를 원하고, 유명해지기를 원하지 않습니까? 제자들도 별 차이가 없습니다. 차이라면 세상 사람들이 재물에 투자하고, 권력에 투자하고, 학문에 투자할 때, 제자들은 예수님에게 투자한 것 외에는 없습니다. 그

학생들 답안을 채점하다 보면 내가 요구하는 것 하고는 전혀 핀트가 다른 답안을 종종 발견합니다. 영 엉뚱한 것을 장황하게 늘어놓았습니다. 그냥 단어 몇 개 들어가고 핵심만 좀 설명하면 점수가 팍팍 오를 텐데 포인트가 너무 다릅니다. 어떤 사람은 아예 문제는 무시하고 자기가 문제 내고 자기가 답합니다. 그런 학생들일수록 답안지 끝에 보면 "교수님 감사합니다. 수고하셨습니다." 해 놓았습니다. 인사성은 밝아요. 어떤 학생은 "교수님, 한 학기 동안 많이 배웠습니다."라고 적어놓았습니다. 답안지 보면 하나도 배운 것 같지 않은데 자기는 많이 배웠다고 합니다. 그런 학생의 성적이 어떻게 될는지는 뻔합니다.

시험은 그래도 괜찮습니다. 다음 학기에라도 잘 치면 되니까요. 그러나 만약에 심판대 앞에서 이런 사태가 벌어진다면 그건 정말로 큰일입니다. 하나님 앞에서 내 생을 브리핑하는 그 순간에 내 딴에는 잘 살았다고 열심히 설명을 하는데 하나님께서 "이 친구야, 그것이 아니야" 하고 한 마디로 일축해 버린다면 어떻게 되겠습니까? "주여, 주여, 내가 주의 이름으로 선지자 노릇하고 귀신도 쫓아내고 병자도 고치고 이런이런 위대한 생을 살았습니다." 하는데 주님께서는 "나는 너를 전혀 알지 못한다. 이 불법을 행한 자여 내게서 떠나가라" 한다면 어떻게 되겠습니까? 한 평생을 산 것이 완전히 헛것이지요. 그래서 우리는 하나님의 관점을 잘 알아야 합니다. 그것 제대로

6. 누가 큰 자인가?

그 때에 제자들이 예수께 나아와 가로되 천국에서는 누가 크니이까 예수께서 한 어린아이를 불러 저희 가운데 세우시고 가라사대 진실로 너희에게 이르노니 너희가 돌이켜 어린아이들과 같이 되지 아니하면 결단코 천국에 들어가지 못하리라 그러므로 누구든지 이 어린아이와 같이 자기를 낮추는 그이가 천국에서 큰 자니라 또 누구든지 내 이름으로 이런 어린아이 하나를 영접하면 곧 나를 영접함이니 누구든지 나를 믿는 이 소자 중 하나를 실족케 하면 차라리 연자 맷돌을 그 목에 달리우고 깊은 바다에 빠뜨리우는 것이 나으리라

마태복음 18:1-6

싶어서 학교 뒷산에 금식기도실을 만들었으면 좋겠다고 기도했더니 은퇴목사님 한 분이 나섰습니다. '고신영성원'을 건립하자고 하면서 2억 원 이상을 헌금하겠다고 했습니다. 날로 퇴색되어 가는 고신정신이 안타까워서 '고신역사박물관'을 건립하도록 2년 넘게 기도했는데 뜻밖에도 미국에 계신 목사님이 사업을 하는 아들을 통해 5억 원을 헌금하겠다고 나섰습니다. 그 분은 제가 쓴 '고신역사박물관 건립 청원서'를 읽고 마음에 감동이 되어 서울로 올라가던 고속도로 휴게소에서 급하게 제게 전화를 걸어왔습니다. 복잡한 휴게소 의자에 걸터앉아 역사적인 박물관 건립을 논의했던 그 순간을 저는 잊을 수가 없습니다.

중국 선교의 아버지 허드슨 테일러는 늘 이렇게 말했습니다. "우리를 둘러싸고 있는 환경은 단 한 가지 밖에는 없습니다. 그것은 바로 하나님입니다." 그렇습니다. 우리를 둘러싸고 있는 환경이 좋은 환경, 나쁜 환경이 있고, 이런 환경, 저런 환경 복잡하게 얽혀 있는 것이 아닙니다. 단 한 가지 환경밖에는 없는데 그것은 바로 하나님입니다. 그래서 그 하나님의 손을 움직일 수만 있다면 우리는 아무 것도 염려할 필요가 없습니다.

구원사역은 우리가 땅에서 감당할 수 있는 가장 위대한 사역입니다. 그 사역을 위해서 하나님은 기도라고 하는 가장 위대한 무기를 준비해 놓으셨습니다. 이 사역을 아름답게 감당해서 아버지께 크게 영광돌리는 삶이 되시기를 바랍니다.

여 준 까마귀를 생각하며 강에 나가 낚시를 하면 희한하게 9인치짜리 고기가 잡혔습니다. 그렇게 기적으로 살다가 4년 만에 그 나라를 빠져나왔다고 합니다.

참 성도는 그렇게 삽니다. 무엇을 쌓아두어서가 아니라 하루하루 기도의 능력으로 삽니다. 2003년부터 우리 교단에 어려움이 닥쳐서 신대원 지원금이 끊겨버렸습니다. 연 9억 6천만원이나 되던 교단 지원금이 하루 아침에 끊겨 버리니 학교 운영이 극도의 위기를 맞게 되었습니다. 저는 신학교의 문을 닫는 것이 결코 하나님의 뜻이 아님을 확신했기 때문에 간절히 주께 매달렸습니다. 그러면서 '한 구좌 운동'을 펼치기 시작했습니다. 주위 사람들은 그래 가지고 많이 걷히면 1억이라고 했습니다. 연말이 되어 합산을 해 보니 6억이 모금이 되었습니다. 저는 어디서 그런 돈이 모여졌는지 모릅니다. 그 중에도 여름방학은 받아 놓은 등록금도 다 떨어지고 제일 힘들 때입니다. 너무 어려워서 목을 놓아 부르짖었는데 하루는 경리 직원이 숨이 턱에 닿도록 달려왔습니다. 누가 1억 원을 보내왔다는 것입니다. 자기도 설마 천만 원이겠지 하고 동그라미를 몇 번이나 헤아려보았는데 분명 1억 입니다. 제가 이전에 목회 했던 교회의 한 성도가 보낸 것이었습니다. "이상하게도 기도만 하면 자꾸 목사님 생각이 나서 자녀들에게 상의도 하지 않고 보낸다."고 연락이 왔습니다.

원장 취임 때부터 우리 신대원을 기도하는 학교로 만들고도 선교사를 보내기 전에 먼저 기도의 미사일을 쏘아야 합니다. 불쌍한 영혼들을 사로잡고 있는 흑암의 세력을 결박하기 위해서, 사탄의 견고한 진을 파하기 위해서 하늘의 주님께 부르짖어야 합니다. 기도는 선교를 후원하는 것이 아니라 선교 그 자체입니다.

제발 교회들이 돈 타령은 그만 했으면 좋겠습니다. 건물 타령도 그만 했으면 좋겠습니다. 본문에 주님은 돈 약속, 건물 약속 하지 않았습니다. 조직을 의지하면 조직이 줄 수 있는 것을 얻고, 교육을 의지하면 교육이 줄 수 있는 것을 얻고, 사람을 의지하면 사람이 줄 수 있는 것을 얻지마는, 하나님을 의지하면 하나님이 주시는 것을 얻습니다.

어느 선교사님의 간증을 읽은 일이 있습니다. 그는 캄보디아가 공산화 될 때 미처 거기를 빠져나오지 못했습니다. 선교부에는 "나는 여기서 주를 위해 충성을 다하겠다."는 편지를 마지막으로 소식이 끊겼습니다. 그 때부터 그에게는 하루하루가 기적이었습니다. 공산당들은 부자들은 다 죽였습니다. 영어 하는 사람 죽이고, 안경 쓴 사람은 인테리라고 죽이고, 대학 나왔다고 죽이고, 굶어 죽고 병들어 죽고. 그렇게 4백 만명이나 죽어갔습니다. 선교사님도 죽기를 각오했습니다. 이상하게도 죽기를 각오하니까 아무 것도 두렵지가 않았습니다. 사람들이 예수 믿느냐고 물어보면 믿는다고 하고, 또 예수를 전해도 아무도 붙들지를 않더랍니다. 배가 고파서 엘리야를 먹에서 구걸하는 앉은뱅이를 향해서 베드로는 "은과 금은 내게 없거니와 내게 있는 것으로 네게 주노니 곧 나사렛 예수 그리스도의 이름으로 걸으라."고 담대히 명합니다. 제사장들과 장로들의 협박을 받고서도 예루살렘 교회는 굴하지 않고 일심으로 하나님께 소리를 높여 아룁니다. 사도행전 4:31절은 "빌기를 다하매 모인 곳이 진동하더니 무리가 다 성령이 충만하여 담대히 하나님의 말씀을 전하니라." 라고 기록합니다. 베드로가 옥에 갇혔을 때도 사도행전 12:5절을 보니 "온 교회가 간절히 하나님께 빌었다"고 합니다. 그러자 쇠사슬이 벗겨지고 옥문이 열려버리는 역사가 나타났습니다. 예수의 이름이 권세였고 예수의 이름이 능력이었습니다. 그 이름을 의지하여 부르짖을 때마다 역사가 일어났습니다. 초대 교회의 자산은 바로 기도였습니다.

오늘날 교회의 최대 과제는 이 기도의 능력을 회복하는 것입니다. 구원사역은 돈으로도 아니고 이벤트로도 아니고 기도로 하는 것입니다. 선교사 생활비를 후원만 하면 선교하는 게 아닙니다. 선교사를 보내기 전에 먼저 기도로 길을 열어야 합니다. 현대전은 보병이 착착 진격해서 한 뼘씩 점령하는 식으로 하지 않습니다. 이라크 전쟁 보세요. 미국은 정교한 미사일로 먼저 적의 심장부를 강타하지 않습니까. 최첨단 전자장비로써 족집게와 같이 적의 중추조직을 공격해서 완전히 마비시켜 놓은 후에 보병이 상륙하면 손쉽게 이길 수 있습니다. 우리

쓰하십니다. "이는 내가 아버지께로 감이니라. 너희가 내 이름으로 무엇을 구하든지 내가 시행하리니." 주님이 아버지께로 가는 것이 왜 중요합니까? 땅위에 계신 주님은 제한적인 존재이셨습니다. 큰 능력을 행하기는 하셨지만 그러나 시공의 제약을 받는 인생의 연약함도 동시에 지고 계셨습니다. 그래서 때로는 아버지께 심한 통곡과 눈물로 간구하기도 하셨습니다. 그러나 승천하셔서 하늘에 오르시면 상황은 달라집니다. 그분은 만왕의 왕이요 만주의 주가 되십니다. 모든 정사와 권세를 그 발아래 두시고 만국을 철장으로 다스릴 것입니다. 그 어떤 세력도 그분을 대적할 수 없는 전능자가 되실 것입니다. 그 영화롭게 되신 주님의 이름으로 무엇이든지 구하면 주님은 다 들어주실 것이라고 약속하십니다.

　제자들이 그 순간에 주님의 말씀의 의미를 분명히 깨달은 것 같지는 않습니다. 그러나 죽음을 뚫고 부활하시고, 신령한 몸을 입으시고, 그리고 승천하시는 것을 목격하는 순간 그 말씀의 의미를 깨달았습니다. 그래서 누가복음 24장을 보면 예수님의 승천을 목도하는 제자들에게 기쁨이 충만했다고 합니다. 주님이 떠나가시는데 왜 기쁨이 있습니까? 주님이 이제 만왕의 왕이 되신 것을 알았기 때문이지요. 그리고 그 높으신 구주의 이름으로 구하기만 하면 무엇이든지 이루어진다고 하는 사실을 확신하게 되었기 때문입니다.

　그랬더니 제자들의 사역이 완전히 달라져버렸습니다. 미문

구한 유대인들이 숨기고 있던 금부치를 다 모아서 가락지를 만들어 쉰들러에게 이별의 선물을 합니다. 그 가락지에는 이런 글이 새겨져 있었습니다. "한 생명을 구하는 것은 우주를 구하는 것이다." 그것을 보면서 둘러 선 사람들이 다 울음을 터뜨립니다.

한 생명이 천하보다 귀합니다. 한 생명을 구하는 것은 우주를 구하는 것입니다. 그래서 다니엘 선지자가 외친 것 같이 "많은 사람을 주께로 돌아오게 하는 자는 하늘의 별과 같이 빛날 것" 입니다. 요즈음 한국에서 소위 앞서 간다고 하는 교회들이 약방의 감초같이 꼭 하는 프로젝트가 두 가지 있는데 기독교학교(대안학교)와 복지재단입니다. 그것은 꼭 필요하고 중요한 사역들입니다. 섬김은 교회의 본질적인 사명이기도 합니다. 그러나 아무리 중요한 사역이라 할지라도 생명을 건져 구원하는 일보다도 앞설 수는 없습니다. 만약에 교회가 벌리는 많은 일들 때문에 구원사역에 대한 초점이 흐려진다면 그것은 방향이 크게 잘못된 것입니다.

교회의 자산, 기도

이제 남은 것은 어떻게 하면 그 위대한 구원사역을 잘 수행할 수 있을까 하는 문제입니다. 이에 관해 주님은 12절에서 말니다. 작은 겨자씨 하나가 자라서 큰 나무가 되듯이, 제자들로 말미암아 이 땅에 복음이 물이 바다를 덮음 같이 편만하게 되어서 엄청난 구원의 역사가 일어나고 하나님나라가 확장되어 가는 그 영광스러운 순간을 그리고 계셨을 것입니다. 제자들을 세워놓고 "너희는 가서 모든 족속으로 제자를 삼아 아버지와 아들과 성령의 이름으로 세례를 주고 내가 너희에게 분부한 모든 것을 가르쳐 지키게 하라 보라 세상 끝날까지 내가 너희와 함께 하리라."고 명하실 때 주님의 가슴속에는 온 민족이 주께로 돌아오는 놀라운 미래가 주마등처럼 펼쳐졌을 것입니다.

그러므로 이 사실을 분명히 기억합시다. 우리가 한 생명을 구하기 위해 열심히 복음을 전하고 있다면 우리는 지금 주님이 하신 일보다 더 큰 일을 하고 있습니다. 어느 교회가 주일 오후에 거리로 뛰쳐나가 열심히 복음을 외친다면 그 교회는 주님이 하신 일보다 더 큰 일을 수행하고 있습니다. 선교사가 밀림 오지에서 열정적으로 복음의 씨를 뿌리고 있다면 그는 지금 주님의 가슴속에 있었던 위대한 꿈을 이루어드리고 있는 것입니다.

오스카 쉰들러는 2차대전 당시 많은 유대인들의 목숨을 구한 생명의 은인입니다. 그는 법랭냄비나 포탄 껍질을 만드는 공장을 운영했는데 그 공장에 취직만 되면 가스실에 끌려가는 것을 면할 수 있었습니다. 그렇게 해서 종전까지 약 천 명이 넘는 유대인들을 구했습니다. 전쟁이 끝나자 극적으로 목숨을

한 생명을 구하는 것은 우주를 구하는 것

 그러나 그렇다고 해도 주님이 하신 일보다 더 큰 일도 한다는 것은 무슨 뜻입니까? 우리가 주님이 행하신 구원사역보다 더 큰 사역을 할 수 있다는 말입니까? 그렇습니다. 왜냐하면 주님이 전한 복음은 제한적이었습니다. 아직 자신이 돌아가시기 전이니 주님은 십자가의 죽음에 대해서 제한적으로 말씀할 수밖에 없었습니다. 부활에 대해서는 거의 말할 수도 없었고 말을 해도 제자들은 알아듣지도 못했습니다. 그러나 지금 우리들은 십자가의 죽음과 부활에 대해서 얼마든지 그 온전한 의미를 전할 수 있습니다. 우리는 예수님이 그 당대에 전한 복음보다도 훨씬 더 풍성하게 복음의 축복에 대해서 전할 수 있습니다. 예수님은 친히 길을 열어 가고 계셨지만 지금 우리는 완성된 구원의 길을 알고 있고 또 전할 수 있기 때문입니다.
 또 주님은 지리적으로도 제한된 지역에서만 일하셨습니다. 이스라엘 땅이라는 한정된 지역에서만 복음을 전하셨습니다. 그러나 사도들은 유대 땅을 넘어서 소아시아와 유럽의 광활한 지역에서 복음을 외쳤습니다. 우리 시대에는 오대양 육대주 온 땅에 복음이 전파되고 있습니다.
 그러므로 우리는 주님이 하신 것보다 더 큰 구원의 사역을 하고 있습니다. 지금 이 말씀을 하시는 주님은 아마 앞으로 펼쳐질 놀라운 구원의 역사를 마음속에 그리고 계셨을지도 모릅

석할 근거가 없습니다.

그러면 바른 해석은 무엇일까요? 여기서 '나의 하는 일을 저도 한다.'고 할 때 그 '일'을 꼭 이적과 기사로만 볼 필요가 없습니다. 예수님이 땅에서 주로 하신 일이 무엇입니까? 복음을 전해서 영혼을 구원하신 구원사역이지요. 사망의 그늘진 곳에서 유리방황하는 불쌍한 영혼들을 건져서 생명으로 인도하는 일이었습니다. 그분의 사역 제일성도 "회개하라 천국이 가까이 왔느니라." 였습니다. 그래서 '나의 하는 일' 이라고 할 때 이 일을 이적으로 보지 않고 구원사역이라고 해석하면 의문이 풀립니다.

사실 물리적인 이적이나 기적보다 더 위대한 것이 구원사역입니다. 전도 파송을 받아 갔던 70인 제자들이 돌아와서 흥분하면서 주님께 보고하기를 "주여, 주의 이름으로 귀신들도 우리에게 항복하더이다."라고 할 때 주님의 반응이 무엇이었습니까? "내가 너희에게 뱀과 전갈을 밟으며 원수의 모든 능력을 제어할 권세를 주었으니 너희를 해할 자가 결단코 없으리라. 그러나 귀신들이 너희에게 항복하는 것으로 기뻐하지 말고 너희 이름이 하늘에 기록된 것으로 기뻐하라." 이적을 행하는 것보다 더 중요한 것이 구원사역이라는 말입니다. 이적과 기사는 구원사역을 위한 하나의 도구이지 그것이 목적은 아닙니다.

살리셨는데 인생이 어떻게 감히 그것들보다 더 큰 이적을 행할 수 있단 말입니까? 만약 우리 중에 누가 '나는 예수님보다 더 큰 이적을 행할 수 있다.'고 한다면 그 사람은 보나마나 사기꾼이든지 이단이지요. 그런데 예수님이 친히 그런 말씀을 하시니 우리는 이것을 어떻게 해석해야 합니까?

여기에 대해서 어떤 학자는 본문에 '나를 믿는 자는' 이라고 조건을 달았으니까 우리가 이적을 행치 못하는 것은 믿음이 부족해서 그렇다고 해석합니다. 믿음만 있다면 우리도 얼마든지 주님과 같은 이적, 아니 그것보다 더 큰 이적도 행할 수 있다고 주장합니다. 그러나 본문은 '나를 확실히 믿는 자는' 이라든지, '나를 깊이 믿는 자는' 이라고 하지 않았습니다. 그냥 '나를 믿는 자는' 이라고 했습니다. 일반적인 신자, 일반적인 믿음에 대해서 하는 말이지 무슨 특별한 믿음을 가진 사람을 가리켜서 하는 말이 아닙니다.

또 어떤 학자는 이것은 사도들에게만 해당되는 약속이라고 해석합니다. 지금 예수님은 12 사도들이 앞으로 위대한 이적을 행할 것이라는 예언을 하고 계신다는 것입니다. 사도행전을 보면 사도들이 과연 엄청난 이적과 기사들을 행했습니다. 그러나 그들이 아무리 놀라운 이적을 행했어도 그것이 예수님이 하신 것보다 더 큰 이적이라고 말할 수는 없습니다. 무엇보다 본문의 '나를 믿는 자는' 이라는 표현은 일반적인 신자를 가리키는 것이지 특별히 사도들에게 국한되는 표현이라고 해요한복음 14장은 예수님이 십자가에 죽으시기 하루 전날 말씀하신 것입니다. 예수께서 떠나가야 한다는 것을 말하자 제자들은 엄청나게 충격을 받았습니다. 모두가 낙담이 되어서 맥없이 주저앉아 있습니다. 그렇게 풀이 죽어 있는 제자들을 향하여 예수님은 "너희는 마음에 근심하지 말라 하나님을 믿으니 또 나를 믿으라."고 위로하기 시작하십니다. 그러면서 그들에게 낙심할 필요가 없는 이유를 자상하게 말씀해 주십니다. 그 중의 하나가 본문의 말씀입니다. 여기서 예수님은 자신이 떠나가시면 자신의 일이 중단되는 것이 아니라 계속될 것이고 오히려 더 크게 이루어질 것임을 말씀하십니다.

예수님이 하신 것보다 더 큰 일

그런데 여기에 해석상의 문제가 하나 있습니다. 12절을 봅시다. "내가 진실로진실로 너희에게 이르노니 나를 믿는 자는 나의 하는 일을 저도 할 것이요 또한 이보다 큰 것도 하리니 이는 내가 아버지께로 감이니라." 주님을 믿는 자는 누구나 주님이 하신 일을 할 것이고 그것보다 더 큰 것도 한다는 말이 무슨 말입니까? 예수님은 소경의 눈을 뜨게 하셨고, 군대 귀신을 쫓아내셨고, 보리떡 다섯 개 물고기 두 마리로 오천 명이나 먹이셨고, 바람과 바다를 잔잔케 하시고, 심지어는 죽은 자도

5. 가장 위대한 사역

내가 아버지 안에 있고 아버지께서 내 안에 계심을 믿으라 그렇지 못하겠거든 행하는 그 일을 인하여 나를 믿으라 내가 진실로 진실로 너희에게 이르노니 나를 믿는 자는 나의 하는 일을 저도 할 것이요 또한 이보다 큰 것도 하리니 이는 내가 아버지께로 감이니라 너희가 내 이름으로 무엇을 구하든지 내가 시행하리니 이는 아버지로 하여금 아들을 인하여 영광을 얻으시게 하려 함이라 내 이름으로 무엇이든지 내게 구하면 내가 시행하리라

요 14:12-14

를 받는 자 같으나 죽임을 당하지 아니하고 근심하는 자 같으나 항상 기뻐하고 가난한 자 같으나 많은 사람을 부요하게 하고 아무 것도 없는 자 같으나 모든 것을 가진 자로다."

이 영광스러운 사역이 우리 모두의 것이 되기를 바랍니다.

짓밟힘을 받게 됩니다. 3절에 "우리가 이 직책이 훼방을 받지 않게 하려고" 조심한다고 했는데 훼방을 받는다는 것은 조롱을 받는다는 의미입니다. '훼방을 받다'는 말과 같은 어근에서 유래한 momus는 헬라인들이 조롱과 비웃음의 신에게 붙인 이름입니다. 우리가 경건한 삶을 살지 못하면 사람들은 조롱하고 비웃습니다.

칼빈은 이렇게 말했습니다. "사역자들이 복음을 불명예스럽게 하는 비행을 저지르는 것은 사탄의 술책이다. 왜냐하면 그가 사역을 모멸되게 하는 순간 복음의 진보에 대한 모든 희망은 파멸되기 때문이다. 그러므로 그리스도를 효과적으로 섬기려는 사람은 가능한 한 최선을 다하여 그의 사역의 영예를 보존하고자 힘써야 한다."

마지막으로 7절을 봅시다. "진리의 말씀과 하나님의 능력 안에 있어 의의 병기로 좌우하고." 신령한 능력으로 무장하는 것이 복음사역자의 마지막 ID입니다. 영적 전쟁이 우리를 기다리고 있기 때문입니다. 이 전쟁은 결코 혈과 육으로 감당할 수 없습니다. 세상 지식과 학문으로 되는 것이 아닙니다. 오직 말씀과 성령으로 충만하게 무장해야 합니다.

이렇게 사역자의 ID를 제대로 갖추기만 하면, 그래서 사신의 사명을 바르게 감당하기만 하면 그것같이 보람된 삶은 없습니다. 바울이 마지막으로 결론짓는 말을 보세요. "무명한 자 같으나 유명한 자요 죽은 자 같으나 보라 우리가 살고 징계고 기회를 잃었을 때 나는 너무나 서운해서 울지 않을 수 없었다." 다른 사람 같으면 그 모진 고생을 끝내고 나왔으니 '할렐루야 감사합니다.' 하고 야단일 텐데 그분은 순교하지 못한 것이 슬퍼서 울었다고 합니다. 무엇이 그분을 그토록 강하게 만들었을까? 연이어 설명이 나옵니다.

"양순한 양떼같은 성도들이 도살하는 자들 앞에서 그 모진 매와 고문에도 '아이구' 소리 한마디 안 하고 견디는 그 진절머리 나는 참상을 보면서 나는 왜 그랬는지 몰라도 급한 말로 "주여 천사를 속히 보내주셔서 속히, 속히 이 모든 사실을 사진 찍으세요. 속히, 속히, 주여 속히. . .' 하면서 발을 구르며 부르짖었다. 나는 예수님이 그 어떠하신 사랑으로 순교자들을 사랑하셨으며, 만삭도 못된 나를 역시 그 어떠한 사랑으로 사랑하셨던가를 다 기록할 수가 없다."

그 장면을 연상할 수 있습니까? '하나님 저 희한한 광경을 제발 사진 좀 찍어 놓으세요. 어떻게 저 모신 고문을 당하면서 저렇게 찬송할 수 있습니까? 감사할 수 있습니까? 그것이 복음사역자입니다. 세상의 미움 받으면서도 주님이 먼저 고난의 길을 가신 것을 기억하며, 나도 주님의 뒤를 따라가는 것을 감사할 줄 아는 사람이 참 사역자입니다.

그 다음 ID는 6절에 있습니다. "깨끗함과 지식과 오래 참음과 자비함과 성령의 감화와 거짓이 없는 사랑과." 한 마디로 경건한 삶입니다. 사역자가 경건한 삶을 살지 못하면 땅에서 첫 번째 ID는 4절 하반부에 나타나 있습니다. "많이 견디는 것과 환난과 궁핍과 곤란과 매 맞음과 갇힘과 요란한 것과 수고로움과 자지 못함과 먹지 못함과." 이 환란과 핍박 받음이 복음사역자의 고유한 ID입니다. 세상은 하나님과 화목하게 되는 것을 좋아하지 않습니다. 십자가의 도를 어리석게 생각하고 싫어합니다. 그래서 복음사역자는 숙명적으로 고난과 희생의 삶을 피할 수가 없습니다. 예수님은 요한복음 15:18~19절에서 이렇게 말씀하십니다. "세상이 너희를 미워하면 너희보다 먼저 나를 미워한 줄을 알라 너희가 세상에 속하였으면 세상이 자기의 것을 사랑할 터이나 너희는 세상에 속한 자가 아니요 도리어 세상에서 나의 택함을 입은 자인고로 세상이 너희를 미워하느니라." 달리 말하면 미움을 받는 것이 우리가 세상에 속하지 않았다는 우리의 신분증명이 된다는 말입니다. 그래서 참된 사역자는 세상의 미움 받는 것을 오히려 영광으로 생각합니다.

안이숙 여사를 아시지요? 일제 치하에서 6년 동안 감옥살이를 한 분입니다. 일본 신사에 절할 수 없다고 믿음의 절개를 지키다가 처녀의 몸으로 감옥에 끌려가 모진 고생을 다 했고 그러다가 해방이 되어 극적으로 출옥한 분입니다. 그분이 쓴 「죽으면 죽으리라」라는 책 서문에 이런 말이 있습니다. "나는 자격 부족으로 실격된 순교자다. 나는 진실로 내 주님 예수를 위해 죽기를 결심하고 나섰었다. 그러나 그 뜻을 이루지 못하

목사란 것이 얼마나 초라하고 비참한지 정말 눈물이 나서 견딜 수가 없었다고 했습니다.

여러분도 얼마든지 그런 일을 당할 수 있습니다. 그럴 때 인간적으로 생각하면 안됩니다. 내가 누구로부터 파송을 받았는지, 내가 무슨 사명을 받고 있는지를 기억해야 합니다. 사람 눈에는 콩알만 하게 보일지 모르나 하나님 앞에서는 천사보다 귀한 직분을 맡은 자임을 명심하며 거룩한 자긍심을 가져야 합니다.

복음사역자의 신분증명서

이제 하나님의 사신은 어떤 삶을 살아야 하느냐 하는 문제가 남습니다. 직분은 그렇게 영광스러운 직분인데 그 직분을 제대로 감당하려면 어떤 삶을 살아야 하는가? 그것이 6:3절부터 7절 사이에 나타나 있습니다. 이것을 프룸(K. Prumm)이라는 주석가는 복음사역자의 신분증명서(apostolic identification card)라고 명명했습니다. 4절에 "오직 모든 일에 하나님의 일꾼으로 자천하여"라고 했습니다. 자천한다는 말은 스스로를 천거한다는 뜻입니다. '내가 하나님의 사신입니다.' 하고 스스로를 내세울 때 거기에 걸맞는 ID가 제시되어야 하는데 그 ID가 어떤 것입니까?

습니까? "왕이여, 이렇게 결박된 것 외에는 왕이 나와 같기를 원하나이다." 이런 말은 왕이 죄수에게 해야지요. "야, 이 불쌍한 작자야. 네 인생이 왜 그 모양 그 꼴이냐? 네가 나 같았으면 얼마나 좋았겠느냐?" 그래야지요. 그런데 죄수가 왕에게 말하고 있습니다. 바울뿐 아니라 모든 복음사역자가 다 그렇습니다. 내가 받은 이 직분이 너무나 놀랍고 영광스럽기 때문에 세상의 군왕 앞에서도 "당신이 나와 같기를 원합니다."라고 외칠 수 있는 사람, 그가 복음사역자입니다.

해외 교포교회 중에는 이상한 교회도 많습니다. 교회 행정도 모르고 아무 질서도 없는 교회도 부지기수입니다. 어떤 교회는 교인들이 목사 사모를 '미세스 박'이라고 부릅니다. 그러니 여차 하면 목사도 미스터 박이라고 부를 판입니다. 부목사 사모는 아이 이름을 따서 'OO 엄마'라고 부릅니다. 목사 사례를 시간 당 10불로 계산할까 12불로 계산할까 그것 가지고 다툽니다. 그런 교회에서 일하려고 하면 얼마나 서글플까요?

어떤 목사님은 부목사 시절에 교회에서 큰 시련을 당했습니다. 시무하던 교회가 목사파 장로파로 나뉘어서 큰 싸움이 벌어진 것입니다. 어느 주일날 담임목사는 아예 강단에 서지도 못하고 부목사가 대신 설교하려고 강단으로 나아가는데 교인들이 그를 가로막고는 구석으로 끌고 갔습니다. 그리고는 그 중 한 사람이 눈알을 부라리며 "콩알만한 게 죽으려고 까불어." 하면서 갖은 위협을 다 가하더랍니다. 그 목사님 말씀이 열 두 명의 제자들을 제자들을 남겨놓았는데 그들이 사역을 계속할 것이라고 대답합니다. 그러자 가브리엘이 "만약 그들이 실패하면 어떻게 합니까?" 하고 다시 묻습니다. 예수님의 대답은 이렇습니다. "만약 그들이 실패하면 나는 다른 대안이 없다."

복음사역자들이 받은 사명이 얼마나 놀랍고 영광스러운지요! 거룩한 인류 구원사역을 위해 하나님과 손잡고 일하는 동역자가 되었습니다. 우리 아니면 하나님도 대안이 없는 그런 사람들이 되었습니다. 청교도 목사인 카턴 마더는 이렇게 외쳤습니다. "목회자의 직무는 사람들의 영혼 속에 하나님의 왕권과 통치를 회복하는 것이며, 그들의 영혼을 그리스도와의 영원한 교제 속으로 끌어들이는 것이다. 목회자의 직무는 이처럼 명예롭고 중요하고 요긴한 것이다. 실로 그것은 하늘에 있는 천사도 천년만년 열망하는 직무이다. 그러므로 만약 어떤 사람이 하나님에 의해 그 직무를 수행하도록 부르심을 받아서 그 일을 충실하고 성공적으로 수행했다면 그는 왕관을 오히려 멸시할 수 있을 것이며, 지상에서 가장 빛나는 군주에게도 동정의 눈물을 흘릴 수 있을 것이다." 복음사역자는 세상 왕관도 하찮게 여길 수 있는 자이고 세상의 군주에게도 동정의 눈물을 흘릴 수 있는 자. 여러분 이 사실을 믿습니까?

바울 사도가 진짜 그랬습니다. 사도행전 26장을 보면 그가 아그립바 왕 앞에서 재판을 받는데 그의 최후진술이 무엇이었수 있는 일입니다. 20절에는 "그리스도를 대신하여 우리가 이 일을 맡았다."는 말이 두 번씩이나 나옵니다. 그리스도께서 직접 공중에 강림하셔서 "회개하고 하나님께로 돌아오라"고 외치시지 않습니다. 복음사역자가 그 일을 해야 합니다.

본문 6:1절에도 "우리가 하나님과 함께 일하는 자로서"라고 했습니다. 원문에는 "하나님과 함께"라는 표현은 없습니다. 그러나 문맥을 볼 때, 또 고린도전서 3:9절의 "우리는 하나님의 동역자들"이라는 바울의 사상을 볼 때, 여기에 '하나님과 함께' 라는 의미를 삽입하는 것은 적절합니다.

인류 구원의 놀라운 계획은 하나님으로부터 시작된 것입니다. 하나님께서 영원 전부터 작정하시고, 선지자들을 통해 계속적으로 예언하시고, 독생자 예수 그리스도의 십자가와 부활을 통하여 완성된 것입니다. 그러나 이 구원의 길을 누가 전파할 것입니까? 아무리 구원사역이 완성되었다 해도 이것을 인생들에게 전하지 않으면 무슨 소용이 있습니까? 이 전파하는 사명이 복음사역자들에게 맡겨졌습니다. 그래서 우리는 하나님과 함께 일하는 하나님의 동역자입니다. 우리도 하나님이 필요하지만 하나님도 우리 없이는 안 됩니다.

외경에 보면 이런 이야기가 나옵니다. 예수께서 승천하셔서 하늘에 올라가셨는데 천사들의 무리가 나와서 주님을 영접합니다. 그 때 가브리엘이 나서더니 예수님이 지상 사역을 계속 하시기 위해 어떤 대비를 해 놓았는지를 묻습니다. 예수님은 다. 이 광활한 우주를 운행하시는 창조주 하나님, 인생의 생사화복을 한 손에 쥐고 계신 전능하신 하나님으로부터 파송을 받았습니다. 만왕의 왕이신 그분께서 천에 하나 만에 하나 우리를 뽑으시고 자신의 모든 권위와 권세를 다 부여하셔서 우리를 이 놀라운 사신의 자리에 세우신 것입니다.

이 영광을 바울은 에베소서 3:8~9절에서 이렇게 노래합니다. "모든 성도 중에 지극히 작은 자보다 더 작은 나에게 이 은혜를 주신 것은 측량할 수 없는 그리스도의 풍성을 이방인에게 전하게 하시고 영원부터 만물을 창조하신 하나님 속에 감추었던 비밀의 경륜이 어떠한 것을 드러내게 하려 하심이라." 나아가서 13절에는 이렇게 말합니다. "그러므로 너희에게 구하노니 너희를 위한 나의 여러 환난에 대하여 낙심치 말라 이는 너희의 영광이니라." 바울이 그 수많은 환난과 핍박을 어떻게 견딜 수 있었다고 합니까? 바로 자신이 부여받은 그 영광스러운 직무를 생각할 때 핍박 쯤은 얼마든지 감당할 수 있었다는 것입니다.

둘째로, 하나님은 사신을 통해서만 일하실 수 있다는 것입니다. 로마시대에도 피정복지 백성과 로마제국을 화목케 하는 일은 오직 사신만이 할 수 있는 일이었습니다. 만약에 사신이 그 사명을 효과적으로 감당치 못하면 식민지 백성을 끌어들이는 일은 중대한 차질을 빚을 수밖에 없습니다. 마찬가지로 하나님과 세상을 화목케 하는 이 일도 복음사역자만이 감당할

나님나라의 진정한 시민이 되도록 하는 것이 복음사역자라는 것입니다. 골로새서 1:20절에는 "그의 십자가의 피로 화평을 이루사 만물 곧 땅에 있는 것들이나 하늘에 있는 것들을 그로 말미암아 자기와 화목케 되기를 기뻐하심이라."고 합니다. 하나님이 기뻐하시고 간절히 소원하시는 이 일을 이루어드리기 이해 특별한 사명을 띠고 일하는 사람이 복음사역자입니다.

하나님의 동역자

여기서 우리가 기억할 것이 두 가지 있습니다. 첫째는, 사신은 하나님께로부터 파송을 받았다는 사실입니다. 세상 어느 누구로부터가 아니라 하나님께로부터 직접 파송을 받았습니다. 한 나라가 대사를 파송할 때는 그 나라의 권위와 영예를 다 부과해서 명실상부 그 나라를 대표하는 얼굴로 그 사람을 파송합니다. 그래서 미국 대사가 되면 이제 그 사람의 말은 더 이상 일개인의 말이 아니라 미국이라는 초 강대국의 권위와 파워를 가지고 하는 말이 됩니다. 대사가 TV 앞에 나와서 인터뷰를 할 때, 비록 말은 더듬거리고 어눌할지 몰라도 그 말을 무시하면 안 됩니다. 왜냐 하면 그의 한 마디 한 마디는 미국이라는 강대국을 대표해서 하는 말이기 때문입니다.

복음사역자는 거룩하신 하나님으로부터 파송받은 대사입니

면, 복음사역자는 하나님과 세상을 화목케 하는 일을 위해 전권을 맡은 사람이고 말씀을 가지고 그 일을 이루는 하나님의 사신이라는 것입니다.

바울 당시의 로마제국의 영토는 두 가지 유형으로 나눌 수 있습니다. 원로원이 관할하는 영토와 황제가 직접 관할하는 영토가 그것인데, 양자 사이의 차이는 주둔군이 필요 없는 평화로운 곳은 원로원이 관할했고, 주둔군이 필요한 곳은 황제가 직접 관할했습니다. 그러나 황제가 관할하든 원로원이 관할하든 로마당국은 식민지령에 열 명 내외의 사신을 파송하는 관례가 있었습니다. 사신의 임무는 정복지 백성들을 잘 위무해서 로마제국의 가족의 일원으로 끌어들이는 것입니다. 물론 사신은 새로운 영지의 경계를 정하고, 정복지 백성들과 평화협정을 체결하고, 통치를 위해서 필요한 법령을 정비하는 등의 실무적인 일도 많이 했습니다. 그러나 가장 중요한 임무는 정복지 백성들과 로마제국 사이의 적대감을 청산하고 둘 사이에 진정한 평화가 이루어지도록, 그래서 그 백성들이 진정한 로마제국의 일원으로 들어올 수 있도록 다리를 놓는 일이었습니다. 그러한 사신의 역할은 땅을 새로 정복하는 것 이상으로 아주 중요했습니다.

바울사도는 복음사역자의 직분이 바로 그런 것이라고 말합니다. 하나님과 원수 되어 살아가는 사람들에게 생명의 말씀을 전파함으로 그들이 하나님과 화목하게 되도록, 그들이 하당신은 복음사역자가 된다는 것이 무엇을 뜻하는 것인지를 알고 있습니까? 바울은 복음사역자의 직분을 가리켜 여러 가지 단어로 표현했습니다. '그리스도의 종,' '그리스도의 사도,' '하나님의 일꾼,' '하나님의 사람,' 등등. 이 말들은 나름대로 복음사역자의 직무에 대해 많은 것을 밝혀주고 있습니다. 그러나 본문에 복음사역자의 직분을 가장 잘 표현하는 단어가 있는데 그것은 20절의 '사신'이라는 말입니다.

하나님의 전권대사

먼저 18절에 "화목하게 하는 직책"이라는 말이 나옵니다. 세상은 죄로 말미암아 거룩하신 하나님과 단절되었습니다. 인생은 자신을 하나님의 자리에 올려놓으려는 교만과 불순종으로 말미암아 하나님과 원수가 되었습니다. 복음사역자는 이런 세상을 다시금 하나님과 화목하도록 만드는 직책을 맡았다는 말입니다. 19절에는 "화목하게 하는 말씀을 우리에게 부탁하셨느니라."라고 합니다. 하나님과의 화목을 이루는 방편으로 말씀이 주어졌다는 것입니다. 십자가의 도를 통해서 화목하게 될 수 있다는 것입니다. 그리고 20절에 "이러므로 우리가 그리스도를 대신하여 사신이 되었다."고 합니다. 화목케 하는 일에 전권을 부여받은 전권대사가 되었다는 말입니다. 종합하

4. 하나님의 사신

모든 것이 하나님께로 났나니 저가 그리스도로 말미암아 우리를 자기와 화목하게 하시고 또 우리에게 화목하게 하는 직책을 주셨으니 이는 하나님께서 그리스도 안에 계시사 세상을 자기와 화목하게 하시며 저희의 죄를 저희에게 돌리지 아니하시고 화목하게 하는 말씀을 우리에게 부탁하셨느니라 이러므로 우리가 그리스도를 대신하여 사신이 되어 하나님이 우리로 너희를 권면하시는 것 같이 그리스도를 대신하여 간구하노니 너희는 하나님과 화목하라 하나님이 죄를 알지도 못하신 자로 우리를 대신하여 죄를 삼으신 것은 우리로 하여금 저의 안에서 하나님의 의가 되게 하려 하심이니라 우리가 하나님과 함께 일하는 자로서 너희를 권하노니 하나님의 은혜를 헛되이 받지 말라 가라사대 내가 은혜 베풀 때에 너를 듣고 구원의 날에 너를 도왔다 하셨으니 보라 지금은 은혜 받을 만한 때요 보라 지금은 구원의 날이로다 우리가 이 직책이 훼방을 받지 않게 하려고 무엇에든지 아무에게도 거리끼지 않게 하고 오직 모든 일에 하나님의 일꾼으로 자천하여 많이 견디는 것과 환난과 궁핍과 곤란과 매맞음과 갇힘과 요란한 것과 수고로움과 자지 못함과 먹지 못함과 깨끗함과 지식과 오래 참음과 자비함과 성령의 감화와 거짓이 없는 사랑과 진리의 말씀과 하나님의 능력 안에 있어 의의 병기로 좌우하고 영광과 욕됨으로 말미암으며 악한 이름과 아름다운 이름으로 말미암으며 속이는 자 같으나 참되고 무명한 자 같으나 유명한 자요 죽는 자 같으나 보라 우리가 살고 징계를 받는 자 같으나 죽임을 당하지 아니하고 근심하는 자 같으나 항상 기뻐하고 가난한 자 같으나 많은 사람을 부요하게 하고 아무 것도 없는 자 같으나 모든 것을 가진 자로다

고후 5:18-6:10

제2부

사명의 영광

4. 하나님의 사신(고후 5:18-6:10)

5. 가장 위대한 사역(요 14:12-14)

6. 누가 큰 자인가?(마 18:1-6)

력한 장로 아들이 또 간음죄를 범했습니다. 교회에 소용돌이가 일어나고 여기저기서 무너지는 소리가 들립니다. 설상가상으로 자기의 아버지도 세상을 떠나고 아내는 유산하는 일까지 벌어졌습니다.

 하이벨스 목사는 몸부림을 치면서 기도하기 시작했습니다. 히스기야의 면벽기도 같이 사생결단하며 기도하기 시작했습니다. 그런데 어느 날 교회 중진 17명이 목사에게 찾아와서 120만 불 상당의 담보물을 내 놓는 것이 아니겠습니까. 그러면서 자기들이 앞장서서 교회당을 지을 테니까 목사님은 걱정하지 말라고 하더랍니다. 교회 건축은 생각도 할 수 없는 분위기였는데 하나님이 그들의 마음을 움직이신 것입니다. 하이벨스는 그 때를 회상하면서 이렇게 고백합니다. "가장 어려울 때 가장 강력한 성령의 위로와 가장 강력한 성령의 도움을 경험했다."

 시련은 하나님의 축복을 경험하는 절호의 기회입니다. 위기는 기회입니다. 고난은 새의 날개와 같습니다. 날개는 그것으로 휘저으면 하늘을 날 수 있지만 그냥 짊어지고 다니면 한없이 무겁습니다. 우리도 고난 앞에 부르짖고 기도하면 그것 때문에 오히려 하늘을 날게 되지만 그냥 탄식만 하고 있으면 무거워서 침몰하고 말 것입니다.

 사명 때문에 죽고 사명 때문에 사는 사람이 되십시오. 사명 때문에, 가야 할 길이 있기 때문에 보람 있고 행복한 생을 사는 여러분들 되시기를 바랍니다.

하겠지만 다시 눈물을 씻고 일어섭니다. 가야 할 길이 있기 때문에 다시 일어섭니다.

　예수님 몸에 세 개의 못이 있었듯이 목사에게도 언제나 세 개의 못이 있습니다. 가정에 못이 하나 있습니다. 아내이든지, 자식이든지 가정에 못 하나는 있습니다. 자기 자신에게도 못이 있습니다. 자기가 덜 되어서 문제가 되는 경우가 많습니다. 그리고 교회 안에 늘 못이 하나 있습니다. 장로가 못일 수도 있고 집사가 못일 수도 있습니다. 그 못은 품어서 삭혀야 합니다. 품어서 삭히면 그 못은 철근이 되어 내 목회를 든든히 받쳐주게 되지만, 죽어라고 뽑아내어버리면 그 자리에는 더 큰 못이 들어앉습니다. 자꾸만 찌르는데 어떻게 품을 수 있습니까? 사명을 바라보십시오. 궁극적인 목표, 그것 바라보면 어느덧 가슴은 바다같이 넓어집니다.

　빌 하이벨스는 23세에 지금의 윌로우크릭 커뮤니티 처치를 개척하기 시작했습니다. 처음에는 히피들을 대상으로 전도했는데 청년들이 물밀듯이 밀려와서 얼마 가지 않아 천 명까지 육박하게 되었습니다. 사역이 승승장구 한 것이지요. 그래서 교회당을 건축하려고 하는데 그 즈음부터 시련이 닥치기 시작했습니다. 음악사역자가 이성문제로 사표를 제출했습니다. 고민하다가 다른 방법이 없어서 조용히 그를 내보내게 되었는데 교인들은 목사를 오해합니다. 목사가 음악사역자를 시기해서 내 보낸다고 말이 떠돌고 많은 사람이 교회를 떠났습니다. 유를 섬겼다"라고 합니다. 유대인들이 집요하게 그를 방해하고 핍박했지만 그것이 바울을 멈출 수는 없었습니다. 23절에는 "오직 성령이 각 성에서 내게 증거 하여 결박과 환란이 나를 기다린다 하시나"라고 합니다. 예언자들을 통해 예루살렘에 올라가면 큰 환란을 당한다고 가르쳐주셨지만 그래도 바울은 어떻게 반응합니까? "나의 달려갈 길과 주 예수께 받은 사명 곧 은혜의 복음 증거 하는 일을 마치려 함에는 내 생명을 조금도 귀한 것으로 여기지 아니하노라." 죽음마저도 바울을 막을 수는 없었습니다. 죽음마저도 막을 수 없는데 다른 무엇이 그를 막을 수 있겠습니까?

더글러스 손톤(Douglas Thonton) 선교사는 이집트 선교역사에 혁혁한 업적을 남긴 분입니다. 한번은 후배 선교사가 그에게 물었습니다. "선교사님은 다른 분들하고는 분명히 다른 점이 있는 것 같습니다. 무엇이 선교사님으로 하여금 그처럼 위대한 사역을 하게 했습니까?" 손톤의 대답은 이렇습니다. "저는 저의 일의 마지막을 봅니다. 대부분의 사람들이 바로 다음 일을 하는 것으로 만족할 때에도 저는 마지막을 보려고 노력합니다. 목표를 바라봄으로 얻게 되는 그 계속적인 영감은 저로 하여금 모든 어려움을 견딜 수 있게 해 주는 가장 강력한 힘입니다." 옳은 말입니다. 마지막 목표에서 눈을 떼지 않는 사람, 부름 받은 사명에서 눈을 떼지 않는 사람은 아무리 시련의 파도가 와도 낙심하지 않습니다. 넘어지고 쓰러지기는 한 지적 예술적 성취 속에는 스스로도 제어하지 못하는 광기와 열정이 깔려있다." 스스로도 제어하지 못하는 광기와 열정, 우리 복음사역자에게는 정말 그것이 필요합니다.

저는 주일마다 설교하러 전국을 다닙니다. 가면 꼭 담임목사에게 전도사가 어떤지를 묻습니다. 열심이 있다는 말을 들을 때 제일 기분이 좋습니다. 교역자는 모름지기 열정의 사람이 되어야 합니다. 찬양 인도를 하든, 기도회 인도를 하든 열심을 다 하십시오. 주일학교를 맡든 학생회를 맡든 맡은 일에 대해서는 죽을 힘을 다해서 하십시오. 담임목사님이 "너무 일이 많은 게 아냐?" 하거든 "아닙니다. 저는 아직도 배가 고픕니다."라고 하십시오.

어떤 부목사는 예배시간에 자기 아이를 안고 뒤에서 왔다 갔다 합니다. 사십 넘어서 얻은 아이 귀여운 것은 이해가 안 되는 것은 아니지만 그래도 지금 그러고 있을 시간이 아닙니다. 무엇 때문에 사는 사람인지요? 여러분 속에 불이 타오르지 않으면 여러분은 사명 받은 사람이 아닙니다.

굴복하지 않는 사람

사명에 붙잡힌 사람은 환란과 시련 앞에서도 굴복하지 않습니다. 19절에 "유대인의 간계를 인하여 당한 시험을 참고 주시에서는 걸어 다니는 종합병원이라고까지 불렸습니다. 그래도 그 병약한 몸을 추스르기 위해서 어디 경치 좋은 곳에 가서 쉬었다는 기록은 찾아볼 수 없습니다. 매일 엄청나게 밀려드는 격무에 시달렸지만 안식년 얻어 푹 쉬었다는 기록은 찾아볼 수 없습니다. 후일에 그는 고백하기를 "하늘나라에서 쉬는 것 외에는 진정한 휴식이 없으므로 내가 그날을 그리워한다."라고 했습니다. 개혁자 파렐도 말했습니다. "휴식이라고요? 하나님의 일꾼들에게는 죽음 외에는 휴식이 없는 법이요." 사명에 붙잡힌 사람은 그렇게 치열하게 삽니다.

사람이 왜 게을러집니까? 그것은 성격이 나빠서가 아니라 정열을 불태울만한 분명한 대상을 발견하지 못했기 때문입니다. 매튜 곽스는 이렇게 말합니다. "게으름을 고치는 처방은 부지런해야 한다는 결심이 아니다. 게으름에 대한 처방은 사람 안에 있는 불꽃을 발견하는 것이다." 내 속에 사명의 불꽃이 타오르기 시작하면 빈둥대고 앉아 있을 사람이 없습니다. 손에 흔들 수 있는 깃발만 쥐어주면 가만히 앉아 있을 사람이 없습니다.

요즈음 나온 책 중에 「미쳐야 미친다」(不狂不及)라는 책이 있습니다. 조선시대에 큰일을 이룬 사람들의 족적을 추적하면서 저자는 이렇게 말합니다. "세상에 미치지 않고 이룰 수 있는 큰일이란 없다. 학문도 예술도 사랑도 나를 온전히 잊는 몰두 속에서만 빛나는 성취를 이룰 수 있다. 한 시대를 열광케

네가 미쳤도다." 하고 고함을 칩니다. 재판 받는 자리에서도 계속 전도만 하고 있으니, 언제 목이 달아날지도 모르는 순간에도 계속 예수만 말하고 있으니 미쳤다고 할만도 하지요. 사명에 붙잡힌 사람은 그렇게 미친 듯이 삽니다.

미국에도 거지전도단이 있습니다. 맨하탄 거리에서 열렬하게 전도하는 사람들입니다. 가슴팍에는 "I am mad for Jesus!" (나는 예수를 위해 미쳤다!)라고 써 붙였습니다. 사람들이 '진짜 미친 놈이네.' 하면서 스쳐 지나가다가 문득 고개를 돌려 그들 뒷모습을 보면 등 뒤에 써 붙인 글이 눈에 확 들어옵니다. 등 뒤에는 "And you?" 라고 써 놓았습니다. "너는 무엇에 미쳤느냐?" 내가 예수에 미쳤다는 것을 비웃고 있는 너는 지금 무엇에 미쳐 살고 있느냐? 돈에 미쳐 있지는 않느냐? 여자에 미쳐 있지는 않느냐? 출세에 눈이 벌게 있지는 않느냐? 사람은 다 무엇이든지 미치는 대상이 있습니다. 그런데 예수에 미칠 수만 있다면 그보다 더한 행복이 어디 있겠습니까?

예수에 미치지 않으면 세상 썩어질 것에 미칠 수밖에 없습니다. 그래서 예수에 미치면 미칠수록 그 사람은 건강한 성도가 됩니다. 교회는 예수에 미쳐야 건강한 교회가 됩니다. 목사도, 장로도, 권사도, 집사도 다 예수에 미쳐야 그 교회가 건강한 교회, 소망이 있는 교회가 됩니다.

개혁자 칼빈은 악성 치질을 비롯해서 서른 가지가 넘는, 병이란 병은 다 짊어지고 다닌 사람이었습니다. 그래서 제네바

하고요, 오전에는 성경강해를 인도하고, 오후에는 약속되어 있는 심방을 할 것입니다. 그리고 저녁에는 기도회를 인도하고 그리고 행복하게 잠자리에 들 것입니다." 우선순위가 제대로 되어 있으니까 아무리 마지막 날이라도 당황할 필요도 없고 조정할 필요도 없습니다. 그것이 성공한 삶 아니겠습니까? 인생의 마지막 순간을 만나도 평소와 똑 같은 방향으로, 똑 같은 템포로 나아갈 수 있는 생이라면 그것이야말로 행복한 생이 아니겠습니까?

열정의 사람

사명에 붙잡혀 사는 사람에게는 열정이 있습니다. 오늘 이 고별사에도 바울의 열정적인 삶이 그대로 나타나 있습니다. 20절에 "유익한 것은 무엇이든지 공중 앞에서나 각 집에서나 꺼림이 없이 너희에게 전하여 가르치고"라고 합니다. 유익한 것은 닥치는 대로, 장소를 가리지 않고 가르쳤다고 합니다. 31절에 "그러므로 너희가 일깨어 내가 삼 년이나 밤낮 쉬지 않고 눈물로 각 사람을 훈계하던 것을 기억하라."라고 합니다. 몸도 성치 않은 분이 정말 불꽃같은 삶을 살았습니다.

바울은 심지어 미쳤다는 소리까지 들었습니다. 사도행전 26: 24절을 보면 베스도 총독이 바울을 심문하다가 "바울아 못한다는 말을 들어서야 되겠습니까? 기도시간이 즐겁고 기도시간이 그립지 않다면 목사의 길은 포기하는 것이 낫습니다.

우선순위는 내가 시한부 생을 선고받았다고 가정해 보면 금방 드러납니다. 한 달밖에 살지 못한다고 생각하면 무엇이 중요하고 무엇이 덜 중요한지 분명해집니다. 분당매일교회 이송신 목사님은 제 나이 또래밖에 되지 않는데 작년에 갑자기 부르심을 받고 천국에 갔습니다. 제가 한동안 주일 설교를 담당하기 위해 그 교회를 갔습니다. 예배와 예배 사이 휴식시간에는 당회장실에서 시간을 보냈습니다. 거기에는 이 목사님이 사용하시던 책상이며, 의자가 그대로 있습니다. 성경책도 펴놓은 그대로, 사용하시던 메모지며 볼펜도 그대로, 캔디통은 뚜껑이 열린 채 그대로 놓여 있습니다. 바로 한 두주 전에 그분이 여기 앉아서 설교 준비 했을 것을 생각하면서 저는 참 많은 생각을 했습니다. 인생이 별 것 아닙니다. 끝나면 그냥 끝나는 것입니다. 시간이 그렇게 많지도 않습니다. 그러므로 우선순위를 분명히 해서 열심히 달려가다가 그만 오라고 하시면 미련 없이 갈 수 있는 자세가 되어야 합니다.

어떤 사람이 요한 웨슬리 목사에게 물었답니다. "목사님은 오늘이 인생의 마지막 날이라고 한다면 무슨 일을 하시겠습니까?" 유명한 부흥사니까 무슨 굉장한 대답이라도 있을 줄 알고 물은 것이지요. 웨슬리는 이렇게 대답했습니다. "예, 저는 평상시와 똑같이 보낼 것입니다. 새벽에는 주님과 함께 교제

설 수는 없습니다. 신학도 여러분은 앞으로 임지를 옮기든지, 새로 구하든지 할 때에 절대로 자녀 얘기는 꺼내지 마십시오. "내 아이들 때문에 어떻고 어떻고 하다."는 식의 얘기는 입 밖에도 내지 마십시오. 일사각오로 나선 사람인데 그것은 우선 순위에 들지 못합니다.

여러분이 이 신학교의 문을 두드렸다면 여기서 목사 수업에 전력을 다해야 합니다. 말씀과 기도의 훈련에 전무해야 합니다. 간혹 '아무개는 잡기에 능하다, 못하는 것이 없다.' 하는 말을 듣는데 신학생은 그럴 시간도 없고 그래서도 안 됩니다. 오직 말씀의 전문가가 되어야 합니다. 20/200 운동을 하세요. 삼년동안 적어도 신구약 20독은 해야 합니다. 그래서 성경의 흐름을 꿰뚫고 있어야 합니다. 중요 구절 200구절 이상은 암송하고 있어야 합니다. 이슬람의 성직자들은 설교할 때 입에서 코란이 줄줄 나옵니다. 그들은 어릴 때부터 코란을 외우는 훈련을 받기 때문에 그것은 하나도 어려운 일이 아닙니다. 그래서 이슬람권에서 사역하는 기독교 목사들은 설교하면서 원고 보고 읽으면 권위가 형편없이 깎인다고 합니다. 이슬람 성직자와 바로 비교가 되니까요. 우리도 명색이 성경의 전문가라면 입에서 말씀이 줄줄 나와야 합니다.

기도의 깊은 체험도 있어야 한다. 한 학기에 금식기도 한 번씩은 해야 합니다. 산기도의 체험도 있어야 합니다. 나만 아는 기도의 비밀을 간직해야 합니다. 전도사가 집사들보다 기도 더 없습니다. 어떤 목사는 처갓집 눈치만 보면서 사모님 장학금에 잔뜩 목을 매다는 사람도 있습니다. 다 우선순위를 착각하고 있는 사람들입니다.

전도사 부인들이 남편 공부하는 동안에 직장 가지고 뒷바라지 하는 것은 이해가 됩니다. 그러나 강도사, 부목사 되면 정리해야 합니다. 아예 미련 가지지 마세요. 손에 쟁기를 잡고 자꾸 뒤를 돌아보고 있으면 안 됩니다. 어떤 사람은 의사 하면서 목사 하겠다, 교수 하면서 목사 직함도 가지고 있겠다 하는데 그것도 안 됩니다. 목사직은 너무나 고귀한 직분이라서 다른 무엇을 하면서 부업으로 할 수 있는 성격이 아닙니다. 오직 그 직을 위해서만 목숨을 걸어야 할 직분입니다. 물론 이슬람 국가 같이 목사 신분으로는 들어갈 수 없는 나라에서 선교하기 위해서 다른 직을 가지는 것은 예외입니다만 국내에서는 그럴 수 없습니다.

저는 어떤 선교사님들의 선교 보고 편지를 보면서 가슴이 답답해질 때가 있습니다. 웬 자녀 이야기가 그렇게 많은지요? '내 아이 영어교육을 위해 기도해 달라,' '친구 잘 사귀게 기도해 달라,' '건강이 안 좋은데 기도해 달라.' 등등이 가득합니다. '지금 전도한 원주민이 이런 이런 사람이 있는데 그 영혼을 위해 기도해 달라,' '이런 교회가 개척되었으니까 기도해 달라.' 해야 할 텐데 온통 자기 가족 얘기밖에는 없습니다. 아무리 내 가족이 중요하고 내 자녀가 중요해도 사명보다 앞

늘 같이 먹고, 안고 자고, 웬만한 곳에는 데리고 가고. 그래서 교인들이 다 안답니다. 그런데 이 청년이 은혜를 받고는 신학교 가기로 작정을 했습니다. 목사님께 말씀드려야 하는데 그 어머니가 먼저 목사님에게 넌지시 물어보고 왔답니다. "엄마, 목사님이 뭐라고 하셔요?" 자기는 목사님이 "그 놈 소명이 뭐냐?" "각오는 되어 있느냐?" "확신이 있느냐?" 등등 어려운 질문을 할 줄 알고 잔뜩 긴장을 했답니다. 그런데 목사님은 "개부터 갖다 버려라!" 하더랍니다. 영혼을 위해서 진력해도 시간이 모자라는 판에 개나 붙들고 있을 시간이 어디 있냐며 개부터 갖다 버리라고 했다는 것입니다.

교포교회 목사 가운데는 목회 하면서 세상 직업도 동시에 가진 목사들이 종종 있습니다. 목회 하면서 밤에는 우체국에서 일도 하는 식이지요. 생활이 어려우니까 그렇게 해서라도 보충해야 되는 고달픈 사정을 충분히 이해할 수 있습니다. 그러나 그렇게 해서는 절대로 교회가 자라지 않습니다. 그것은 우선순위가 잘못 되었습니다. 목사가 되어 교회를 위임 맡았으면 그 일에 일사각오로 전력을 다해야 합니다. 목사가 부업이 무슨 말입니까?

어떤 시골교회 목사는 벌 키운다고 날마다 벌통만 들여다보고 있습니다. 사람을 키워야 하는데 벌만 키우는 양봉목회를 합니다. 어떤 개척교회 목사는 날마다 보조받는다고 돌아다닙니다. 전도하러 다녀야 할 시간에 수금하러 다닌다고 정신이요. 이렇게 사는 것은 시간 낭비가 아니에요?' 그러자 코비가 이렇게 대답합니다. "시간관리 같은 것은 신경 쓰지 마라. 달력은 없애버려라. 그리고 지금 네가 네 인생에서 가장 중요한 아이를 돌보는 것을 감사하고 즐기도록 해라. 명심해라. 인생에서 중요한 것은 시간이 아니라 방향이다. 너의 내면에 있는 나침반을 따르고 벽에 걸린 시계를 따르지 마라." 맞는 말입니다. 시간 관리보다 중요한 것이 방향 관리입니다. 방향이 잘못되어버리면 아무리 바빠 봐야 그것은 결코 가치 있는 생이 될 수가 없습니다.

사명에 붙잡혀서 사는 사람은 생의 방향이 분명한 사람입니다. 그러니까 그 방향에 일치하는 일은 우선적으로 하지마는 그렇지 않은 일은 다 가지치기를 하게 됩니다. 누가복음 9장에 보면 실패한 제자지망생들의 얘기가 나옵니다. 예수께서 "나를 따르라" 하시니까 한 사람이 말하기를 "나로 먼저 가서 내 부친을 장사하게 허락하옵소서."라고 합니다. 또 다른 사람은 "나로 먼저 내 가족을 작별케 허락하소서."라고 간청합니다. 다 필요한 일입니다. 그러나 아무리 필요한 일이라도 주님을 따르는 사명보다 앞설 수는 없습니다. 그들은 우선순위를 잘못 설정했습니다. 그래서 그들은 주님을 따르는 데 실패하고 말았습니다.

어떤 청년이 이런 간증을 했습니다. 자기 집에 '뿌꾸'라는 강아지를 한 마리 키우고 있는데 그 개를 엄청 좋아했답니다.

이는 동기는 딱 한 가지 밖에는 없어야 합니다. 사명 때문에 움직이는 것입니다. 사명 때문에 사는 것입니다. 돈 때문에 움직이는 것이 아니고, 명예 때문에 움직이는 것이 아닙니다. 다른 어떤 것도 여러분을 지배해서는 안 됩니다. 오직 사명이 여러분을 지배하고, 사명이 여러분을 끌어가고, 사명 때문에 살고 사명 때문에 죽는 사람이 되어야 합니다. 사명에 끌려 사는 사람에게는 뚜렷한 특징이 있습니다.

우선순위가 분명한 사람

사명자에게는 삶의 우선순위가 분명합니다. 무엇을 먼저 하고 무엇은 나중에 해도 되는지가 분명합니다. 종교개혁자들은 'Sola'(오직)라는 단어 하나에 목숨을 건 사람들입니다. 'Sola Scriptura'(오직 성경), 'Sola Fide'(오직 믿음), 'Sola Gratia'(오직 은혜), 'Soli Deo Gloria'(오직 하나님의 영광). 이 Sola라는 단어 속에는 결단코 신앙생활의 우선순위를 바꿀 수 없다는 그들의 결연한 의지가 담겨져 있습니다.

스티븐 코비의 『소중한 것을 먼저 하라』라는 책에 이런 얘기가 나옵니다. 스티븐 코비의 출가한 딸이 아빠에게 푸념을 합니다. "아빠 전 어린애 키우느라 제가 하고 싶은 일을 통 못하고 있어요. 하나님이 내게 주신 은사를 활용할 기회가 없어벌이라는 것입니다. 그처럼 아무 의미 없이 꼭 같은 일을 반복하고, 아무 의미 없이 다람쥐 쳇바퀴 돌듯이 거저 분주하게 돌아가는 사람처럼 허무한 인생이 없습니다. 그래서 김경섭씨는 그렇게 공허하게 사는 사람들에게 인생사명서를 작성하도록 한답니다. 무엇을 위해 살 건지, 왜 살 건지, 무엇이 진정 보람있고 행복한 삶인지 그 목표의 중요성을 역설하면서 인생사명서를 작성하도록 한다는 것입니다. 그랬더니 백이면 백 사람들이 전부 놀랍게 달라졌다고 합니다. 억만장자를 꿈꾸던 부사장이 사진작가로 나서기도 하고, 수단 방법을 가리지 않고 출세만을 꿈꾸던 정치 지망생이 평생 봉사기관에서 일하기로 결심도 하고, 놀랍게 변화되었다고 합니다. 회사도 마찬가지입니다. 회사가 지향해야 할 분명한 미션을 설정하고 모든 구성원들이 그것에 완전히 세뇌가 되도록 교육했더니 회사 문화가 달라졌다고 합니다.

  그런 면에서 목회자는 누구보다도 분명한 인생 목표를 가진 사람입니다. 바로 복음 증거라고 하는 사명을 가진 자입니다. 여러분이 이 신학교의 문을 두드린 동기는 여러 가지가 있을 수 있습니다. 중생 체험하고 가슴이 뜨거워 왔을 수도 있고, 병 걸렸다가 기적적으로 나음 받고 왔을 수도 있고, 사업 실패하고 낭패와 실망 당한 뒤에 두 손 들고 왔을 수도 있고, 부모가 서원을 했기 때문에 왔을 수도 있고, 동기는 다양하지마는 그러나 이제 여러분이 목회자의 길에 들어서면 여러분을 움직수께 받은 사명 때문이었습니다. 그가 유대인들의 간계와 핍박을 견디며 끝까지 인내한 것도 사명 때문이었습니다. 그가 밤낮 쉬지 않고 눈물로 각 사람을 훈계하며 세울 수 있었던 것도 사명 때문이었습니다. 그가 자기 생명까지도 조금도 귀한 것으로 여기지 않을 수 있었던 것도 바로 주 예수께 받은 사명 때문이었습니다. 바울이 이 고별사에서 분명히 보여주는 것은 목회자는 사명 때문에 사는 사람이라는 사실입니다.

세상에서도 사람이 성공적인 삶을 살려면 목표가 뚜렷해야 합니다. 그 목표를 향하여 계속 한 우물을 파는 사람이 더딘 것 같아도 결국은 무언가 일을 이루어내는 사람입니다. 왜냐하면 목표가 분명한 사람은 그 목표를 이루기 위해서 자신의 에너지와 역량을 거기에 총집중하게 되기 때문입니다. 그런 사람은 삶의 엄청난 추진력을 가진 사람이고 그래서 결국은 역사를 이루고야 맙니다.

한국리더십센터의 대표인 김경섭씨는 직장과 기업체를 찾아다니며 강연을 많이 하는 사람인데, 자기가 만나 본 수많은 사람 중에 공허하고 무의미하게 살아가는 사람들을 보면 그 공통점이 삶의 뚜렷한 목표가 없는 것이라고 합니다. 마치 까뮈의 『시지프스의 신화』에 나오는 시지프스의 이야기와 같습니다. 시지프스는 큰 바윗덩이를 가까스로 산꼭대기까지 밀어 올리면 굴러 떨어지고 또 밀어 올리면 굴러 떨어지고 그것을 끝없이 반복합니다. 그것이 신이 인간에게 부과한 최고의 형

본문은 대할 때마다 우리 마음에 진한 감동을 안겨줍니다. 한 구절 한 구절을 읽어가노라면 마치 바울 사도의 육성을 듣는 것 같아 전율을 느끼기까지 합니다. 에베소 교회의 장로들과 끌어안고 작별하는 그 장면이 너무나 생생해서 마치 내가 그 현장에 서 있는 것 같습니다.

이 고별사에는 바울 사도의 양무리를 사랑하는 간절한 마음이 절절이 담겨 있습니다. 그래서 이 말씀을 읽노라면 참된 목회자상이 마치 손에 잡힐 듯 선명하게 다가옵니다. 이 본문만 있으면 목회학 교과서가 따로 필요 없습니다. 여기에 말씀의 목회, 인격 목회, 관계중심의 목회, 별세의 목회가 다 담겨져 있습니다.

사명이 이끄는 삶

바울의 이 고별사를 처음부터 끝까지 꿰뚫는 단 한 마디의 단어가 있는데 그것은 바로 24절에 나오는 '사명'이라는 말입니다. "나의 달려갈 길과 주 예수께 받은 사명 곧 하나님의 은혜의 복음 증거 하는 일을 마치려 함에는 나의 생명을 조금도 귀한 것으로 여기지 아니하노라." 바울의 목양일념의 삶을 설명할 수 있는 단어가 바로 사명입니다. 그가 3년여 동안 에베소교회를 모든 겸손과 눈물로 섬길 수 있었던 것은 바로 주 예

3. 사명 때문에

보라 이제 나는 심령에 매임을 받아 예루살렘으로 가는데 저기서 무슨 일을 만날는지 알지 못하노라 오직 성령이 각 성에서 내게 증거하여 결박과 환난이 나를 기다린다 하시나 나의 달려갈 길과 주 예수께 받은 사명 곧 하나님의 은혜의 복음 증거하는 일을 마치려 함에는 나의 생명을 조금도 귀한 것으로 여기지 아니하노라 보라 내가 너희 중에 왕래하며 하나님 나라를 전파하였으나 지금은 너희가 다 내 얼굴을 다시 보지 못할 줄 아노라

사도행전 20:22-25

갈 수 있도록 도와주옵소서." 하고 기도하였습니다. 그가 훗날 중국 최고의 성경 교사가 된 워치만 니입니다.

　마귀는 감히 예수님을 시험해보려고 다가왔습니다. 그는 이제 우리들을 향하여 이 전쟁을 시작하고 있습니다. 이 시험 앞에 굳게 서는 여러분 되시기를 바랍니다.

길을 뿌리치겠습니까?

　워치만 니는 중국이 낳은 유명한 부흥사입니다. 그는 베이징대학 화학과를 다니던 수재였습니다. 지도교수가 그를 지목해서 졸업하면 유학을 시키고 그 후에 모교에서 가르치게 하겠다는 언질까지 준 사람이었습니다. 그런데 그가 대학 시절에 예수님을 만나 거듭남의 체험을 하게 됩니다. 복음을 받고 가슴에 불이 타올랐습니다. 그는 모든 것 다 포기하고 거리로 나서서 북을 치면서 아이들에게 전도하기를 시작했습니다. 중국에는 가문끼리 결혼하기로 약속을 하는 전통이 있는데 워치만 니도 결혼이 약속 되어있던 자매가 있었습니다. 그러나 그 자매가 예수를 믿지 않기 때문에 그 자매와의 관계도 끊었습니다.

　그는 너무 몸을 돌보지 않아 점점 폐가 나빠져서 마침내는 말할 수 없이 쇄약하게 되었습니다. 어느 날 그 몸으로 전도하다가 우연히 길에서 옛날의 지도교수와 마주쳤습니다. 교수는 놀라서 눈을 동그랗게 뜨며 "자네가 워치만 니인가? 자네가 그 전도 유망하던 청년이 맞는가?" 하고 묻습니다. 그것은 복음전도자에게는 마음이 흔들릴 수 있는 위기의 순간입니다. 워치만 니는 그 순간 하늘을 우러러보았습니다. 위로부터 내리시는 영광의 영이 그를 충만하게 사로잡았습니다. 그는 "주님, 이것은 내가 택할 수 있는 바른 길이었습니다. 나를 복음전도자로 불러 주심을 감사합니다. 내가 이 길을 끝까지 달려

물러가라 기록되었으되 주 너의 하나님께만 경배하고 다만 그를 섬기라 하였느니라."

누가복음 4:13절을 보면 "마귀가 모든 시험을 다한 후에 얼마동안 떠나리라."라고 했습니다. 작전상 얼마동안 떠났지만 그는 다시 나타납니다. 가이샤라 빌립보에서 주님께서 십자가를 지실 것을 말씀하니까 베드로가 뭐라고 했습니까? "주여 그리 마옵소서 이 일이 결코 주에게 미치지 아니하리이다." (마 16:22) '왜 꼭 십자가를 지려고 하십니까? 그러지 않고도 인류 구원을 이루는 길이 있지 않겠습니까?' 하는 말이지요. 어떻게 그렇게 마귀의 말과 꼭 같은지요. 그래서 예수님은 바로 "사탄아 내 뒤로 물러서라." 하고 베드로를 엄히 꾸짖으셨습니다. 사탄이 얼마나 집요한지요.

신학도 여러분, 제가 예언합니다. 힘들고 어려울 때 세상의 찬란한 영광이 환상같이 여러분 앞에 전개될 것입니다. 그리고 속삭임이 들릴 것입니다. '왜 그렇게 어렵게 살려고 하나? 한번만 타협해라. 한번만 눈 감아 버려라. 그러면 이 영광 다 네 것이야.' 광야에서 벌어졌던 전쟁이 여러분 눈앞에서 벌어질 것입니다. "자네 그래도 이 길을 가려는가?" 하는 김남준 목사의 책 제목이 생각납니다. 여러분에게 묻고 싶습니다. 아무리 고달픈 십자가의 길이라도 그것이 하나님의 부름이라면 그 길을 가시겠습니까? 아무리 호화로운 삶이 나를 기다리고 있어도 그것이 흑암의 세력과 타협하는 길이라면 결단코 그 당신은 새끼손가락 하나로도 내 이 모든 문제들을 단번에 걷어내실 수 있는 분입니다. 내가 내 힘으로 해결하려고 발버둥 치면 칠수록 나는 더 수렁에 빠질 뿐입니다. 전적으로 주님만을 의뢰하고 기다리겠습니다." 그가 훗날에 위대한 선교사역을 감당한 찰스 쉡슨(Charles Shepson)선교사입니다. 사역자의 자산은 건강도 아니고 후원자도 아니고 오직 하나님을 향한 절대 신뢰임을 명심하시기를 바랍니다.

하나님께만 경배하라

이제 세 번째 시험입니다. 마귀는 예수님을 높은 산으로 데리고 가서 천하만국과 그 영광을 보여주면서 내게 절하면 이 모든 것을 주겠다고 유혹합니다. 이것도 실제적으로, 물리적으로 일어난 일이라기보다는 환상 가운데 일어난 일이라고 보는 것이 좋습니다. 따라서 높은 산이 어떤 산이었는지 별 상관이 없습니다.

이것은 가치관에 대한 시험입니다. 마귀는 이렇게 말하고 있는 셈입니다. '인류를 구원한다고 하면서 왜 그렇게 어려운 길을 가려고 하느냐? 왜 십자가의 고난을 선택하느냐? 그럴 필요 없다. 내게 한번 경배하기만 하면 이 만국 영광을 다 네게 주겠다.' 예수께서 그 마귀를 즉시 꾸짖으셨습니다. "사탄아

로막아섭니다. 그때마다 하나님을 시험해보아야 한다면 우리는 하루에도 수십 번씩 성전꼭대기에서 뛰어내려야 할 것입니다. 그러나 하나님을 향한 신뢰가 있는 사람은 어떤 상황가운데서도 흔들리지 않습니다. 이사야 26:3절에 "주께서 심지가 견고한 자를 평강에 평강으로 지키시리니 이는 그가 주를 의뢰함이니이다."라고 했습니다.

어떤 청년이 큰 은혜를 받고 선교사역에 자신의 생을 헌신하기로 작정을 하고 선교훈련원에 들어갔습니다. 거기서 본격적인 훈련을 받기 시작했지만 날이 갈수록 그의 마음은 무거워졌습니다. 자신을 둘러싸고 있는 모든 조건이 갈수록 더 열악해져가기 때문입니다. 몸은 쇠약해져가고, 후원자도 없고, 가족들의 반대는 더 거세어져가기만 하고. 어느 날 오후 그는 수업을 접고 그냥 뒷산에 올라 기도하기를 시작했습니다. 그런데 어느 순간 눈을 떠서 보니 바로 앞 나뭇가지에 거미 한 마리가 내려오더니 얼기설기 거미줄을 치는 것이 보입니다. 조금 있으니까 벌레 한 마리가 그 거미줄에 걸렸습니다. 놀란 벌레는 살려고 발버둥을 칩니다. 거미가 서서히 다가옵니다. 그런데 벌레는 발버둥을 치면 칠수록 점점 더 거미줄에 얽혀 들어갈 뿐이었습니다.

그 광경을 보면서 청년은 하나님의 음성을 들었습니다. 자신의 손가락으로 이리저리 거미줄을 걷어 그 벌레를 날려 보내주면서 그는 이렇게 기도했습니다. "그렇습니다. 하나님,

아들은 성도가 성경을 잘못 사용함으로 사탄의 올무에 빠지지 않도록 하기 위해서 인간으로 계실 때 이러한 싸움을 싸우셨다."

 지금 마귀는 예수님이 하나님을 신뢰하는 그 신뢰를 한번 흔들어보려고 하고 있습니다. '하나님이 정말 그렇게 말씀하셨을까? 그렇다면 그분은 그것을 증명해 보여야 해. 그래야 믿든지 말든지 하지. 암, 그분이 정말 약속을 지키는지 안 지키는지 넌 그걸 한번 테스트해 볼 필요가 있어.' 예수님은 그 유혹을 단호히 거부하셨습니다. 그분에게는 하나님에 대한 절대 신뢰가 있었기 때문에 하나님을 시험해볼 필요가 없었습니다. 그분은 땅위에서 33년 사시는 동안에 늘 기도로 하나님께 모든 것을 의탁하셨습니다. 하나님의 뜻을 이루어드리는 것으로 양식을 삶고 사셨습니다. 마지막 십자가 위에서는 "아버지여 내 영혼을 아버지 손에 부탁하나이다."라고 생명까지 아버지 손에 의탁합니다. 그는 하나님을 시험해보기 위해서 성전 꼭대기에서 뛰어내리지는 않았습니다. 그러나 십자가 위에서는 아버지를 전적으로 신뢰하기 때문에 그 무서운 사망의 고통 속으로 뛰어내리셨습니다.

 주님의 뒤를 따르는 목회자들에게는 하나님을 신뢰하는 이 신뢰가 생명입니다. 목회사역에는 온갖 어려운 문제들이 대두될 수 있습니다. 경제문제, 인간관계의 문제, 건강문제를 위시해서 교회를 이끌어나가는데 온갖 어려운 장애물들이 앞을 가 말이 아닙니다.

마가복음 16:17절 이하에 이런 구절이 있습니다. "믿는 자들에게는 이런 표적이 따르리니 곧 저희가 내 이름으로 귀신을 쫓아내며 새 방언을 말하며 뱀을 집으며 무슨 독을 마실지라도 해를 받지 아니하며 병든 사람에게 손을 얹은즉 나으리라 하시더라." 몇 년 전에 어떤 이단종파에 빠져있는 사람에게 주위 친구들이 거기서 나오라고 하니까 그가 바로 이 구절을 들먹이면서 자기는 독을 마셔도 아무 해도 받지 않을 것이라고 하면서 옆에 있는 독약을 들이마셨습니다. 그 자리에서 즉사했지요. 꼭 같은 잘못입니다. 그 구절은 믿는 자들이 믿음을 지키기 위해 때로는 뱀을 만나고 때로는 독을 만날 때에 하나님이 지켜주신다는 약속이지 일부러 하나님을 시험하기 위해 독을 마시는 사람에 대한 약속이 아닙니다.

예를 들어 제가 제 아들에게 "광현아, 아빠는 널 사랑해. 네가 잘못된 길을 가드라도 너를 사랑하는 데는 변함이 없어. 네가 설령 마약을 하드라도 아빠 여전히 널 사랑할거야."라고 사랑의 고백을 했다고 합시다. 그 말을 들은 아들이 "그래요? 정말 그런지 마약 한번 해 볼게요." 그러면 되겠습니까? 아빠의 의도를 완전히 왜곡하는 것이지요. 마귀는 늘 그런 식으로 말씀을 문맥하고는 전혀 상관없이 떼 내어서는 자기에게 유리하도록 오용을 합니다. 칼빈도 이렇게 말했습니다. "사탄은 날마다 이와 동일한 술책을 사용하고 있다. 그래서 하나님의 다가 성전 꼭대기에 세웠습니다. 주석가들은 이곳이 아마 예루살렘 성전의 행각 지붕의 날개같이 튀어나온 가장자리를 가리키는 것으로 해석합니다. 그곳은 기드론 시내보다 170m나 높은 곳에 위치해 있는데 그래서 거기서 아래를 내려다보면 아찔하기까지 하다고 합니다. 요세푸스가 전하는 바에 의하면 주의 형제 야고보가 거기서 골짜기 아래로 던져졌다고 합니다. 혹은 어떤 주석가는 예수님이 성전 꼭대기에 정말로 서신 것이라기보다는 환상 중에 그렇게 본 것이라고 해석하는 사람도 있습니다.

어느 경우든 좋습니다. 마귀는 시험하기를 "네가 만일 하나님의 아들이어든 뛰어내리라." 그리고는 시편 91:12절을 인용합니다. "그러면 저가 너를 위하여 그 사자들을 명하시리니 저희가 손으로 너를 받들어 발이 돌에 부딪히지 않게 하리로다." 천사들이 정말로 받쳐주는지 한번 뛰어내려 보라고 유혹합니다.

마귀가 하는 짓을 보세요. 시편 91:12절 바로 앞에는 이렇게 말합니다. "저가 너를 위하여 그 사자들을 명하사 네 모든 길에 너를 지키게 하심이라." 하나님만을 의뢰하고 하나님만을 피난처로 삼는 사람을 하나님이 지켜 주겠다고 하는 약속입니다. 그렇게 하나님만을 의지하는 사람이 살아가면서 어려움을 당할 때 하나님이 저를 지켜주겠다는 원리적인 약속이지, 일부러 시험 삼아 뛰어내리는 사람을 하나님이 보호해주신다는 학도 그렇습니다. 특화를 해야지 어정쩡하면 망합니다. 교회도 세상 반, 교회 반 그런 식으로 어정쩡해서는 소망이 없습니다. 오직 하나님의 말씀으로 무장해서 치고 나가야 합니다.

미국 캘리포니아에 소재한 갈보리 채플은 큰 교회인데 척 스미스 목사가 시무하고 있습니다. 강해설교의 대가로 소문난 목사입니다. 그 목사님은 설교하러 나갈 때 꼭 후다닥 뛰어 나가십니다. 그래서 누가 충고를 했답니다. "수천 명 교인들이 보고 있는데 왜 좀 점잖게 나가시지 않고 뛰어나가십니까?" 그랬더니 대답이 "지금부터 하나님의 말씀을 전한다는 사실에 흥분이 되어서 나도 모르게 그렇게 됩니다."라고 하더랍니다. 그 정도 되면 그 말씀이 능력이 있고 감화력이 있을 것은 당연하지 않겠습니까? 20세기 최대의 강해설교자라고 하는 로이드 존스 목사님은 웨스트민스터 채플에서 예배를 마친 후 떠나가는 교인들을 바라보면서 중얼거렸다고 합니다. "어떡하지? 다음 설교할 때까지는 엿새나 기다려야 하는데." 여러분도 이렇게 말씀에 취해 사는 진정한 말씀의 종이 되시기를 바랍니다.

절대 신뢰

이제 마귀는 두 번째 시험을 합니다. 마귀가 예수님을 데려서 그런지 달라스 출신들은 대개 개척을 많이 하는데 거의가 다 교회를 탄탄하게 잘 일구고 있습니다.

말씀이 능력이라고 하는 확신이 없으니까 그런 교회는 자꾸 이벤트성 행사에 치중합니다. 사람 불러다가 간증시키고, 건강 강연시키고, 찬양팀 불러오고, 워십댄스팀 불러오고. 그래서 하나님께 드리는 예배인지 사람들 보라고 하는 퍼포먼스인지 헷갈릴 때가 많습니다. 어떤 교회는 별의별 프로그램을 다 합니다. 가정생활세미나, 부부세미나, 그런 것은 그렇다 치더라도 꽃꽂이교실, 서예교실, 크리스천 법률상담, 병무상담, 재테크세미나까지 합니다. 이게 교회인지 구청 문화교실인지 모르겠어요. 어떤 교회는 수백 억 들여 지어놓고 안에는 수영장, 에어로빅실, 라켓볼실, 예식장 등등 없는 것이 없습니다. 이름도 아예 "OO레포츠교회"라고 붙였습니다. 그런 것 때문에 전도되어 오는 사람이 있기는 하겠지만 그런 사람들이 기독교를 정말 생명의 종교로 이해할까요? 예수님만이 죄 문제를 해결하시고, 영생의 복을 주시고, 예수님만이 참 행복을 주실 수 있는 분임을 믿을 수 있을까요?

포스트모던 시대는 다양성의 시대인데 이런 시대에는 자신의 정체성을 분명히 해야 살아남을 수 있습니다. 기업도 아예 대기업이 되든지 아니면 아주 작은 벤처기업을 만들어서 발빠르게 틈새시장을 공략하든지 해야 살아남지 어정쩡한 중간 규모는 망하기 십상입니다. 기업도 그렇고, 마켓도 그렇고, 대저 말씀을 간절히 기다리고 사모하는 자가 되어야 합니다.

일산 한소망교회를 담임하는 유영모 목사는 20여 년 전 개척할 무렵 외부강의를 몇 개 하고 있었답니다. 개척교회 하면서 생활고가 심각하니까 군소신학교나 대학 강단에서 강의를 안 할 수 없었던 거지요. 어느 날 문득 이런 생각이 들더랍니다. '내가 복음을 전하는 사람인데 먹고 살기 위해서 보따리 장사나 하고 다녀서 되겠나?' 그래서 다 끊어버렸답니다. 그리고는 결단했습니다. '내가 주의 종인 것이 분명하다면 나는 복음만으로 살겠다. 복음을 연구하고, 복음을 만나고, 복음을 전하고, 그 복음의 열매로 기뻐하고, 복음 때문에 행복한 목사가 되겠다.' 오늘날 한소망교회가 대형교회로 성장하게 된 것은 그 같은 담임목사의 결단이 있었기에 가능한 일이었습니다.

저는 석사과정을 미국의 달라스신학교에서 공부했습니다. 그 학교는 하나님의 말씀이 해답이라는 분명한 확신 위에 세워져 있는 학교입니다. 그래서 학생들에게 강해 하나는 확실하게 교육시킵니다. 학교의 모든 교육 과정이 강해설교를 정점으로 해서 일사분란하게 나아가도록 구성되어 있습니다. 달라스 교정에는 큰 바위에다 "Preach the Word"라는 디모데후서 4:2의 말씀이 선명하게 새겨져있습니다. 날마다 그 바위 앞을 지나다니는 학생들의 뇌리 속에는 목회자는 오직 말씀을 위해 존재하는 사람들이라는 인식이 깊이 각인됩니다. 바위에 새겨진 글이 어느덧 마음의 심비에 새겨지는 것이지요. 그래을 확신했습니다. 사람이 사는 것은 떡으로가 아니라 하나님의 말씀으로 산다는 것을 확신하셨습니다. 우리에게도 이 확신이 있어야 합니다.

고형원씨는 우리가 많이 부르는 복음송 중에 '부흥', '세상 모든 민족이' 등을 작곡한 분입니다. 예수전도단에서 활동했고 캐나다에서 공부도 했던 분입니다. 그는 통합측 어느 교회 대학부에서 자랐는데 교회에서 찬양하고 성경공부하고 교제하는 것이 너무 좋아서 교회에서 밤을 새는 것이 예사였다고 합니다. 한번은 밤을 새고 아침에 집에 들어오다가 자기 아버지와 맞닥뜨렸습니다. 아버지가 심하게 나무랍니다. "야, 이놈아. 예수가 밥 먹여 주냐?" 그러자 아들이 웃으면서 아버지 손을 붙들고 이렇게 말했답니다. "아버지, 그걸 어떻게 아셨어요? 예수가 우리 밥이에요. 아버지는 아직은 모르시겠지만 곧 알게 되실 거예요. 예수가 우리 밥이에요." 예수를 제대로 만난 사람은 예수만 있으면 배가 부르고 힘이 납니다.

복음의 일꾼은 말씀만 있으면 배부른 사람이 되어야 합니다. 말씀만 있으면 행복하고 만족한 사람이 되어야 합니다. 목사는 교인들을 가르치기 전에 자신이 먼저 말씀 속에 참된 행복이 있음을 확신해야 합니다. 잠언 8:34-35에 "누구든지 내게 들으며 날마다 내 문 곁에서 기다리며 문설주 옆에서 기다리는 자는 복이 있나니 대저 나를 얻는 자는 생명을 얻고 여호와께 은총을 얻을 것임이니라."라고 했습니다. 목사 자신이 먼거 추기경이 추기경단의 비밀선거(콘클라베)에서 265대 교황으로 선출된 후에 그 소식을 알리는 흰 연기가 굴뚝에서 오르고, 그리고 새 교황 베네딕토 16세가 교황으로서의 제의를 갖추기 위해 들어선 방이 바로 '눈물의 방'(Room of Tears)입니다. 왜 눈물의 방인가 하면 새로 선출된 교황들이 그곳에서 제의를 갖춰 입으면서 막대한 사명을 깨닫고 목이 멘다고 해서 그렇게 이름이 붙여졌습니다. 베네딕토 16세도 엄청난 짐을 혼자 짊어져야 하는 사명감 때문에 그 얼굴에 짙은 고독감이 스쳐지나갔다고 합니다. 그리고 같은 독일 출신 추기경들은 울음을 터뜨렸다고 합니다.

목회자들도 날마다 권세의 방이 아니라 눈물의 방에 엎드려야 합니다. 만약 여러분의 귓전에 "너는 교역자니까 달리 대우받아야 돼." 하는 속삭임이 들리거든 그게 바로 사탄의 음성인 줄 아십시오.

말씀 때문에 배부른 사람

예수께서 이 시험을 물리치면서 붙든 것이 신명기 8:3절의 말씀입니다. "사람이 떡으로만 살 것이 아니요 하나님의 입으로 나오는 모든 말씀으로 살 것이라." 그는 잘 먹고 잘 대접받는 것이 중요한 것이 아니라 하나님의 말씀이 중요하다는 것리를 치더랍니다. 순경이 어이가 없어서 그냥 보내주었답니다. 가관인 것은 교인들 앞에서 이런 일을 자랑스레 말하면서 두 손을 번쩍 들고 "할렐루야!"를 외치더랍니다. 특권의식도 이 정도 되면 거의 불치가 아닌가 생각됩니다.

고린도전서 9:16절 이하에 무엇이라고 말씀합니까? "내가 복음을 전할지라도 자랑할 것이 없음은 내가 부득불 할 일임이라. 만일 복음을 전하지 아니하면 내게 화가 있을 것임이라. . . 그런즉 내 상이 무엇이냐? 내가 복음을 전할 때에 값없이 전하고 복음으로 인하여 내게 있는 권을 다 쓰지 아니하는 이것이로라."

이 말씀은 우리가 복음을 전하기 때문에 특별대우를 받아야 하는 것이 아니라, 오히려 우리는 복음을 전하지 않으면 화를 입을 것이라고 합니다. 우리는 직분을 맡았기 때문에 의당 복음을 전해야 하는 것이고 안 전하면 도리어 화를 입는다고 합니다. 내가 받는 상은 내가 복음을 전하기 때문에 받는 것이 아니라, 내게 있는 권한을 다 쓰지 않을 때 그 희생한 정도만큼 상을 받는 것입니다. 바울사도가 복음사역자로서 마땅히 성도들로부터 생활비를 받을 수 있지만 그러나 혹시라도 복음에 지장이 될까봐 손수 장막을 기워서 생계를 유지했듯이, 우리에게 있는 권한을 스스로 포기하고 희생할 때 그것이 바로 우리의 상급이 됩니다.

새 교황 선출로 온 세계가 술렁거렸습니다. 독일 출신 라칭에게 암시하는 바가 큽니다. 먹는 것 앞에 장사가 없습니다.

주님은 이 사탄의 유혹을 거부하셨습니다. 그리고 굶주림의 고통 속에 그대로 머물러 있기를 원하셨습니다. 주님은 자신이 메시아이기 때문에 특별한 대우를 받아야 한다는 것을 거부하셨습니다. 오히려 자신을 비워 사람들과 같이 되시고 사람들이 받는 고통의 자리에까지 내려가기를 원하셨습니다.

교역자들 중에 특권의식을 가진 사람들이 많습니다. '나는 목사니까 이 정도 대우는 받아야 돼.' 하는 것이지요. 어떤 사람은 공공연히 목사는 지역에서 최고 대우를 받아야 한다고 주장합니다. 목사는 성직인데 국회의원이나, 시장, 장관, 그런 직하고는 비교도 할 수 없이 귀하다는 것이지요. 그래서 차도 제일 좋은 것 타야 하고, 사례도 제일 많이 받아야 하고, 대우도 최고로 받아야 한다고 합니다. 교회는 이제 겨우 자립할 정도인데도 고급 승용차에, 해외여행을 밥 먹듯이 하는 분이 있습니다. 그런 분은 교회가 조금만 크면 바로 제왕이 됩니다. 그런 것은 전혀 성경적인 목회자 상이 아닙니다.

어떤 목사가 교통위반으로 순경에게 걸려서 5만 원짜리 범칙금을 내게 되었습니다. 그런데 이 목사는 계속 봐 달라고 떼를 썼답니다. 안 된다고 했더니 자기는 경목이라고 하드랍니다. 그래도 안 된다고 했더니 나중에는 "내가 누군 줄 알고 이러느냐?"고 아주 고압적인 자세로 나와서 "당신이 누구냐?"고 했더니 자기는 대통령 조찬기도회에 출입하는 목사라고 큰 소어든 명하여 이 돌들이 떡덩이가 되게 하라." 이것이 왜 시험 꺼리가 됩니까? 시장할 때 음식을 만들어 먹는 것이 무엇이 잘못입니까? 40일 금식기도도 다 끝났는데 기적으로 만들어 먹든 그냥 먹든 고픈 배를 채우는 것이 무엇이 잘못입니까?

여기 "네가 만일 하나님의 아들이어든" 할 때 '만일'이라는 단어는 아들 됨을 부정하거나 의문을 제기하는 말이 아닙니다. 이 단어는 오히려 '네가 사실은 하나님의 아들이기 때문에'라는 의미입니다. '네가 하나님의 아들이기 때문에 이 돌들을 떡덩이로 만들어 먹어라.' 그런 말입니다.

사탄은 이렇게 말하고 있는 셈입니다. '네가 사실 하나님의 아들이지 않냐? 세례 받을 때 하늘로부터 하나님의 아들이라는 증거를 받았지 않냐? 그렇다면 하나님의 아들이 왜 이렇게 시시하게 굶고 있어? 너는 그럴 신분이 아냐. 빨리 돌들을 떡덩이로 변하게 해서 먹어. 너는 이러고 있을 필요가 없는 사람이야.' 한 마디로 말해서 메시아의 능력으로써 네 자신의 필요부터 충족시키라는 것입니다. 그것이 무서운 유혹이었습니다.

정말 예수께서는 말 몇 마디만 하면 됩니다. 그러면 40일 금식하신 그 굶주림의 고통을 간단히 해결할 수 있습니다. 그러므로 사탄의 이 몇 마디는 사실은 강력한 유혹이었습니다. 사탄이 첫 사람 아담을 무너뜨릴 때나 마지막 아담인 예수님을 무너뜨릴 때나 꼭 같이 음식 문제를 들고 나왔다는 것은 우리이라고 합니다. 내 마음에 죄의 속성이 있기 때문입니다. 예레미야 17:9절에 "만물보다 거짓되고 심히 부패한 것이 마음이라"고 했습니다. 환경도 인간 됨됨이를 형성하는데 중요한 영향을 미치지만 그러나 근본적인 것은 마음입니다. 사진 필름을 현상할 때 전혀 없던 그림이 새로 생겨납니까? 아니지요. 이미 거기 찍혀있던 것인데 단지 감추어져 있던 영상이 드러나는 것이지요. 마찬가지로 우리가 시험을 받는 것도 이미 오래 전부터 내 마음속에 숨어있던 것들이 서서히 모습을 드러내는 것에 불과합니다.

목회자들이 사역지를 찾을 때 첫째 조건이 문제없는 교회입니다. 사례는 좀 적어도 문제없는 교회가 좋다고 생각하는데 그러나 문제없는 교회란 없습니다. 문제는 내 속에 있기 때문에 어디로 가든지 문제는 생기기 마련입니다. 문제를 피해 도망칠 수 있는 곳이란 세상 어디에도 없습니다. 광야가 다른 곳이 아니라 바로 내 마음속이 광야요, 내 마음속이 바로 전쟁터입니다. 그래서 어디로 도망칠 생각을 할 것이 아니라 여기 이 마음에서부터 승리할 방도를 찾아야 합니다.

목회자의 특권의식

사탄은 첫 번째 시험을 합니다. "네가 만일 하나님의 아들이

데 아무 것도 없는 광야에서 시험이 시작됩니다.

1절에 보면 "예수께서 성령에게 이끌리어 광야로 가셨다"라고 합니다. 성령께서는 과연 우리에게 무엇을 가르쳐주시려고 그렇게 하셨을까요? 그것은 시험은 항상 우리 내부에서부터 일어난다는 사실입니다. 우리가 유혹 받는 것은 항상 내 속에서부터 출발되는 것이고, 내가 잘못되어 있기 때문에 당하는 것이라는 사실입니다.

죄의 기원에 대해서는 철학자들 사이에도 의견이 분분합니다. 결정론(determinism)을 따르는 사람들은 자연 현상이나 인간의 의지 등 모든 것은 일정한 인과관계에 따른 법칙에 의해 결정되는 것일 뿐이라고 합니다. 즉 어떤 행위를 선택할 때 인간에게는 선택의 자유가 없다는 것인데, 그렇게 되면 아무에게도 도덕적 책임을 물을 수가 없습니다. 또한 원인론(etilolgy)이 있는데 그것은 유전적 원인론과 환경적 원인론으로 나누어집니다. 유전적 원인론자들은 비행의 원인을 타고난 성품이나 기질에서 찾는데 반해서, 환경적 원인론자들은 환경적 요인으로부터 원인을 찾습니다. 전자는 문제의 원인을 부모에게 돌리는 것이고 후자는 환경 탓으로 돌리는 것입니다. 둘 다 자신에게는 아무 책임이 없다고 발뺌하는 데는 마찬가지입니다.

그러나 성경은 분명히 가르치기를 내가 범죄 하는 것은 부모 탓도 아니고 환경 탓도 아니고 내 마음이 부패해 있기 때문

본문은 예수님의 광야 시험을 다루는 기사입니다. 예수께서 당하신 시험을 우리들에게 곧바로 적용하는 것은 무리가 있습니다. 예수님은 메시아라고 하는 독특한 위치에서 시험을 받았고, 또 구원사역을 시작하려고 하는 독특한 시점에 시험을 받으셨습니다. 그래서 이 시험은 그 성격상 보편적인 것은 아니고 독특한 것입니다. 그러나 이 시험 안에 내재해 있는 유혹의 속성과 예수께서 그것을 물리치신 영적 무기를 잘 분석해 보면 분명히 우리에게 적용될 수 있는 중요한 교훈을 발견할 수 있습니다.

유혹의 진원지는 마음이다

먼저 우리가 주목해야 될 것은 예수께서 마귀에게 시험을 받으러 광야로 가셨다는 사실입니다. 광야에는 아무 군중도 없고 볼 만한 것도 없고 관심을 유발할 만한 아무 것도 없습니다. 그저 모래와 황량한 벌판이 끝없이 펼쳐질 따름입니다. 거기서 무슨 시험을 할 수 있습니까? 마귀가 그분을 시험하려면 좀 더 유리한 장소를 택해야 하지 않겠습니까? 예를 들어 군중들이 예수를 왕으로 삼으려고 아우성을 치는 자리라든지, 기적을 보고 백성들이 칭송하는 자리라든지, 그런 순간에 예수님의 허점을 파고들어서 시험을 해야 하지 않겠습니까? 그런

2. 광야의 시험

그 때에 예수께서 성령에게 이끌리어 마귀에게 시험을 받으러 광야로 가사 사십 일을 밤낮으로 금식하신 후에 주리신지라 시험하는 자가 예수께 나아와서 가로되 네가 만일 하나님의 아들이어든 명하여 이 돌들이 떡덩이가 되게 하라 예수께서 대답하여 가라사대 기록되었으되 사람이 떡으로만 살 것이 아니요 하나님의 입으로 나오는 모든 말씀으로 살 것이라 하였느니라 하시니 이에 마귀가 예수를 거룩한 성으로 데려다가 성전 꼭대기에 세우고 가로되 네가 만일 하나님의 아들이어든 뛰어내리라 기록하였으되 저가 너를 위하여 그 사자들을 명하시리니 저희가 손으로 너를 받들어 발이 돌에 부딪히지 않게 하리로다 하였느니라 예수께서 이르시되 또 기록되었으되 주 너의 하나님을 시험치 말라 하였느니라 하신대 마귀가 또 그를 데리고 지극히 높은 산으로 가서 천하 만국과 그 영광을 보여 가로되 만일 내게 엎드려 경배하면 이 모든 것을 네게 주리라 이에 예수께서 말씀하시되 사단아 물러가라 기록되었으되 주 너의 하나님께 경배하고 다만 그를 섬기라 하였느니라 이에 마귀는 예수를 떠나고 천사들이 나아와서 수종드니라

마태복음 4:1-11

OMF는 아예 밀림 속으로 깊숙이 들어가서 선교본부를 거기다 설치했습니다. 그것이 바로 믿음선교(prayer mission)의 시초입니다.

비록 밀림이라도 하나님을 향한 절대 신뢰가 있는 사람에게는 내 집 안방같이 평안하고 든든합니다. 여러분의 사역에도 이 신뢰가 있기를 바랍니다. 여러분, 등록금이 없고 교통비가 없고 할 때에 그저 힘들다, 어렵다 하지만 말고 좀 다른 각도에서 볼 수 있기를 바랍니다. 하나님께서 지금 철저하게 당신만을 의지하는 훈련을 시키고 계십니다. 벼랑 위에 서서도 감사하고 믿고 기다릴 줄 아는 사람으로 연단하시고 계십니다. 성경에 가장 많이 나오는 명령이 무언 줄 아세요? "두려워 말라"는 말씀입니다. 365번이나 나옵니다. 벼랑 끝에 선 것 같아도 두려워하지 않는 훈련시키고 계십니다.

CCC는 방학만 되면 대학생들을 거지전도대로 내 보냅니다. 예수님이 제자들 파송하실 때처럼 두 벌 옷도 가지지 않고, 전대도 없이, 아무 것도 없이, 그냥 강원도로 제주도로 짝을 지어서 전도대로 보냅니다. 그러면 굶기도 하고, 얻어먹기도 하고, 경로당에서 쪼구려 자면서 순간순간 하나님 의지하는 법을 배웁니다. 대학생들도 그렇게 하는데요.

이 선지동산이 광야의 훈련장이 되어 여러분 모두가 세상은 간 곳 없고 오직 주만 바라보는 사람, 주만 의지하는 복음의 전사들이 되기를 기원합니다.

냐?' 그 소리 앞에 그는 자기의 전 재산인 반 크라운을 털어서 그 가정에 주어버렸습니다. 돌아오는데 발걸음이 그렇게 가벼울 수가 없습니다. 이것이 복음사역이라면 비록 한 그릇 귀리죽을 먹더라도 왕자의 진수성찬과 바꾸지 않겠다는 뜨거운 마음이 용솟음쳤습니다. 그는 이렇게 기도했습니다. "하나님 아버지, 당신께서는 가난한 자에게 주는 것은 여호와께 꾸어주는 것이라고 했습니다. 이번에 제가 빌려드린 것이 너무 오래 가지 않도록 해 주십시오. 그렇지 않으면 저는 당장 내일부터 굶습니다." 그런데 바로 다음날 우체부 편으로 금화 하나가 우송되어 온 게 아니겠습니까. 그는 또 이렇게 기도했다고 합니다. "주님, 주님을 찬양합니다. 투자한 지 12시간 만에 400%로 되돌려 주시니 감사합니다. 주님께 투자하는 것은 정말 괜찮은 투자입니다."

이런 허드슨 테일러의 믿음을 계승받아 이루어진 것이 오늘날의 해외선교회(OMF)입니다. OMF가 선교역사에 하나 크게 기여한 것이 있는데 그전까지는 각 단체들이 선교본부를 다 해변가에 두었습니다. 선교사가 혹 병이라도 들면 빨리 본국으로 수송하기 위해서, 또 큰 위험이라도 닥치면 빨리 배 타고 도망가기 위해서 해변가에 두었습니다. 그러나 OMF는 이 관행을 뒤집어엎었습니다. 복음사역자가 도망갈 궁리부터 하느냐는 것이지요. 파송하신 자가 하나님이신데 위급한 상황을 만나면 그분께서 책임져주지 않겠느냐는 것이지요. 그래서 주십니다. 산이라도 뽑을만한 청년의 혈기 다 빼앗으시고 80 노인이 되게 하십니다. 정말 훈련치고는 너무 극단적인 훈련으로 보일만큼 하나님은 모세에게서 모든 인간적인 조건은 다 가져가버리십니다. 그리고 "나를 의지하라. 나를 신뢰하라." 하십니다.

4장을 보면 모세를 훈련시키시는 하나님의 열심이 놀랍기까지 합니다. 지팡이를 던져 보라고 했다가 집어보라고 했다가, 손을 품에 넣어보라고 했다가 이제 빼어보라고 했다가. 모세가 눈으로 확인하고 깨닫도록 계속 훈련시킵니다. "나는 입이 뻣뻣해서 말을 잘 못 합니다." 하니까 "누가 네 입을 지었느냐? 입을 지은 이가 함께 하는데 무슨 걱정이냐?"고 불같이 책망하시기까지 하면서 집요하게 모세를 연단시킵니다. 하나님에 대한 절대 의지가 없이는 결코 자기 백성에게 나아갈 수가 없기 때문에 그렇습니다.

허드슨 테일러는 중국내지선교회를 창설한 중국선교의 아버지입니다. 한번은 그가 어느 가난한 집을 방문했습니다. 그 집에는 굶어서 눈이 쑥 들어간 아이가 다섯 명이나 되었고 갓난아이를 안은 어머니는 몸져누워 있었습니다. 허드슨 테일러는 "하나님은 사랑이 많으신 분입니다. 그분은 이 가정을 불쌍히 여겨주실 것입니다." 하고 위로하는데 속에서 이런 소리가 들립니다. "이 위선자야. 사랑이 많으신 하나님 운운하면서 너는 네 주머니에 있는 반 크라운을 그렇게 움켜쥐고 있느리 영혼은 충만해집니다. 그래서 내 영혼의 잔이 채워지면 거기서 능력이 나옵니다. 주말에 교회를 향할 때는 시내산을 내려오는 모세의 얼굴에 광채가 난 것과 같이 여러분의 얼굴에도 광채가 있어야 합니다.

주만 바라보나이다

광야 훈련은 하나님만을 의지하는 훈련입니다. 사도행전 7:22절에 보면 "모세가 애굽사람의 모든 지혜를 배워 그의 말과 하는 일들이 능하더라."라고 합니다. 그 다음 25절에는 "그는 그의 형제들이 하나님께서 자기의 손을 통하여 구원해주시는 것을 깨달으리라고 생각하였으나 그들이 깨닫지 못하였더라."라고 합니다. 즉 모세는 애굽사람을 쳐 죽이면서 자기를 통해 하나님이 일하시는 것을 형제들이 깨달을 줄 알았다는 것이지요. 그만큼 자기신뢰가 강했습니다. 애굽의 학술에 통달하고 말과 일에 능하니까 그럴 만도 하지요. 하나님은 광야에서 그 자신만만함, 자기신뢰, 그것을 산산조각으로 깨트리십니다.

모세를 애굽의 궁정에서 끄집어내어 아무 것도 없는 광야에 떨어뜨리는 이유가 그것입니다. 하나님은 모세의 손에 있던 칼과 지휘봉 빼앗으시고 대신에 마른 막대기 하나 달랑 쥐어들에게 그 영광의 조그마한 옷자락이라도 보여줄 수 있습니다. 토저(A.W. Tozer)는 이런 말을 했습니다. "내가 어떤 하나님을 믿느냐에 따라 나 자신의 신앙 수준이 결정되며, 내가 어떤 신을 섬기느냐에 따라 나 자신의 종교의 수준이 결정된다." 자신이 만난 하나님이 주먹만 한 분이시면 그 사람의 신앙은 한줌도 안 되는 신앙이겠지만, 우주를 창조하신 전능하신 아버지를 만난 사람은 그 신앙은 불가능이 없는 신앙일 것입니다.

그래서 진정한 복음사역자는 하나님과 대면하는 시간을 가장 소중한 보화로 여깁니다. 스펄전은 아침에 일어나면 하나님의 임재를 명료하게 느끼기 전까지는 결코 하루의 일과에 들어가지 않았다고 합니다. 그는 거의 15분마다 하나님의 임재를 느꼈다고 합니다. 조지 뮬러는 아침마다 자신의 주된 목적을 하나님 속에서 영혼의 기쁨을 누리는 것으로 삼았다고 합니다.

신학도 여러분도 이 선지동산에서 무엇보다 떨기나무 가운데 임재하신 영광의 하나님을 대면할 수 있기를 바랍니다. 하나님은 새벽에 임하실 수도 있고, 경건회 시간에 임하실 수도 있고, 수업시간 중에 빛으로 임하실 수도 있고, 혼자 깊이 묵상하는 가운데 임하실 수도 있습니다. 어떤 시간이든지 하나님의 영광 앞에 깊이 침잠해서 그저 즐거워하고, 그저 황홀하고, 감격해야 합니다. 그 영광 앞에 서 있으면 서 있을수록 우조나단 에드워즈의 아내는 남편이 인도한 부흥집회를 마치고 17일 동안 하나님의 임재에 사로잡혀서 주변 사람을 알아보지 못할 정도로 정신을 잃었다고 합니다. 어떻게 그런 일이 일어날 수 있을까요? 조나단 에드워즈는 1737년 어느 날 말을 타고 숲속을 가고 있었습니다. 자기 기도시간이 된 것을 알고 말에서 내려 숲속에 들어가 무릎을 꿇고 기도하기 시작했습니다. 그런데 그 순간 그는 특별한 체험을 합니다. 그리스도의 은혜와 사랑이 온 하늘에 가득한 것을 보았습니다. 무어라고 말로 표현할 수 없는 그리스도의 온유하심과 겸손하심과 넘치는 은혜가 하늘 이편에서 저편까지 충만하게 전개되는 것을 보았습니다. 그것은 자신의 모든 사고와 개념을 삼켜버리고도 남을만한 설명할 수 없는 광경이었습니다. 그 체험이 한 시간 가량 계속되었는데 그는 아무 말도 못하고 그저 은혜의 눈물 바다를 이루었습니다. 그 체험이 끝나자 그는 그리스도로 충만해 있었습니다. 그에게 남은 한 가지 소원은 '어떻게 하면 진토 같은 내가 그리스도만으로 충만해 있을까,' '어떻게 하면 거룩하고 순수한 사랑으로 그분만을 섬기며 살까' 하는 것밖에는 없었다고 합니다. 평생을 책을 통해 천국에 대해 알았던 것보다 그날 하루 체험으로 천국에 대해 훨씬 더 분명하게 알게 되었다고 합니다. 그에게 이런 체험이 있었기 때문에 그의 집회를 통해서 사람들이 깨어지는 것이지요.

자신이 친히 하나님의 영광을 목도한 사람이라야 다른 사람 가득하고 천사들이 날면서 그 영광을 찬양하는 엄청난 광경을 보았습니다.

물론 하나님의 영광을 목도하는 것이 꼭 초자연적인 것으로만 나타나는 것은 아닙니다. 오히려 더 많은 경우에 하나님은 말씀으로 자신의 영광을 드러내십니다. 구약의 선지자들이 소명을 받는 순간을 보면 대부분의 경우에 말씀이 그들에게 강하게 임하였습니다. "여호와의 말씀이 아밋대의 아들 요나에게 임하니라." "하나님의 말씀이 빈들에서 사가랴의 아들 요한에게 임한지라." 이 심령을 관통하는 말씀, 전 존재를 꿰뚫는 말씀을 통하여 선지자들은 하나님의 영광스러운 임재를 체험했고 그리고 선지자로서의 소명을 받았습니다.

복음 사역자는 먼저 하나님의 영광을 대면하는 체험이 있어야 합니다. 설교가 뭡니까? 설교하기 위해서는 내가 먼저 하나님의 음성을 들어야 합니다. 내 영혼에 울려 퍼지는 천둥 같은 음성이 있기 때문에 그것 들고 사람들 앞에 서는 것입니다. 그래서 프린스턴 신학교 설교학 교수였던 토마스 롱은 설교는 증언(witness)이라고 했습니다. 내가 들은 하나님의 음성을 그대로 증거 하는 증언이 설교라는 말입니다. 목회는 내가 먼저 하나님의 은혜의 강에 푹 잠기는 체험이 있어야 합니다. 그래서 내게 임한 은혜 때문에, 그 능력으로 사람들을 얼싸안는 것이지요. 내가 먼저 하나님의 영광을 대면하는 것 없이는 어떤 사역도 할 수 없습니다.

는 이스라엘이 아무리 고난을 당해도 하나님이 함께 하시므로 그 민족은 보존될 것이라는 것을 보여주는 메시지입니다.

구속사적으로 해석해 볼 수도 있습니다. 성경에서 불은 심판을 의미합니다. 히브리서 12:29절에 "우리 하나님은 소멸하는 불이시라" 할 때 불은 죄에 대한 심판을 상징합니다. 떨기나무라고 번역된 히브리어 세네(seneh)는 정확하게는 가시떨기나무인데 가시는 창세기 3:18절에서 보듯이 저주를 상징합니다. 그러니까 떨기나무에 불이 붙었다는 것은 저주를 받아 마땅한 우리 인생들에게 지금 심판이 임한 것을 말합니다. 그런데 2절에 보면 여호와의 사자가 떨기나무 불꽃 가운데 있었다고 합니다. 여호와의 사자는 예수 그리스도의 구약적인 현현을 말합니다. 예수 그리스도께서 불꽃 가운데 계심으로 그 나무는 타서 없어지지 않았습니다. 바로 그 분이 우리 대신 심판을 받으시고 저주를 받으심으로 우리가 심판 가운데서도 사라지지 않고 건짐 받게 된 것을 의미합니다. 그러니까 타지 않는 떨기나무는 바로 은혜의 복음을 계시해 주는 것이라고 할 수 있습니다.

모세가 이 하나님의 놀라운 영광을 보았습니다. 은혜의 하나님, 구속자 하나님의 말로 다할 수 없는 영광을 보았습니다.

하나님은 당신의 종을 부르실 때 먼저 자신의 놀라운 영광을 보여주십니다. 이사야는 성전에서 그 영광을 대면했습니다. 주께서 높이 들린 보좌에 앉으셨는데 그 옷자락은 성전에 가수가 된 조지 베블리 쉐아의 이야기입니다. 여러분은 세상 욕심을 십자가에 못 박아버리셨습니까?

쉐키나의 영광 앞에 서기

광야의 훈련은 하나님의 영광 앞에 서는 훈련이었습니다. 모세는 떨기나무에 불이 붙었는데도 타지 않는 놀라운 광경을 보았습니다. 여기 떨기나무라고 번역된 히브리 원어가 딱 한 군데 더 나오는데 신명기 33:16절입니다. "땅의 보물과 거기 충만한 것과 가시떨기나무 가운데 거하시던 자의 은혜로 인하여"라고 했는데 거기 '거하시던' 이라는 단어는 히브리어로 샤칸입니다. 거기서 쉐키나(임재)가 왔지요. 모세는 바로 하나님의 임재의 영광을 보았던 것입니다.

왜 하나님께서 불붙는 떨기나무 가운데 임재 했을까요? 일반적으로 불붙는 떨기나무는 이스라엘 민족을 상징하는 것이라고 해석합니다. 애굽에서 모진 핍박과 고초를 당하는 이스라엘의 신세가 마치 보잘 것 없는 떨기나무에 불이 붙은 것과 같지만 그러나 그 나무는 타서 없어지지 않았습니다. 하나님이 그 가운데 계셨기 때문입니다. 마치 사드락, 메삭, 아벳느고가 불가마 속에 집어던져졌지마는 여호와의 사자가 함께 하니까 그들이 타지 않았던 것과 같습니다. 그래서 타지 않는 떨기나무

니이까? 하고 다투지 않았습니까. 그 욕망 움켜쥐고 있으면 하나님은 그 손 놓게 하기 위해서 혹독한 훈련을 시키실 겁니다. 고통과 시련으로 눈물이 쏙쏙 빠지도록 만드실 겁니다. 그래도 기어코 바로의 땅을 포기하지 못하겠거든 사역의 길을 포기하세요. 저는 신학도 여러분 중에 이런 문제로 깊이 고민하다가 결국 사역의 길을 포기하는 정직한 사람들이 나오기를 바랍니다. 이게 해결이 안 되어 나중에 목사가 되어서도 돈 때문에, 명예 때문에, 온갖 추태를 부리고 결국 자신도 망하고 교회도 망하게 하는 사람이 되기 전에 미리 포기하는 것이 백배 낫기 때문에 그렇습니다.

미국에 한창 상종가를 치는 인기절정의 가수가 있었습니다. 그런데 세속의 한 가운데 있던 이분이 뜻밖에 복음을 받고 깨어졌다. 완전히 새사람이 되었습니다. 마음에 주님의 은혜가 강물같이 넘치는데 어떻게 하면 이 은혜에 보답하며 살까 생각하다가 자신의 재능을 주님을 위해 바치기로 결심했습니다. 그런데 다음날 아침 어느 방송국에서 전화가 왔습니다. 자기들과 전속계약을 하면 파격적인 금액을 주겠다는 제안이었습니다. 그는 "미안하지마는 조금 늦었습니다. 저는 이미 제 음성을 다른 분을 위해 바치기로 결심했습니다." 하고 전화를 끊었습니다. 바로 그 순간 마음속에서 샘솟듯이 한 선율이 흘러나오기를 시작합니다. 'I'd rather have Jesus than silver and gold' (주 예수보다 더 귀한 것은 없네). 훗날에 유명한 복음송로 내몰립니다. 어떤 사람은 모세같이 사고치고 광야로 내몰리기도 합니다. 원인이야 무엇이든 광야에 떨어진 다음에는 우리는 철저하게 세상과 단절되는 훈련을 받아야 합니다. 갈라디아 5:24절에 "그리스도 예수의 사람들은 육체와 함께 그 정과 욕심을 십자가에 못박았느니라."고 했습니다. 우리는 세상 욕심은 십자가에 못박아버린 사람이요, 세상에 대해서는 죽은 사람이 되어야 합니다.

「매일 죽는 남자」라는 소설이 있습니다. 그 소설의 주인공은 어떤 연극의 엑스트라 역을 맡아서 하는 사람입니다. 그 사람이 연극에서 맡은 역할은 매일 죽는 것입니다. 아무 대사도 없이 그냥 죽어서 누워있기만 하면 됩니다. 그렇게 누워있으면서 이 사람은 차츰 여러 가지 생각을 하게 됩니다. '아, 내가 죽었구나!' 그리고 또 살아나고, 그 다음날도 '또 죽었구나.' 했다가 살아나고. 그러다가 점점 심경의 변화를 일으키게 됩니다. 까짓 것 매일 죽는다고 생각하니까 소유도 필요 없고 야망도 필요 없고 아무 것도 필요가 없었습니다. 그래서 모든 것을 다 포기해버리니까 결국은 모든 것을 얻게 되었다는 게 그 소설의 주제입니다.

세상에 대해 죽는 것이 말과 같이 쉽지는 않습니다. 모세에게는 40년의 세월이 걸렸습니다. 교역자라고 하면서 평생토록 세상 욕망 제대로 정리하지 못하고 사는 사람들도 많습니다. 제자들도 예수님을 따라 나섰으면서도 '천국에는 누가 크대전이 발발하자 징집이 되었고 최전선에 투입되었다가 영국군의 포로가 됩니다. 3년 동안 벨기에로, 스코틀랜드로, 영국으로, 포로수용소를 전전하게 됩니다. 그러다가 히틀러 제국이 붕괴하면서 제3제국의 도덕적 부패상이 적나라하게 드러나자 몰트만은 절망하게 됩니다. 「하나님 체험」(Experiences of God) 이라는 책에서 그는 당시 심경을 이렇게 말합니다. "나는 많은 독일인들이 내면적인 허탈감에 빠진 것을 보았다. 그들은 모두 희망을 포기했고, 희망이 없으므로 삶에 싫증을 느꼈다. 심지어는 목숨을 끊는 사람까지 있었다. 바로 그런 일이 나에게도 일어났다."

　삶에 대한 회의에 시달리며 인생의 밑바닥까지 떨어져버린 그에게 어느 날 한 군목이 성경을 건네줍니다. 시편을 읽는데 그에게 빛이 임했습니다. 하나님의 존재가 느껴지기를 시작한 것입니다. 후에 그는 "하나님께서 철조망 뒤에, 아니 철조망보다 더 미세한 모든 것의 배후에 존재하심을 확신했다."라고 고백합니다. 그래서 석방되자마자 양자물리학은 다 포기해버리고 신학에 입문해서 희망의 신학 운동을 전개하게 됩니다. 몰트만에게는 포로수용소가 광야였습니다. 거기서 철저하게 세상 욕망과 단절하는 훈련을 받았습니다. 자신의 정체를 깊이 깨닫게 되었고 그리고 마침내 하나님의 부르심을 받았습니다.

　어떤 사람은 병 때문에 광야로 내몰리고, 어떤 사람은 사업의 실패로, 어떤 사람은 가족과 이별하는 아픔을 통해서 광야 그러는 가운데 그에게는 서서히 자신에 대한 잘못된 안목이 형성되었을 것입니다. 자신에 대한 그릇된 신화가 싹트기 시작한 것이지요. 나를 타락시키는 것은 나를 미워하는 사람들 때문이 아닙니다. 나를 좋아하는 사람들 때문에 타락할 때가 더 많습니다. 박수갈채가 사람을 오염시키고 자만하게 만듭니다. 그런 박수갈채 속에서는 자신의 정확한 정체를 꿰뚫어보기가 어렵습니다. 그래서 하나님은 이 고독한 광야에 모세를 혼자 떨어뜨려놓고 자신의 적나라한 모습을 바로 보도록 훈련하고 계십니다.

하나님의 훈련이 맞아떨어져서 모세는 첫째 아들을 낳고 그 이름을 게르솜이라고 지었습니다. '나그네', '객'이라는 뜻입니다. 광야 40년을 지나면서 깊이 깨달은 자신의 존재를 고백하는 말이 아니겠습니까. '나는 그저 나그네 같은 존재다,' '아무 것도 아닌 잠시 지나가는 존재다.'

하나님이 당신의 종을 부르실 때는 먼저 이 단절의 훈련부터 시킵니다. 세례요한은 빈들에서 이 훈련을 통과했습니다. 바울도 사도로 나서기 전에 3년 동안 아라비아 광야에서 이 훈련의 과정을 거쳐야 했습니다. 심지어는 우리 예수님도 공사역을 시작하시기 전에 광야에서 40일 금식기도하시면서 지내셨습니다.

독일 신학자 위르겐 몰트만은 양자물리학을 공부하여 대성하기를 꿈꾸던 야심만만한 청년이었습니다. 그러던 그가 2차

세상에 대해 죽다

모세가 먼저 받은 것은 분리와 단절의 훈련이었습니다. 모세는 동족을 괴롭히는 애굽 사람을 쳐 죽였는데 그것이 탄로가 나자 미디안 광야로 도망을 쳤습니다. 자신이 사고를 치고 도주를 한 것이지마는 사실은 하나님이 그를 광야로 몰아넣으신 것입니다. 그에게 세상과 단절 되는 훈련을 시키기 위해서입니다.

광야는 황량하고 거칠고 조악한 곳입니다. 어떤 화려함도 안락함도 쾌락도 없는 곳입니다. 애굽의 궁정에서 악사의 연주소리를 들으며 산해진미를 먹고 비단 금침에 몸을 누이던 그런 호사스러움과는 전혀 딴판인 삶입니다. 이제 그를 기다리고 있는 것은 사막의 전갈과, 잡목들과, 냄새나는 가축의 무리뿐이었습니다. 출애굽기 46:34절에는 애굽사람은 목축을 가증히 여겼다고 합니다. 말하자면 모세는 그 당시 세상사람들이 가장 천하게 여기는 삶의 자리까지 떨어진 것입니다. 하나님은 그를 바로의 땅에서부터 멀리 떼어내어서 세상적인 욕망과 세속적인 삶의 패턴으로부터 철저하게 단절시키기를 원하신 것입니다.

또 하나님은 모세를 사람들로부터도 단절시키셨습니다. 그는 이날까지 사람들에게 에워싸여 지냈습니다. 공주의 아들인데 사람들이 잠시도 그를 혼자 내버려두지 않았을 것입니다.

성경에서 하나님의 종들이 소명을 받는 순간은 읽을 때마다 우리에게 특별한 의미로 다가옵니다. 특히 신학도들은 그 소명의 자리에 나 자신을 투영시켜보면서 남다른 감동을 받습니다. 그 중에서도 모세가 하나님께로부터 소명을 받는 순간은 참 극적입니다. 이름 없는 미디안 들판의 양치기가 위대한 출애굽의 영도자로 우뚝 서는 그 순간은 정말 드라마틱한 사건이 아닐 수 없습니다. 이스라엘 역사에서 큰 획을 그은 사건들, 예를 들면 출애굽의 사건이든지, 홍해를 건넌 기적이라든지, 시내산에서 하나님과 언약을 맺어 영원히 그의 백성이 된 것이라든지, 가나안을 정복하여 약속의 땅을 얻게 되는 것이라든지, 그 모든 사건들이 어떻게 보면 바로 이 모세의 소명으로부터 시작되는 것이 아니겠습니까? 이 소명이 없었다면 그 모든 사건들도 없는 것이지요. 그렇게 생각하면 이 소명의 순간은 우리에게 엄청난 무게로 다가옵니다.

모세의 소명은 어느 날 갑자기 하늘로부터 뚝 떨어진 것이 아닙니다. 하나님께서 그를 광야로 인도하시고 거기서 강한 훈련을 시키셨습니다. 그 훈련이 다 되었을 때, 그래서 모세가 준비되었을 때 하나님이 그를 부르신 것입니다. 모세가 아무리 애굽의 모든 학문을 통달하고 만인지상의 권세를 가졌어도 그것으로 하나님의 백성을 인도할 수는 없었습니다. 광야 학교에서 하나님의 손에 붙들려 강하고 엄격한 훈련을 거쳐야 했습니다. 그것이 어떤 훈련이었는지 함께 살펴봅시다.

1. 광야의 훈련

모세가 그 장인 미디안 제사장 이드로의 양무리를 치더니 그 무리를 광야 서편으로 인도하여 하나님의 산 호렙에 이르매 여호와의 사자가 떨기나무 불꽃 가운데서 그에게 나타나시니라 그가 보니 떨기나무에 불이 붙었으나 사라지지 아니하는지라 이에 가로되 내가 돌이켜 가서 이 큰 광경을 보리라 떨기나무가 어찌하여 타지 아니하는고 하는 동시에 여호와께서 그가 보려고 돌이켜 오는 것을 보신지라 하나님이 떨기나무 가운데서 그를 불러 가라사대 모세야 모세야 하시매 그가 가로되 내가 여기 있나이다 하나님이 가라사대 이리로 가까이 하지 말라 너의 선 곳은 거룩한 땅이니 네 발에서 신을 벗으라

출애굽기 3:1-5

제 **1** 부

사명으로의 부름

1. 광야의 훈련(출 3:1-5)

2. 광야의 시험(마 4:1-11)

3. 사명 때문에(행 20:22-25)

Contents

제1부 사명으로의 부름 ······ 7
1. 광야의 훈련(출 3:1-5) … 9
2. 광야의 시험(마 4:1-11) … 25
3. 사명 때문에(행 20:22-25) … 45

제2부 사명의 영광 ······ 63
4. 하나님의 사신(고후 5:18-6:10) … 65
5. 가장 위대한 사역(요 14:12-14) … 79
6. 누가 큰 자인가?(마 18:1-6) … 90

제3부 사명을 위한 연단 ······ 109
7. 세 개의 불(요 18:15-18, 21:15-17) … 111
8. 목회자를 쓰러뜨리는 복병들(왕상 19:1-18) … 126
9. 일흔 번씩 일곱 번이라도(마 18:21-35) … 146

제4부 사명을 위한 약속 ······ 165
10. 이 산지를 내게 주소서(수 14:6-15) … 167
11. 솔리 데오 글로리아!(삼상 17:43-49) … 183
12. 승천하신 그리스도(눅 24:50-53, 행 1:9-11) … 199

했다. 지금은 담임목사가 되었다는데 목회를 잘 하고 있을까? 개척자가 되라고 외쳤던 설교문을 보니 또 다른 얼굴이 떠오른다. 중국 내륙 깊숙한 오지에서 복음의 씨를 뿌리고 있는 선교사님. 그 설교를 듣고 평생 소수민족을 위한 선교사로 헌신하기로 결심했단다. 말씀이 역사를 이룸을 다시 한번 깨닫는다.

그것이 금번에 설교집을 내게 된 계기가 되었다. 활자화 된 설교에는 한계가 있다. 스펄전 목사는 설교집을 펴내자는 한 성도의 제안에 "우뢰와 뇌성을 어떻게 책에 담을 수 있느냐?"고 반문했다고 한다. 그럼에도 불구하고 설교집을 내는 것은 말씀이 삼용동 골짜기를 넘어 이 땅의 많은 젊은이들을 향해 달려가게 하고 싶어서이다. 숨어있는 칠천 명이 거룩한 소명 앞에 자신을 커밍아웃 하도록 돕고 싶어서이다.

서문을 빌려 아내에게 고마운 마음을 전하고 싶다. 마르틴 루터는 "연구와 기도와 고난이 설교자를 만든다."고 했는데 나의 연구와 기도와 고난의 걸음은 아내의 격려와 조언이 없었다면 생각할 수도 없다. 이 책이 나오도록 전적으로 봉사해 주신 영문출판사 김수관 장로님께도 감사드린다. 무엇보다 하나님 내 아버지께 감사와 영광을 돌린다. 그분은 이 책에 담긴 말씀의 영원한 주인이시다.

2005년 10월
신대원 연구실에서
한진환

서문

나는 종종 "목회가 좋으냐? 교수 생활이 좋으냐?" 하는 질문을 받는다. 일선 목회를 하다 신학 교수로 봉직하게 되었으니 세인에게는 그것이 궁금한가 보다. 목사의 왕도는 목회임이 분명하지만 신학교에서는 꿈을 꿀 수 있어서 좋다. 신학도 한 사람 한 사람을 향한 하나님의 위대한 계획을 생각하면 가슴이 뜨거워져서 좋고, 그들이 사역할 내일을 내다보면 기도로 영혼을 채울 수 있어서 좋다.

그렇게 달려온 세월이 어느덧 11년이 되었다. 어느새 인생의 반환점을 넘어선 자신을 깨달으며 남은 날들을 계수해보니 마음이 급해진다. 나를 잠시 땅위에 두신 하나님의 목적을 얼마나 이루어드렸는지 자신이 없어진다. 다시 마음을 추슬러 일어서려고 하니 먼저 지나온 걸음들을 되돌아보아야겠다는 생각이 들었다. 나는 그동안 학생들 틈에서 무엇을 사색하며, 무엇을 외치며, 무엇을 기도했는가?

그러다 문득 경건회 강단에서 외친 설교문들을 들추어보게 되었다. 십자가에 대한 설교를 퍼드니 한 학생의 얼굴이 떠오른다. 그 설교를 듣고 비로소 구원의 확신을 가지게 되었다고

2005
Young Moon Publishing Co.,
Seoul, Korea

가장 위대한 사역

한 진 환 지음

도서
출판 영문